人民法院案例选

CHINA LAW REPORT

2019年 第7辑 总第137辑

最高人民法院中国应用法学研究所 / 编

人民法院出版社

图书在版编目（CIP）数据

人民法院案例选. 总第137辑 / 最高人民法院中国应用法学研究所编. -- 北京 : 人民法院出版社, 2019. 11

ISBN 978-7-5109-2671-6

Ⅰ. ①人… Ⅱ. ①最… Ⅲ. ①案例-汇编-中国 Ⅳ. ①D920. 5

中国版本图书馆CIP数据核字（2019）第249853号

人民法院案例选　2019年第7辑（总第137辑）

最高人民法院中国应用法学研究所　编

责任编辑　赵作栋
出版发行　人民法院出版社
地　　址　北京市东城区东交民巷27号（100745）
电　　话　（010）67550565（责任编辑）　67550558（发行部查询）
　　　　　　65223677（读者服务部）
客服QQ　2092078039
网　　址　http://www.courtbook.com.cn
E-mail　courtpress@sohu.com
印　　刷　河北鸿祥信彩印刷有限公司
经　　销　新华书店

开　　本　787毫米×1092毫米　1/16
字　　数　272千字
印　　张　15
版　　次　2019年11月第1版　2019年11月第1次印刷
书　　号　ISBN 978-7-5109-2671-6
定　　价　58.00元

版权所有　侵权必究

《人民法院案例选》编审委员会

（按姓氏笔画为序）

于厚森　王旭光　王保森　牛　凯

孔　玲　刘竹梅　许建峰　张一丽

张勇健　李广宇　李玉萍　李成玉

李　勇　李　亮　沈　亮　何　莉

林文学　邵中林　范明志　郑学林

孟　祥　胡仕浩　姜启波　倪寿明

钱晓晨　黄文俊　黄永维　曹士兵

曹守晔　董文濮　颜茂昆　魏文超

《人民法院案例选》编辑委员会

主　　编　曹士兵

副 主 编　曹守晔　范明志　李玉萍　王保森　牛　凯

编辑部主任　杨　奕

编辑部成员　周维明　包献荣（刑事）

杨　奕　李　明（民事）

潘　静（商事）

丁文严　宋建宝（知识产权）

韩德强（行政、国家赔偿）

黄西武（海事海商）

王　琪（环境资源）

陈　敏　代秋影　钟　莉　李　晶（其他）

编　　务　龙　菲

出版说明

《人民法院案例选》是最高人民法院最早创办的案例研究连续出版物，也是我国改革开放以后出版时间最早、延续时间最长、出版册数最多的案例研究书籍。创办二十多年来，《人民法院案例选》坚持“反映审判面貌，总结审判经验，研究审判理论，服务审判工作”的编选方针，突出“真实、全面、及时、说理”的编辑特色，从一个侧面记载了人民法院审判工作发展的轨迹，反映人民法院审判活动的面貌，展示了人民法院审判工作的成就，受到了学术界与实务界的普遍关注和喜爱，在全国法院、社会各界乃至国际上都产生了广泛的影响、取得了良好的声誉、得到了广泛的认可，成为法研所乃至最高人民法院的品牌性刊物。

随着法律界对案例分析和案例指导需求的增长，关于案例分析的书刊越来越多，竞争也越来越激烈。同时，也出现了很多问题。一是虽然平台增多，但缺乏集中性、系统性；二是虽然数量增大，但缺乏精选性、经济性；三是虽然来源多元化，但缺乏权威性，给法律工作者使用案例增加了难度。因此，《人民法院案例选》将作出符合读者期待的变化，改为月刊。

改版后的《人民法院案例选》将继续秉承“反映审判面貌、司法水平和指导审判工作并重”的编辑方针，形成“全面、及时、权威、开放”的编辑特色。考虑到最高人民法院发布、评析、编辑案例的权威性和说服力，改版后的《人民法院案例选》将全面收集最高人民法院以各种载体发布的各类典型案例，按照读者最普遍的阅读习惯重新编辑，按月集中展现在读者面前，形成“指导性案例”“公报案例”“审判指导与参考”“典型案例发布”等栏目。同时，《人民法院案例选》继续保留经典的“专题策划”“案例精析”栏目，展现各地法院的优秀案例和司法智慧。

此外，为增强互动性和可读性，《人民法院案例选》增设了“域外撷英”“专家关注”等栏目。为发挥《人民法院案例选》培育思想、褒奖学术的理念，特推出“案香浮动”栏目，刊登某位法官的三至五个优秀裁判案例，挖掘其中裁判精髓，充分展现专家型法官的个人风采、人生经历、著述思想及对司法事业的热爱与贡献。

为进一步适应案例工作发展的新形势、新要求，提高案例的质量、编写与报送效率，《人民法院案例选》对案例编写报送体例做了部分修改和完善，具体要求请参阅“中国应用法学网”刊载的《〈人民法院案例选〉案例编写体例与报送规范》。

由于水平所限，本书在编辑过程中存在的不当之处，敬祈读者批评、指正。

编　者

二〇一九年一月

目录 / CONTENTS

人民法院案例选
2019 年第 7 辑 · 总第 137 辑

一、专题策划 · 生态环境司法保护

二、案例精析

刑 事

民 事

商　事

知识产权

行政及国家赔偿

一、专题策划·生态环境司法保护

【编者按】 “生态兴，则文明兴；生态衰，则文明衰。”习近平总书记在十九大报告中指出，建设生态文明是中华民族永续发展的千年大计。十九大报告提出了建设美丽中国的两个阶段及其目标，最终要全面实现生态环境领域的国家治理体系和治理能力现代化。全国生态环境保护大会确立了习近平生态文明思想，为党和国家生态文明建设事业发展提供了强大思想武器、根本遵循和行动指南。生态环境保护已经提升到实现中华民族伟大复兴中国梦的战略高度。生态环境保护必须依靠制度、依靠法治，建立健全最严格最严密的生态环境保护法律制度。实践证明，法律的真正威力不在于数量的多少，而在于其能否得到公正有效的实施，这在相当程度上取决于司法，它是将“文本上的法”转变为“行动中的法”的重要路径，其实施程度将直接影响人们对法律的好感和信任度。环境司法作为生态环境领域的国家治理体系和治理能力现代化的重要环节，在新

《环境保护法》实施以来成为关注热点，并且有了很大的发展。但是，从我国的环境法律制度体系来看，司法能够发挥的作用还非常有限。这一方面是因为环境法律制度体系的立法尚不完善，另一方面是环境司法体制与环境保护的需求还存在一些距离。人民群众日益增长的优美生态环境需要和公正环境资源司法保障的需求是环境司法最根本的出发点和落脚点。人民群众日益增长的环境司法需求与人民法院环境资源审判工作发展不平衡、保障群众权益不充分之间的矛盾，迫切地需要环境司法实务界予以回应，这也是环境审判法官神圣的职责。

鉴于此，《人民法院案例选》在本期开设“生态环境司法保护”专题。本专题特邀江苏省徐州市中级人民法院环资庭李娟庭长、张演亮副庭长，撰写了《江苏省徐州市人民检察院诉苏州其安工艺品有限公司、黄克峰等环境污染纠纷公益诉讼案》，论证了环境民事公益诉讼中，被告不能提供依法应持有或者有证据证明其持有的环境信息证据将承担不利后果；邀请了江苏省常州市中级人民法院环资庭谢唯立副庭长、常州经济开发区人民法院环资庭张祥龙副庭长撰写了《常州市鼎美装饰材料有限公司、李训斌等污染环境刑事附带民事公益诉讼案》，指出了刑事附带民事公益诉讼中民事赔偿主张范围可适度超出刑事诉讼认定的案件事实；邀请了福建省南平市顺昌县人民法院环资庭张夏兰庭长等撰写了《涂华清非法收购滥伐的林木案》，阐述了生态修复资金制度在个案中的创新运用；邀请了天津市武清区人民法院刑事审判庭李海峰、姜欣法官撰写了《韩英涛、刘志伟、赵宇鹏破坏计算机信息系统案》，明确了修改企业安装的环境质量在线监测系统参数或者监测数据、干扰采样的行为应承担刑事责任。

衷心希望本专题案例分析能够进一步开拓环境司法审判与研究的范围，促进环境司法案例研究视角和方法的不断深入和发展，为更好地发挥环境资源审判职能作用，加强生态文明建设司法服务和保障，切实维护人民群众环境权益和环境公共利益，保障国家自然资源和生态环境安全贡献力量。

江苏省徐州市人民检察院诉苏州其安工艺品有限公司、黄克峰等环境污染纠纷公益诉讼案

——环境民事公益诉讼被告不能提供依法应持有或者有证据证明其持有的环境信息证据将承担不利后果

关键词：环境公益诉讼　生态环境　修复费用　环境信息　不利推定

【裁判要旨】

1. 环境公益诉讼中的环境信息不利推定规则：（1）被告未依法申报登记危险废物流向，未依法申请领取危险废物转移联单，未设置危险废物识别标志，非法转移危险废物至异地，且不能说明危险废物处置情况，未采取措施防止危险废物污染环境，应当推定公益诉讼起诉人主张的其安公司非法处置的68 桶硫酸废液污染环境的事实成立。根据《最高人民法院关于审理环境民事公益诉讼案件适用法律若干问题的解释》第十三条之规定，法律、法规、规章规定被告应当持有或者有证据证明被告持有的环境信息，而被告拒不提供，如果原告主张相关事实不利于被告的，人民法院可以推定该主张成立，因此，应当推定 68 桶硫酸废液被非法处置并污染了环境的事实成立。（2）本案在适用虚拟成本法计算生态环境修复费用时，受损环境功能区不明时，环境敏感系数可以依公益诉讼起诉人的主张适用较高的标准计算。硫酸废液污染环境可造成土壤、地表水或地下水中的一种或多种受到损害，不同的环境介质、不同的环境功能区，敏感系数不同，生态环境修复费用也不同。其安公司等被告不能举证证明非法处置硫酸废液污染环境的具体情况，从有利于充分保护环境公共

利益、严厉惩罚非法处置危险废物行为的角度，应当推定68桶硫酸废液污染了敏感系数较高的环境介质，适用较高的标准计算确定生态环境修复费用。

2. 其安公司等被告明知他人无危险废物经营许可证，仍将危险废物交由他人处置，致使危险废物被非法转移至异地，造成生态环境损害。其安公司等被告分别实施的违法行为，均系损害发生的必要条件，构成共同侵权，应当在各自参与非法处置危险废物的数量范围内承担连带责任。

【相关法条】

《中华人民共和国侵权责任法》第八条 二人以上共同实施侵权行为，造成他人损害的，应当承担连带责任。

第六十五条 因污染环境造成损害的，污染者应当承担侵权责任。

《最高人民法院关于审理环境民事公益诉讼案件适用法律若干问题的解释》第十三条 原告请求被告提供其排放的主要污染物名称、排放方式、排放浓度和总量、超标排放情况以及防治污染设施的建设和运行情况等环境信息，法律、法规、规章规定被告应当持有或者有证据证明被告持有而拒不提供，如果原告主张相关事实不利于被告的，人民法院可以推定该主张成立。

【案件索引】

一审：江苏省徐州市中级人民法院（2018）苏03民初256号（2018年9月28日）

【基本案情】

公益诉讼起诉人江苏省徐州市人民检察院提起诉讼请求：（1）苏州其安工艺品有限公司（以下简称其安公司）、黄克峰、何传义、王克义、魏以东连带赔偿生态环境修复费用204415元；（2）其安公司、黄克峰、何传义、王克义连带赔偿生态环境修复费用4630852元；（3）五被告支付公益诉讼起诉人为本案支付的专家辅助人咨询费3000元、公告费800元；（4）五被告共同在省级媒体上公开赔礼道歉。事实和理由：2015年5、6月份，其安公司明知黄克峰无危险废物经营资质，以明显低于市场的价格将其生产活动中产生的83桶危险废物硫酸废液交由黄克峰处置，黄克峰又低价交给何传义，何传义再次低价交给王克义，王克义随机联系货车车主，分多次将83桶硫酸废液从黄克峰存放处运出苏州后非法处置。其中，魏以东运出15桶至沛县经济开发区，倾倒3桶后将其余12桶丢弃在一料场门口。2015年12月，沛县环保部门工作人员巡查时发现以上12桶硫酸废液。经鉴定，这些硫酸废液是具有腐蚀性特征的危险废物。后其安公司对该12桶硫酸废液进行合法处置，支付处置费用116740.08元。经向环保专家咨询，已经倾倒的3桶硫酸废液造成的生态环境修复费用为204415元。公益诉讼起诉人认为，其安公司、黄克峰、何传义、王克义、魏以东等人非法处置危险废物，严重破坏生态环境，损害了社会公共利益，依法应当承担侵权责任。对于其他无法查明去向的68桶硫酸废液，应当推定也损害了生态环境，比照3桶硫酸废液造成的生态环境损害，非法处置68桶硫酸废液应承担的生态环境修复费用为4630852元。根据《环境保护法》《侵权责任法》《民事诉讼法》等规定，提出以上诉讼请求。

被告其安公司、黄克峰、何传义、王克义、魏以东辩称：同意公益诉讼起诉人主张的后两项诉讼请求，但前两项诉讼请求不能成立，应予以驳回。第一，在沛县倾倒的3桶硫酸废液造成的生态环境损害，案发后其安公司已经向当地政府缴纳了20万元环境修复费用，本案中不应重复赔偿；第二，其余68桶硫酸废液是否对环境造成了损害这一事实无法查清，具体吨数不能确定，处置地点不能确定，参照Ⅱ类土壤计算生态环境修复费用，缺乏事实和法律依据，不应予以支持。

法院经审理查明：2015年5、6月份，其安公司将其工业生产活动中产生的83桶硫酸废液，以每桶1300～3600元不等的价格，分次交由黄克峰处置，共支付黄克峰183200元。黄克峰将上述硫酸废液运至苏州市虎丘区浒墅关镇九图村其租用的场院内，后以每桶2000元的价格委托何传义带出苏州处置，共支付何传义166000元。何传义又以每桶1000元的价格委托王克义处置。王克义到物流园马路边等处随机联系外地牌号货车车主或司机，分多次将上述83桶硫酸废液直接从黄克峰存放处运出，并交代司机将其带出苏州后随意处置，共支出运费43000元左右。其中，魏以东于2015年6月运出15桶，收到运费5200元。魏以东将15桶硫酸废液从苏州运至沛县经济开发区后，在二堡村田地里（现为中煤大屯热电项目工地）倾倒1桶，余下14桶被丢弃在许元村西边的许西强料场门口（现为福斯特公司工地），其中有2桶在卸货过程中被叉车戳破，硫酸废液流入料场门前的旱沟内。除以上15桶之外，其余68桶硫酸废液王克义无法说明去向。

2015 年 12 月，沛县经济开发区管理委员会环保部门工作人员在福斯特厂区巡查时，发现 12 桶硫酸废液。经沛县公安局委托鉴定，确定涉案硫酸废液是具有腐蚀性特征的危险废物。2016 年 10 月，其安公司将以上 12 桶硫酸废液（经称重，共计 17.11 吨）进行合法处置，支付处置费用 116740.08 元。同时，其安公司赔偿沛县经济开发区管理委员会 20 万元。

2017 年 8 月 2 日，江苏省沛县人民检察院对其安公司、江晓鸣、黄克峰、何传义、王克义、魏以东等向徐州铁路运输法院提起公诉，该案经徐州市中级人民法院二审后，终审判决认定其安公司、江晓鸣、黄克峰、何传义、王克义、魏以东等构成污染环境罪，判处其安公司罚金 30 万元；判处江晓鸣有期徒刑一年六个月缓刑两年，并处罚金 15 万元；分别判处黄克峰、何传义、王克义有期徒刑一年九个月、一年十个月、两年，分别并处罚金 15 万元、10 万元、10 万元；判处魏以东有期徒刑一年缓刑一年六个月，并处罚金 3 万元。

公益诉讼起诉人在履行职责中发现以上破坏生态环境的行为后，依法公告了准备提起本案诉讼的相关情况，公告期内未有法律规定的机关和有关组织提起诉讼。公益诉讼起诉人支出公告费 800 元。

为确定倾倒 3 桶硫酸废液造成的生态环境修复费用，公益诉讼起诉人委托三位专家提供咨询意见，认为生态环境修复费用为 204415 元。公益诉讼起诉人支出专家辅助人咨询费 3000 元。

【裁判结果】

江苏省徐州市中级人民法院于 2018 年 9 月 28 日作出（2018）苏 03 民初 256 号民事判决：一、其安公司、黄克峰、何传义、王克义、魏以东于判决生效后 30 日内，连带赔偿因倾倒 3 桶硫酸废液所产生的生态环境修复费用 204415 元，支付至徐州市环境保护公益金专项资金账户；二、其安公司、黄克峰、何传义、王克义于判决生效后 30 日内，连带赔偿因非法处置 68 桶硫酸废液所产生的生态环境修复费用 4630852 元，支付至徐州市环境保护公益金专项资金账户；三、其安公司、黄克峰、何传义、王克义、魏以东于判决生效后 30 日内连带支付江苏省徐州市人民检察院为本案支付的合理费用 3800 元；四、其安公司、黄克峰、何传义、王克义、魏以东于判决生效后 30 日内共同在省级媒体上就非法处置硫酸废液行为公开赔礼道歉。

宣判后，当事人未提出上诉，判决已发生法律效力。

【裁判理由】

法院生效裁判认为：第一，《固体废物污染环境防治法》第五十五条规定："产生危险废物的单位，必须按照国家有关规定处置危险废物，不得擅自倾倒、堆放"；第五十七条规定："从事收集、贮存、处置危险废物经营活动的单位，必须向县级以上人民政府环境保护行政主管部门申请领取经营许可证……禁止无经营许可证或者不按照经营许可证规定从事危险废物收集、贮存、利用、处置的经营活动。"本案中，其安公司等被告未依法申报登记危险废物流向，未依法申请领取危险废物转移联单，未设置危险废物识别标志，非法转移危险废物至异地，且不能说明危险废物处置情况，未采取措施防止危险废物污染环境。根据《最高人民法院关于审理环境民事公益诉讼案件适用法律若干问题的解释》第十三条之规定，法律、法规、规章规定被告应当持有或者有证据证明被告持有的环境信息，而被告拒不提供，如果原告主张相关事实不利于被告的，人民法院可以推定该主张成立，因此，应当推定68桶硫酸废液被非法处置并污染了环境的事实成立。

第二，硫酸废液污染环境可造成土壤、地表水或地下水中的一种或多种受到损害，不同的环境介质、不同的环境功能区，敏感系数不同，生态环境修复费用也不同。其安公司等被告不能举证证明非法处置硫酸废液污染环境的具体情况，从有利于充分保护环境公共利益、严厉惩罚非法处置危险废物行为的角度，应当推定68桶硫酸废液污染了敏感系数较高的环境介质，适用较高的标准计算确定生态环境修复费用。

第三，其安公司等被告明知他人无危险废物经营许可证，仍将危险废物交由他人处置，致使危险废物被非法转移至异地，造成生态环境损害。其安公司等被告分别实施的违法行为，均系损害发生的必要条件，构成共同侵权，应当在各自参与非法处置危险废物的数量范围内承担连带责任。

【案例注解】

本案的争议焦点主要有三个：（1）在沛县经济开发区倾倒3桶硫酸废液造成的生态环境损害，赔偿数额如何确定；（2）其余68桶硫酸废液是否造成了生态环境损害；（3）如果68桶硫酸废液造成了生态环境损害，赔偿数额如何确定。

一、关于3桶硫酸废液造成的生态环境损害赔偿数额问题

本案中，倾倒3桶硫酸废液污染土壤的事实客观存在，但污染发生至案件审判时长达三年有余，且倾倒地已进行工业建设，目前已无法将受损的土壤完全恢复。根据《环境损害鉴定评估推荐方法（第Ⅱ版）》和原环境保护部《关于虚拟治理成本法适用情形与计算方法的说明》（以下简称《虚拟治理成本法说明》），对倾倒3桶硫酸废液所产生的生态环境修复费用，可以适用“虚拟治理成本法”予以确定，其计算公式为：污染物排放量×污染物单位治理成本×受损害环境敏感系数。

1. 关于污染物排放量。其安公司作为本案危险废物硫酸废液的产生单位，其法定代表人江晓鸣在接受公安机关讯问时供述每桶约1.4吨，但不能准确说明被倾倒3桶的具体重量；而案发后对丢弃在现场的12桶硫酸废液称重，为17.11吨，平均每桶重1.426吨。该重量与江晓鸣的供述基本吻合，公益诉讼起诉人以每桶1.426吨计算出倾倒的3桶重量为4.28吨，并无不当，五被告亦无异议，予以采纳。

2. 关于污染物单位治理成本。案发后其安公司合法处置了12桶共17.11吨的硫酸废液，支出处置费用116740.08元，平均每吨处置费用为6822.92元，公益诉讼起诉人认为本案硫酸废液的单位治理成本即为6822.92元/吨。其安公司认为其处置12桶硫酸废液时系应急处置，处置费用中包含应急费用和运输费用，不应据此确定本案硫酸废液的单位治理成本，而应进行广泛的市场调查，取近三年的平均值。徐州市中级人民法院认为，涉案硫酸废液均系其安公司电镀、褪漆业务中产生，在其安公司没有举证证明其他硫酸废液在浓度、成分等方面与上述12桶存在差异的情况下，应当认定本案所有硫酸废液的单位治理成本一致。其安公司合法处置12桶硫酸废液的费用，是其安公司自行选择有资质企业、自由议价的结果，而且依法处置危险废物，首先需要将危险废物从产生单位转移至处置场所，危险废物的单位治理成本理当包含运输费用，故该费用反映了危险废物处理企业的一般收费标准，同时与江晓鸣在刑事案件中供述的合法处置费用基本一致，因此本案硫酸废液的单位治理成本应为6822.92元/吨。

3. 关于受损害环境敏感系数。“虚拟治理成本法”属于环境价值评估方法，污染行为实施时，生态环境所遭受的损害就已经确定，不因环境介质功能的变化或者环境的自然恢复而改变，环境敏感系数的确定，应以环境介质受损时的功能区类别为准。本案中3桶硫酸废液倾倒于2015年6月，两处倾倒地

于2015年9月方被征收用于工业建设，因此倾倒时的土地性质为农业用地。《虚拟治理成本法说明》将土壤环境功能区分为四类，Ⅰ类为国家规定的自然保护区（原有背景重金属含量高的除外）、集中式生活饮用水源地、部分茶园、牧场和其他保护地区的土壤，Ⅱ类为一般农用地，Ⅲ类为居住类用地，Ⅳ类为工业类用地和林地（除Ⅱ类以外）。对照以上标准，本案被污染的土壤应认定为Ⅱ类一般农用地，对应的环境敏感系数应确定为7。其安公司提出的环境敏感系数应在1.5~2之间确定的主张，不予采纳。

综合以上情况，公益诉讼起诉人委托的技术专家提出的倾倒3桶硫酸废液所致生态环境修复费用为204415元（4.28×6822.92×7）的意见，应予采纳。该项生态环境损害系其安公司、黄克峰、何传义、王克义、魏以东五被告的共同违法行为所致，五被告应连带承担204415元的赔偿责任。

二、关于其余68桶硫酸废液是否造成了生态环境损害问题

根据《固体废物污染环境防治法》等法律法规，我国实行危险废物转移联单制度，申报登记危险废物的流向、处置情况等，是危险废物产生单位的法定义务；如实记载危险废物的来源、去向、处置情况等，是危险废物经营单位的法定义务；产生、收集、贮存、运输、利用、处置危险废物的单位和个人，均应设置危险废物识别标志，均有采取措施防止危险废物污染环境的法定义务。

本案中，其安公司对硫酸废液未履行申报登记义务，未依法申请领取危险废物转移联单，黄克峰、何传义、王克义三被告非法从事危险废物经营活动，没有记录硫酸废液的流向及处置情况等，其安公司、黄克峰、何传义、王克义四被告逃避国家监管，非法转移危险废物，不能说明68桶硫酸废液的处置情况，没有采取措施防止硫酸废液污染环境，且68桶硫酸废液均没有设置危险废物识别标志，而容器上又留有出水口，即使运出苏州后被整体丢弃，也存在液体流出污染环境甚至危害人身财产安全的极大风险。因此，根据《最高人民法院关于审理环境民事公益诉讼案件适用法律若干问题的解释》第十三条"原告请求被告提供其排放的主要污染物名称、排放方式、排放浓度和总量、超标排放情况以及防治污染设施的建设和运行情况等环境信息，法律、法规、规章规定被告应当持有或者有证据证明被告持有而拒不提供，如果原告主张相关事实不利于被告的，人民法院可以推定该主张成立"之规定，本案应当推定其余68桶硫酸废液被非法处置并污染了环境的事实成立。

三、关于68桶硫酸废液造成的生态环境损害赔偿数额问题

根据《虚拟治理成本法说明》，该项损害的具体情况不明确，其产生的生态环境修复费用，也可以适用“虚拟治理成本法”予以确定。

如前所述，68桶硫酸废液的重量仍应以每桶1.426吨计算，共计96.96吨；单位治理成本仍应确定为6822.92元。关于受损害环境敏感系数，本案非法处置68桶硫酸废液实际损害的环境介质及环境功能区类别不明，可能损害的环境介质包括土壤、地表水或地下水中的一种或多种。而不同的环境介质、不同的环境功能区类别，其所对应的环境功能区敏感系数不同，存在2~11等多种可能。公益诉讼起诉人主张适用的系数7，处于环境敏感系数的中位，对应Ⅱ类地表水、Ⅱ类土壤、Ⅲ类地下水，而且本案中已经查明的3桶硫酸废液实际污染的环境介质即为Ⅱ类土壤。同时，四被告也未能举证证明68桶硫酸废液实际污染了敏感系数更低的环境介质。因此，公益诉讼起诉人的主张具有合理性，同时体现了对逃避国家监管、非法转移处置危险废物违法行为的适度惩罚，应予采纳。综上，公益诉讼起诉人主张非法处置68桶硫酸废液产生的生态环境修复费用为4630852元（$96.96\times6822.92\times7$），应予支持。同时，如果今后查明68桶硫酸废液实际污染了敏感系数更高的环境介质，以上修复费用尚不足以弥补生态环境损害的，法律规定的机关和有关组织仍可以就新发现的事实向被告另行主张。

综上所述，生态文明建设是关系中华民族永续发展的根本大计，生态环境没有替代品，保护生态环境人人有责。产生、收集、贮存、运输、利用、处置危险废物的单位和个人，必须严格履行法律义务，切实采取措施防止危险废物对环境的污染。被告其安公司、黄克峰、何传义、王克义、魏以东没有履行法律义务，逃避国家监管，非法转移处置危险废物，任由危险废物污染环境，对此造成的生态环境损害，应当依法承担侵权责任。

（一审法院合议庭成员　马　荣　李　娟　张演亮　陈　虎
费　艳　韩正娟　吴德恩

编写人　江苏省徐州市中级人民法院　李　娟　张演亮

责任编辑　韩德强

审稿人　曹守晔）

常州市鼎美装饰材料有限公司、李训斌等污染环境刑事附带民事公益诉讼案

——刑事附带民事公益诉讼中民事赔偿主张范围可适度超出刑事诉讼认定的案件事实

关键词：刑事附带民事　公益诉讼　民事赔偿　犯罪事实

【裁判要旨】

人民检察院在污染环境犯罪案件审查起诉过程中，发现被告人在实施污染环境犯罪的同时还存在其他尚未构成犯罪的侵害环境公益的行为的，提起附带民事公益诉讼赔偿主张范围可适度超出刑事指控的犯罪事实，要求被告人就其持续性的环境侵权行为承担民事赔偿责任。但应有一定限制标准，即被告人未受刑事指控的环境侵权行为，与污染环境犯罪行为在时间、空间等因素上存在连续性和关联性时，方可在附带民事公益诉讼中一并主张其承担民事赔偿责任。

【相关法条】

《中华人民共和国刑法》第三百三十八条　违反国家规定，排放、倾倒或者处置有放射性的废物、含传染病病原体的废物、有毒物质或者其他有害物质，严重污染环境的，处三年以下有期徒刑或者拘役，并处或者单处罚金；后果特别严重的，处三年以上七年以下有期徒刑，并处罚金。

《中华人民共和国刑事诉讼法》第一百零一条　被害人由于被告人的犯罪行为而遭受物质损失的，在刑事诉讼过程中，有权提起附带民事诉讼。被害人死亡或者丧失行为能力的，被害人的法定代理人、近亲属有权提起附带民事

诉讼。

如果是国家财产、集体财产遭受损失的，人民检察院在提起公诉的时候，可以提起附带民事诉讼。

《中华人民共和国民事诉讼法》第五十五条　对污染环境、侵害众多消费者合法权益等损害社会公共利益的行为，法律规定的机关和有关组织可以向人民法院提起诉讼。

人民检察院在履行职责中发现破坏生态环境和资源保护、食品药品安全领域侵害众多消费者合法权益等损害社会公共利益的行为，在没有前款规定的机关和组织或者前款规定的机关和组织不提起诉讼的情况下，可以向人民法院提起诉讼。前款规定的机关或者组织提起诉讼的，人民检察院可以支持起诉。

《最高人民法院、最高人民检察院关于检察公益诉讼案件适用法律若干问题的解释》第二十条　人民检察院对破坏生态环境和资源保护、食品药品安全领域侵害众多消费者合法权益等损害社会公共利益的犯罪行为提起刑事公诉时，可以向人民法院一并提起附带民事公益诉讼，由人民法院同一审判组织审理。

人民检察院提起的刑事附带民事公益诉讼案件由审理刑事案件的人民法院管辖。

【案件索引】

一审：江苏省常州经济开发区人民法院（2018）苏0492刑初298号(2018年12月11日)

二审：江苏省常州市中级人民法院（2019）苏04刑终60号（2019年4月10日)

【基本案情】

常州经济开发区人民检察院指控：2017年8月起，被告人李训斌在担任常州市鼎美装饰材料有限公司（以下简称鼎美公司）法定代表人期间，为降低生产成本、提高生产效率，生产铝型材中违规使用含铬钝化剂。在未配套建设相应水污染防治等环保措施的情况下，被告人李训斌通过被告人杨后松先后两次授意、纵容被告人郭佑夫，将喷涂车间清洗槽内的废水泵至厂区厕所蹲坑，排放至公共雨水管道，对环境造成污染。2017年8月21日，常州市武进区环境保护局对鼎美公司厂区进行现场检查，并提取加工排放的废水进行采样，经检测，排放的废水中重金属污染物总铬、六价铬浓度分别为202mg/L、137mg/L，均超过国家规定的最高允许排放浓度，其中总铬浓度超过134.67倍，六价铬浓度超过274倍。公诉机关就起诉指控的上述事实向法庭出示了书证、证人证言、监测报告等证据。公诉机关认为，被告单位鼎美公司违反国家规定，排放有毒物质，严重污染环境，被告单位的行为已构成污染环境罪，其中被告人李训斌系直接负责的主管人员，被告人杨后松、郭佑夫系直接责任人员，亦应以污染环境罪追究其刑事责任。应依照《刑法》第三百三十八条、第二十五条第一款、第三十条、第三十一条、第六十七条第一款的规定予以惩处。

刑事附带民事公益诉讼起诉人诉称：（1）判令被告单位鼎美公司承担环境损害费用952000元；（2）判令被告单位鼎美公司承担评估及专家评审费用12万元；（3）判令被告单位鼎美公司向社会公众赔礼道歉。

被告单位鼎美公司对公诉机关指控的犯罪事实无异议；对刑事附带民事公益诉讼部分辩称：公司确有偷排废水污染环境的事实，但评估报告中认定的排水量高出实际排水量，评估报告中认定的用水量的计算时间也过长，导致损害赔偿费用较高，另公司赔偿履行能力弱，希望能分期履行。

被告人李训斌、杨后松、郭佑夫对公诉机关指控的犯罪事实均无异议，当庭未提出辩解意见。

被告人李训斌的辩护人对公诉机关认定的事实及量刑情节均无异议。

被告人杨后松的辩护人提出的主要辩护意见是：被告人杨后松系初犯、具有自首情节、认罪悔罪态度较好，建议法庭从轻处理。

法院经审理查明：被告人李训斌原系鼎美公司法定代表人，全面负责鼎美公司的生产、经营，被告人杨后松原系鼎美公司喷涂车间负责人，被告人郭佑夫原系鼎美公司员工。2017年7月，鼎美公司为降低生产成本、提高生产效率，决定在生产铝型材过程中，加入含铬钝化剂，致使产生的废水中含总铬、六价铬等重金属污染物。后在未配套建设相应水污染防治等环保措施的情况下，被告人李训斌通过被告人杨后松两次授意、纵容被告人郭佑夫将含有上述重金属污染物的废水通过抽水泵抽至厂区厕所蹲坑，排放至勤新工业大道的公共雨水管道，对环境造成了污染。2017年8月21日，常州市武进区环境保护局接群众举报对鼎美公司进行了查处，并现场对废水采样，后移交公安机关处理。经检测，排放的废水中重金属污染物总铬、六价铬浓度分别为202mg/L、137mg/L，均超过国家规定的最高允许排放浓度3倍以上［《中华人民共和国污水综合排放标准》（GB8978－1996）中规定：总铬最高允许排放浓度为1.5mg/L；六价铬最高允许排放浓度为0.5mg/L］。案发后，公安机关扣押了消防水管5卷、潜水泵1个。

另查明，2014年至2017年8月期间，被告单位鼎美公司在生产铝型材过程中，未配套建设水污染防治设施，其在生产过程中产生的废水除运至常州双惠环境工程有限公司处理35吨外，其余均排放至外环境。受环保部门委托，江苏龙环环境科技有限公司出具了《常州市鼎美装饰材料有限公司工业废水偷排事件地表水污染损害评估报告》，该报告结合鼎美公司污染物排放量、单位治理成本、环境功能区敏感系数，确定鼎美公司废水排放所造成的地表水环境损害费用为952000元至974300元。该报告的评估费用为12万元。

再查明，案发后经民警电话通知，被告人李训斌于2017年10月16日、被告人杨后松于2017年10月27日至公安机关投案；被告人郭佑夫于2017年11月17日至公安机关投案。归案后，三被告人均如实供述了上述犯罪事实。

【裁判结果】

江苏省常州经济开发区人民法院于2018年12月11日作出（2018）苏0492刑初298号刑事附带民事判决：以污染环境罪判处被告单位鼎美公司罚金人民币25000元；以犯污染环境罪判处被告人李训斌有期徒刑一年十个月，并处罚金2万元；以犯污染环境罪判处被告人杨后松有期徒刑一年四个月，并处罚金人民币13000元；以犯污染环境罪判处被告人郭佑夫有期徒刑一年二个月，并处罚金人民币1万元。判决被告单位鼎美公司于判决生效之日起30日内赔付环境损害修复、评估等费用共计人民币922000元；被告单位鼎美公司于判决生效之日起30日内向社会公众赔礼道歉（道歉内容及方式需经法院审核）；暂扣于常州市公安局常州经济开发区分局的消防水管5卷、潜水泵1个，由暂扣机关依法处理。

宣判后，李训斌不服原审判决，提起上诉。江苏省常州市中级人民法院于2019年4月10日作出（2019）苏04刑终60号刑事附带民事裁定：驳回上诉，维持原判。

【裁判理由】

法院生效裁判认为，被告单位鼎美公司违反国家规定，排放有毒物质，严重污染环境，其行为已构成污染环境罪。被告人李训斌系直接负责的主管人员，被告人杨后松、郭佑夫系直接责任人员，亦应以污染环境罪追究其刑事责任，且属共同犯罪。关于附带民事公益诉讼部分，被告单位鼎美公司因排放废水而造成环境污染，应当承担环境损害费用的赔偿责任。关于被告人李训斌及其辩护人提出评估报告数据存疑，不严谨、不科学的意见，因江苏龙环环境科技有限公司具有相应的评估资质，鉴定人员亦具有相应资质，检验过程和方法符合专业规范要求，评估程序合法，作出的鉴定意见客观明确，评估内容应当予以采信，故该意见法院不予采纳。关于被告单位鼎美公司侵害环境公共利益的时间范围问题，虽然在 2017 年 7 月后被告单位鼎美公司才在生产铝型材过程中，加入含铬钝化剂，并在现场检查中发现铬浓度超过国家规定的最高允许排放浓度 3 倍以上，构成污染环境罪，但被告单位在之前经营过程中也未配套建设水污染防治设施，实际排放污水，对环境造成了损害，也应一并承担环境侵权责任。综上，原审法院判决认定的事实清楚，适用法律准确，量刑恰当，民事赔偿恰当，应予维持，故裁定驳回上诉，维持原判。

【案例注解】

本案是一起污染环境刑事附带民事公益诉讼案件，在目前加强生态文明建设、严厉打击环境污染犯罪的背景下具有较高的社会关注度。一审合议庭采取了七人合议庭审理了本案。本案的法律价值在于对刑事附带民事公益诉讼中民事赔偿主张范围问题进行了有益的探索。

一、附带民事公益诉讼主张范围可以扩张

附带民事诉讼，是指公安司法机关在刑事诉讼的过程中，在解决被告人刑事责任的同时，附带解决被告人的犯罪行为所造成的物质损失的赔偿问题而进行的诉讼活动。[①] 可见，附带民事诉讼是基于被告人的犯罪行为所引起的诉讼活动，其主张范围应不超过刑事犯罪事实部分。但在污染环境刑事犯罪案件审查起诉过程中，经常会发现被告人的犯罪行为侵害环境公益的同时还存在其他尚未构成犯罪的侵害环境公益的行为，是否允许检察机关在附带民事公益诉讼程序中一并主张民事赔偿，在实践中存在较大争议。基于检察机关提起公益诉讼制度在我国正处于探索初期，刑事附带民事公益诉讼制度供给不足背景下创

① 陈光中：《刑事诉讼法》，北京大学出版社 2012 年版，第 230 页。

造性司法的考量，本案判决对此持肯定态度。

1. 设立刑事附带民事公益诉讼制度是一项制度创新。《刑事诉讼法》规定：如果是国家财产、集体财产遭受损失的，人民检察院在提起公诉的时候，可以提起附带民事诉讼。在修改前的《刑事诉讼法》中均有此规定。2017 年修改后的《民事诉讼法》中作出了关于检察机关可以提起民事公益诉讼的规定。2018 年 3 月，《最高人民法院、最高人民检察院关于检察公益诉讼案件适用法律若干问题的解释》（以下简称《解释》）第二十条规定：人民检察院对破坏生态环境和资源保护、食品药品安全领域侵害众多消费者合法权益等损害社会公共利益的犯罪行为提起刑事公诉时，可以向人民法院一并提起附带民事公益诉讼，由人民法院同一审判组织审理。至此，刑事附带民事公益诉讼这一新的诉讼类型通过司法解释正式确立。刑事附带民事诉讼与刑事附带民事公益诉讼这两种制度之间既有联系又有区别。提起刑事附带民事诉讼的范围是国家财产、集体财产遭受损失的刑事案件，即造成国家财产、集体财产损失的犯罪行为。提起刑事附带民事公益诉讼的范围是破坏生态环境和资源保护、食品药品安全领域侵害众多消费者合法权益等损害社会公共利益的犯罪行为。牢牢把握公共利益这个核心，这是设立中国特色社会主义民事公益诉讼制度的立法原意和根本目的所在。

2. 司法机关在刑事附带民事公益诉讼活动中可以创造性司法。刑事附带民事诉讼是两种不同诉讼类型的组合，其本身的审判程序就带有复杂性。而刑事附带民事公益诉讼更是三种诉讼形态的结合，是一种新的诉讼类型，有关法律规定付之阙如，存在着诸多方面的理论和实践问题需要进一步探讨和明确。由于现行法律和司法解释对刑事附带民事公益诉讼中民事赔偿主张范围尚未作出规定，对于此类问题，司法机关还无法从现行法中找到裁判依据。法官不能以法无明文规定为由拒绝裁判。在此情况下，司法机关在处理具体案件时，需要创造性适用法律，进行立法目的和价值的考量，在法律精神和目标的框架内进行漏洞填补，以顺利完成案件的审判。[①] 本案中，检察机关在刑事犯罪审查起诉过程中同时发现了被告单位其他侵害环境公共利益的行为，可以在附带民事公益诉讼程序中一并主张被告单位承担环境侵权民事赔偿责任。理由是：（1）附带民事公益诉讼的赔偿范围应当依据民事法律裁判。附带民事公益诉讼的本质是民事侵权行为之诉。当一种行为被刑法规定为犯罪行为，同时又被民法规定为侵犯了国家和社会公共利益的侵权行

---

① 王利明：《法律解释学》，中国人民大学出版社 2011 年版，第 215 页。

为之时，刑事法律和民事法律发生竞合，由于两种法律调整的社会关系不同，该行为依照刑法应当追究刑事责任，同时依照民法也应当承担侵权责任。因此，刑事诉讼和附带民事公益诉讼系两种性质不同的诉讼，附带民事公益诉讼作为民事侵权之诉，其赔偿范围和赔偿标准等问题的解决自然应当依据民事实体法和程序法裁判。（2）附带民事赔偿范围适度超出犯罪事实有利于维护公益。环境资源、食药安全等领域的犯罪行为，从行为实施到危害结果的产生，具有周期长、隐蔽性强、因果关系难以判定等特点。在行为实施完毕至被追究责任的过程中，证据灭失的风险很大。对于经审理后不足以排除合理怀疑无法追究被告人刑事责任的证据和行为，如果相关证据能够证明被告人实施的侵犯国家和社会公共利益的民事侵权行为已达到高度盖然性，则完全可以判决由被告人承担相应民事责任。（3）基于最高人民法院关于附带民事诉讼被告人范围规定的类推适用。类推实际上是在现行法的框架内，针对法律的不足而发展法律。它不仅可以创设具体的裁判规则，弥补了现行法的缺陷，而且可以为立法积累经验，起到了立法前期准备的作用。[①] 在刑事司法和行政执法领域，是不使用类推的。而在民事司法领域，为保证法律适用的公正，维护当事人的合法权益，一般是允许类推的。[②]《最高人民法院关于适用〈中华人民共和国刑事诉讼法〉的解释》第一百四十三条明确规定，附带民事诉讼中依法负有赔偿责任的人包括未被追究刑事责任的其他共同侵害人，附带于刑事诉讼案件审理的民事诉讼被告可以不限于刑事被告人。参照此条规定，本案判决认为附带于刑事诉讼案件审理的民事公益诉讼赔偿范围可以不限于刑事诉讼认定的案件事实。本案采用了类推适用的补充法律的方法，以弥补附带民事公益诉讼规定的不足，是法官创造性司法的体现。（4）最大限度发挥公益诉讼程序价值。通过判决被告单位就其全部侵权行为承担赔偿责任，可以及时救济被损害的环境公共利益，同时避免检察机关就被告单位环境侵权行为另行单独提起民事公益诉讼的讼累。本案中被告单位在 2014 年至 2017 年 8 月经营期间，对环境造成了污染，其虽在 2017 年 7 月前不需承担刑事责任，但仍应承担民事责任。在刑事附带民事诉讼程序中一并解决刑事责任和民事责任，一方面，大大节约了司法资源，避免诉累；另一方面，也有效避免了刑民认定事实不统一的问题。

---

① 王利明：《法律解释学》，中国人民大学出版社 2011 年第 11 版，第 221 页。

② 张文显：《法理学》，高等教育出版社 2000 年版，第 327 页。

二、附带民事公益诉讼主张范围扩张应有一定限度

正如上文所述，刑事附带民事诉讼程序是基于犯罪事实引起诉讼活动，应附带于刑事程序。如果无限制允许检察机关在指控的刑事犯罪事实之外随意提起附带民事公益诉讼，则必然会对刑事审判程序造成冲击。笔者认为，只有未受刑事指控的环境侵权行为与污染环境犯罪行为在时间、空间等因素上存在连续性和关联性，才能允许检察机关一并主张。如果，未受刑事指控的环境侵权行为与污染环境犯罪行为在时间、空间上不存在连续性，或者没有关联，那么检察机关应另行提起民事公益诉讼，而不能在刑事附带民事诉讼程序中一并主张。

本案中，被告单位鼎美公司虽然自 2017 年 7 月改变工艺，添加含铬钝化剂，但排放污水的过程和方式并未改变，其侵害环境公益的行为在 2014 年至 2017 年 8 月案发前一直处于持续状态。也即，本案的环境侵权行为与刑事犯罪行为具有时间和空间上的连续性和关联性，应允许检察机关在附带民事诉讼程序中一并主张，以实现最大程度保护环境公共利益的目的。

（一审法院合议庭成员　张祥龙　蒋正宁　赵晋鹏　朱菊英
岳丽庆　万小虎　卞耀坤
二审法院合议庭成员　谢唯立　罗希夷　林　青
编写人　江苏省常州市中级人民法院　谢唯立
江苏省常州经济开发区人民法院　张祥龙
责任编辑　韩德强
审稿人　曹守晔）

涂华清非法收购滥伐的林木案

——生态修复资金制度在个案中的创新运用

关键词：环境公益诉讼　环境损害　替代修复　生态修复资金　司法理念　量刑规范化

【裁判要旨】

被告人涂华清非法收购滥伐的林木，情节特别严重，鉴于被告人涂华清具有自首情节，积极退出违法所得，通过法院审判及教育，自愿缴纳生态修复资金，用于对受损生态环境的修复，综合被告人悔罪认罪态度，依法酌情对其予以从轻处罚，判处被告人涂华清有期徒刑三年，缓刑四年，并处罚金人民币25万元。顺昌法院探索“生态司法＋”的绿色发展理念，从以“打击为主”的审判理念转变为以“教育、修复”为主的审判理念，希望通过生态修复资金机制的不断完善化、系统化和制度化，综合运用法律等手段，在依法严惩破坏生态环境犯罪的同时，将“谁破坏、谁治理、谁修复”的原则贯彻落实到司法实践中，并在福建省率先出台《生态修复资金管理办法》，充分发挥生态修复专项资金的作用，使法院能够充分利用法律武器，在守护环境中扮演重要角色。

【相关法条】

《中华人民共和国刑法》第三百四十五条　盗伐森林或者其他林木，数量较大的，处三年以下有期徒刑、拘役或者管制，并处或者单处罚金；数量巨大的，处三年以上七年以下有期徒刑，并处罚金；数量特别巨大的，处七年以上有期徒刑，并处罚金。

违反森林法的规定，滥伐森林或者其他林木，数量较大的，处三年以下有期徒刑、拘役或者管制，并处或者单处罚金；数量巨大的，处三年以上七年以下有期徒刑，并处罚金。

非法收购、运输明知是盗伐、滥伐的林木，情节严重的，处三年以下有期徒刑、拘役或者管制，并处或者单处罚金；情节特别严重的，处三年以上七年以下有期徒刑，并处罚金。

盗伐、滥伐国家级自然保护区内的森林或者其他林木的，从重处罚。

《最高人民法院关于审理破坏森林资源刑事案件具体应用法律若干问题的解释》第十条 刑法第三百四十五条规定的“非法收购明知是盗伐、滥伐的林木”中的“明知”，是指知道或者应当知道。具有下列情形之一的，可以视为应当知道，但是有证据证明确属被蒙骗的除外：

（一）在非法的木材交易场所或者销售单位收购木材的；

（二）收购以明显低于市场价格出售的木材的；

（三）收购违反规定出售的木材的。

第十一条 具有下列情形之一的，属于在林区非法收购盗伐、滥伐的林木“情节严重”：

（一）非法收购盗伐、滥伐的林木二十立方米以上或者幼树一千株以上的；

（二）非法收购盗伐、滥伐的珍贵树木二立方米以上或者五株以上的；

（三）其他情节严重的情形。

具有下列情形之一的，属于在林区非法收购盗伐、滥伐的林木“情节特别严重”：

（一）非法收购盗伐、滥伐的林木一百立方米以上或者幼树五千株以上的；

（二）非法收购盗伐、滥伐的珍贵树木五立方米以上或者十株以上的；

（三）其他情节特别严重的情形。

【案件索引】

一审：福建省顺昌县人民法院（2016）闽0721刑初19号（2016年3月18日）

【基本案情】

福建省顺昌县人民检察院指控：2013 年 9 月至 11 月间，被告人涂华清在其经营的福建省顺昌县大干富屯竹木货场内，明知包良兴（已判刑）销售给其的杉木没有木材运输证，仍然以每立方米 1070 元的价格多次收购，立木蓄积量计 380.2164 立方米。后被告人涂华清将该批杉木销售，非法获利人民币 40700 元。

2015 年 6 月 17 日，被告人涂华清主动到顺昌县公安机关投案，如实供述自己的犯罪事实，并退出违法所得 40700 元。

在本案审理过程中，被告人涂华清自愿缴纳生态修复资金人民币 10 万元，用于生态环境的修复。

【裁判结果】

福建省顺昌县人民法院于 2016 年 3 月 18 日作出（2016）闽 0721 刑初 19 号刑事判决：一、被告人涂华清犯非法收购滥伐的林木罪，判处有期徒刑三年，缓刑四年，并处罚金人民币 25 万元（缓刑考验期，从判决确定之日起计算。罚金于本判决生效后次日内缴纳）。二、被告人涂华清退出的赃款人民币 40700 元，予以没收，由扣押机关上缴国库。宣判后，被告人未提起上诉，公诉机关未抗诉，判决已生效。

【裁判理由】

法院生效裁判认为：被告人涂华清作为木材经营者，明知是他人滥伐的林木而予以收购，情节特别严重，已构成非法收购滥伐的林木罪。公诉机关指控的罪名成立。被告人涂华清有犯罪前科，酌情予以从重处罚；鉴于被告人涂华清具有自首情节，积极退出违法所得，自愿缴纳生态修复资金，依法酌情予以从轻处罚。经审前社会调查，顺昌县司法局对被告人涂华清作出适宜实施社区矫正的意见，宣告缓刑对所居住社区没有重大不良影响，决定对被告人涂华清予以宣告缓刑。

【案例注解】

生态司法的价值目标是充分发挥生态司法的能动性，救济受损的生态环境，促进经济社会可持续发展，实现人与自然的正义、公平、和平。本案就是一起司法理念创新、生态环境修复制度创新的典型案例，同时对生态修复制度在量刑规范化的运用方面进行了实践，是在推进生态修复性司法的实践方面可复制、可推广的生态司法保护“顺昌实践”。

一、生态司法理念上的创新

传统生态司法追求正义、公平价值。现代修复性司法认为，生态司法是一种调解、协商过程，强调面对面的和谈，更关注社会冲突的和解。生态环境修复司法是生态司法审判价值理念的升华。生态环境修复司法着重对被害人、社会所受伤害进行补偿以及对犯罪行为人的改造，旨在对破坏的环境进行修复，从而达到减少损害、保护生态环境的目的，与惩治破坏环境犯罪刑事目的具有吻合性。

近年来，顺昌法院在依法严惩破坏生态环境犯罪的同时，积极探索“生态司法＋”的绿色发展理念，审判理念从以“打击为主”转变为以“教育、修复”为主。本案中，被告人涂华清非法收购滥伐的林木，收购数量达到情节特别严重，鉴于被告人涂华清自愿缴纳生态修复资金，对受损的生态环境予以修复，保护了环境的整体利益，考虑到生态环境修复的目的性，从对被告人涂华清进行教育改造考量，依法判处其法定刑的最低刑罚并适用缓刑。

二、生态环境修复模式的制度创新

从责任承担方式来看，生态环境修复有直接修复、赔偿性修复、替代性修复等形式。针对不同区域环境保护和环境恢复的要求，不同的区域经济发展水平和不同人群环境治理能力的差异，生态环境修复的方案也必须从现实出发，因人、因时、因地制宜。在相关司法实践中，为了实现这个目的，顺昌法院充分发挥了法院在服务生态文明建设和绿色发展上的能动性，在福建省率先出台《生态修复资金管理办法》，通过生态修复资金机制的不断完善化、系统化和制度化，综合运用法律等手段，在依法严惩破坏生态环境犯罪的同时，将“谁破坏、谁治理、谁修复”的原则贯彻落实到司法实践中。本案中，被告人涂华清在审理过程中悔罪态度好，并表示希望对受损的生态环境进行修复，但本案系非法收购滥伐的林木案，如果按照传统的生态修复模式，很难找到与本案性质相对应的修复方式。案件审理中，被告人涂华清自愿缴纳生态修复资金10万元。案件宣判后，顺昌法院从被告人涂华清交纳的“生态修复资金”中拨付资金，会同国土、农业等部门，对由一家小造纸厂使用，后企业因污染被取缔，土地长期闲置的10余亩土地采取回填、盖土、造田整理的方式进行复垦复耕，既新增了耕地面积，又具有积极的引导示范意义，形成“从就地、异地、异类到公益水域、林地、农田等多层修复、立体保护”的生态修复模式，取得良好社会成效。

三、生态修复制度在量刑规范方面的运用

将修复生态环境作为量刑情节不仅对保护生态环境，建设生态文明具有重要意义，对犯罪人回归社会也能起到促进作用。修复生态环境是犯罪嫌疑人犯罪后的态度，因此可以作为酌定量刑情节适用，同时，其作为酌定量刑情节有坚实的理论基础。虽“修复生态环境”可作为量刑情节适用，但如何把握一个度？在本案的审理过程中，审判人员充分参照《福建省高级人民法院关于涉林刑事案件量刑指导意见（试行）》关于“涉林犯罪被告人已进行‘复植补种’的，或交纳相应补种保证金用于恢复森林生态环境的，可以减少基准刑20%以下”的规定，对被告人涂清华已经进行的替代性修复，在上述范围内给予减轻处罚。

修复生态环境作为量刑情节是法院在量刑过程中需要考虑的事实，并非犯罪人所必须履行的义务。被告人认识到自己所实施的犯罪行为为生态环境带来了严重损害，悔过并主动修复被损生态环境的行为，是自发性的行为。在判决作出前，若被告人具有主动修复被其损害生态环境的情节，则应当将其作为酌定量刑情节予以考量，根据其对被损环境的修复程度决定其刑罚的从宽处罚程度。若被告人并没有修复生态环境的行为，则依照法律规定判处其承担相应的刑罚。此外，针对很多案件中，犯罪人缺乏修复生态环境的环保意识，审判机关或检察机关可以做适当的建议，这不仅有利于促进犯罪人修复生态环境，而且也是司法机关参与环保意识教育的良举。

（**一审法院合议庭成员**　郭功荣　洪琪琳　朱　艳
编写人　福建省顺昌县人民法院　张夏兰　黎曼倩
责任编辑　韩德强
审稿人　曹守晔）

韩英涛、刘志伟、赵宇鹏破坏计算机信息系统案

——修改企业安装的环境质量在线监测系统参数或者监测数据，干扰采样行为的认定

关键词：环境公益诉讼　破坏计算机信息系统　篡改参数　数据造假

【裁判要旨】

1. 企业安装的环境质量在线监测系统虽并未明确指明是计算机信息系统，但因其具备自动处理数据功能且能够反映环境空气污染指数，并直接与环保部门在线监测数据关联，从而属于《最高人民法院、最高人民检察院关于办理环境危害计算机信息系统安全刑事案件应用法律若干问题的解释》第十一条关于计算机信息系统及计算机系统的解释的规定。

2. 被告人对环境质量监测系统的功能及参数进行直接篡改，致使监测系统的正常功能受到侵害，并影响环保部门对环境空气监测质量的正确评估，属于《最高人民法院、最高人民检察院关于办理环境污染刑事案件适用法律若干问题的解释》第十条规定的以修改参数、干扰采样破坏计算机信息系统污染环境的认定。

3. 本案中被告人韩英涛系大良供热站站长，其出于个人意志，授意站内员工即被告人赵宇鹏、刘志伟篡改监测参数，导致环境监测数据失真，使计算机信息系统不能客观反映烟气排放的真实情况，超标排放污染物，后果严重，三被告人行为均构成破坏计算机信息系统罪。被告人韩英涛在共同犯罪中起主要作用，系主犯；被告人赵宇鹏、刘志伟起次要作用，系从犯。

【相关法条】

《中华人民共和国刑法》第二百八十六条　违反国家规定，对计算机信息系统功能进行删除、修改、增加、干扰，造成计算机信息系统不能正常运行，后果严重的，处五年以下有期徒刑或者拘役；后果特别严重的，处五年以上有期徒刑。

违反国家规定，对计算机信息系统中存储、处理或者传输的数据和应用程序进行删除、修改、增加的操作，后果严重的，依照前款的规定处罚。

故意制作、传播计算机病毒等破坏性程序，影响计算机系统正常运行，后果严重的，依照第一款的规定处罚。

单位犯前三款罪的，对单位判处罚金，并对其直接负责的主管人员和其他直接责任人员，依照第一款的规定处罚。

《最高人民法院、最高人民检察院关于办理环境污染刑事案件适用法律若干问题的解释》第十条　违反国家规定，针对环境质量监测系统实施下列行为，或者强令、指使、授意他人实施下列行为的，应当依照刑法第二百八十六条的规定，以破坏计算机信息系统罪论处：

（一）修改参数或者监测数据的；

（二）干扰采样，致使监测数据严重失真的；

（三）其他破坏环境质量监测系统的行为。

重点排污单位篡改、伪造自动监测数据或者干扰自动监测设施，排放化学需氧量、氨氮、二氧化硫、氮氧化物等污染物，同时构成污染环境罪和破坏计算机信息系统罪的，依照处罚较重的规定定罪处罚。

从事环境监测设施维护、运营的人员实施或者参与实施篡改、伪造自动监测数据、干扰自动监测设施、破坏环境质量监测系统等行为的，应当从重处罚。

《最高人民法院、最高人民检察院关于办理危害计算机信息系统安全刑事案件应用法律若干问题的解释》第十一条　本解释所称“计算机信息系统”和“计算机系统”，是指具备自动处理数据功能的系统，包括计算机、网络设备、通信设备、自动化控制设备等。

本解释所称“身份认证信息”，是指用于确认用户在计算机信息系统上操作权限的数据，包括账号、口令、密码、数字证书等。

本解释所称“经济损失”，包括危害计算机信息系统犯罪行为给用户直接造成的经济损失，以及用户为恢复数据、功能而支出的必要费用。

【案件索引】

一审：天津市武清区人民法院（2018）津0114刑初203号（2018年6月7日）

二审：天津市第一中级人民法院（2018）津01刑终567号（2018年8月20日）

【基本案情】

法院经审理查明：被告人韩英涛作为天津市凯森新能源科技有限公司（位于天津市武清区大良镇旗良公路东侧）下属的大良供热站站长，于2016年11月前后至2017年2月17日，默许并授意该站员工被告人刘志伟、赵宇鹏对站内烟气连续在线监测系统中二氧化硫、氮氧化合物、烟尘等污染物的后台参数进行篡改，造成二氧化硫、一氧化氮、烟尘等污染物在线监控数据与实时上传到国家环保部门的监控数据严重不符，所传输的被篡改数据使计算机信息系统不能客观反映烟气排放的真实情况，致使环保部门不能有效监控该企业烟气污染物是否超标排放。2017年2月17日，经天津市环境监控中心对该单位锅炉净化设施出口现场监测，二氧化硫排放浓度（小时均值）为377mg/m^3，严重超过锅炉大气污染物排放标准。各被告人对上述事实均未提出异议。

【裁判结果】

天津市武清区人民法院于2018年6月7日作出（2018）津0114刑初203号刑事判决：一、被告人韩英涛犯破坏计算机信息系统罪，判处有期徒刑一年二个月；二、被告人刘志伟犯破坏计算机信息系统罪，判处有期徒刑一年；三、被告人赵宇鹏犯破坏计算机信息系统罪，判处有期徒刑十一个月。

宣判后，韩英涛、刘志伟和赵宇鹏不服原审判决，提起上诉。天津市第一中级人民法院于2018年8月20日作出（2018）津01刑终567号刑事裁定：驳回上诉，维持原判。

【裁判理由】

法院生效裁判认为：被告人韩英涛、刘志伟、赵宇鹏违反国家规定，针对环境质量检测系统多次实施篡改、干扰传输数据的行为，致使检测数据严重失真，使计算机信息系统不能客观反映烟气排放的真实情况，超标排放污染物，后果严重，其行为均已构成破坏计算机信息系统罪。公诉机关指控各被告人的罪名成立，本院予以支持。韩英涛在共同犯罪中起主要作用，系主犯；赵宇鹏、刘志伟起次要作用，系从犯，依法应从轻处罚。庭审中，三被告人认罪态度较好，依法可从轻处罚。鉴于本案适用认罪认罚从宽制度，依法从宽处罚。原判决认定事实和适用法律正确，量刑并无不当，审判程序合法。

【案例注解】

本案例涉及对以破坏计算机信息系统方式污染环境定罪量刑的理解。《最高人民法院、最高人民检察院关于办理环境污染刑事案件适用法律若干问题的解释》第十条第一、二款规定：“违反国家规定，针对环境质量监测系统实施下列行为，或者强令、指使、授意他人实施下列行为的，应当依照刑法第二百八十六条的规定，以破坏计算机信息系统罪论处：（一）修改参数或者监测数据的；（二）干扰采样，致使监测数据严重失真的；（三）其他破坏环境质量监测系统的行为。重点排污单位篡改、伪造自动监测数据或者干扰自动监测设施，排放化学需氧量、氨氮、二氧化硫、氮氧化物等污染物，同时构成污染环境罪和破坏计算机信息系统罪的，依照处罚较重的规定定罪处罚。”

本案中，法院判决被告人犯破坏计算机信息系统罪，依法定罪处罚。同时阐明计算机信息系统的定义及破坏计算机信息系统行为的表现，即企业自行安装的环境在线监测系统，因其具备计算机采集、计算、储存等功能，因此认定为计算机信息系统，私人企业安装的环境监测系统通过篡改环保参数而必然造成环境监测数据失真。本案引发了对于破坏计算机信息系统罪的进一步思考，刑法规制是目的是更好保障人民的合法权益，惩罚犯罪，具体到污染环境犯罪中，刑法的目的在于平衡国家环境管理秩序、人类发展权益、生态权益，在保持刑法的谦抑原则下实现环境犯罪案件惩治的利益最大化，从而实现人与自然和谐相处。从破坏计算机信息系统的立法目的和《最高人民法院、最高人民检察院关于办理环境污染刑事案件适用法律若干问题的解释》第十条的立法精神上看，保障生态环境权益，惩治新类型的环境侵害犯罪，应该是更重要的立法价值，也是积极推进生态文明建设有效发挥的前提。本案裁判就体现了这样一个价值立场。

一、如何界定企业安装的环境在线监测系统属性

企业安装的环境监测系统，从其本质上说是由地方环保部门规定，由企业自行安装的用于监测企业内部污染物排放指标，衡量企业生产经营对环境质量影响的重要工具。环境质量是通过定性与定量的方法，描述环境所处的状态，将具体环境下的要素通过与人为要求的数据对比从而对环境进行的评定。对于环境污染程度的数据评价称为环境质量评价，而用以作为参照物的数据就称为环境指数。《环境空气质量手工监测技术规范》明确规定了环境质量手工监测的点位布设、样品采集的时间、频率、运输、保存、监测方法、数据处理、质量监控等技术要求。《污染源自动监控设施运行管理办法》规定，在污染源现场安装的符合国家规定标准的监控、监测仪器、流量（速）计、记录仪、数据采集传输仪器属于自动监控设施。根据《最高人民法院、最高人民检察院关于办理危害计算机信息系统安全刑事案件应用法律若干问题的解释》第十一条规定："本解释所称'计算机信息系统'和'计算机系统'，是指具备自动处理数据功能的系统，包括计算机、网络设备、通信设备、自动化控制设备等。"三被告人供职的天津市凯森新能源科技有限公司虽不属于天津市重点排污单位，但该公司属于天津环保局依法确定必须安装自动监测系统的排污单位，必须在污染源安装环境在线监测仪器。

三被告人所在企业安装的在线监测仪器将监测的数据与系统软件对比处理后，与环保部门联网，数据直接纳入环保部门环境空气质量监测系统。从上述概念可以看出，在线监测仪器具备自动采集、处理、存储、回传、显示数据的功能，属于具备自动处理数据功能的计算机系统。因此，只要是符合国家标准的具备数据处理传输功能的，企业安装的用于监测环境质量的环境监测仪器均属于环境监测系统，也是计算机信息系统的重要组成部分。

二、干扰采样，破坏计算机信息系统安全的认定

计算机信息系统的安全是指计算机及其相关和配套的设备、设施（含网络）的安全，运行环境的安全，存储信息的安全，计算机功能的正常发挥，

以及计算机信息系统的安全运行。所有计算机系统和程序的功能背后都是无数个代码指令运行的外在表现。行为人删除、修改、新增某些代码，并不必然导致功能的破坏，也不必然导致计算机信息系统的破坏。因此，判断计算机信息系统是否遭到“破坏”，应当从外在的功能层面来考量，而不应以某项代码指令的改变与否来认定。本案被告人实施的行为在客观方面表现为行为人实施了破坏计算机信息系统功能且造成严重后果的行为。计算机信息系统的功能，是指按照一定的应用目标和规则对信息进行采集、加工、存储、传输、检索的功用和能力。本案中被告人的行为具体表现为对计算机信息系统中存储、处理或者传输的数据进行篡改的操作，造成计算机信息系统的功能不能正常发挥。

污染企业安装的环境在线监测系统是与环保部门监测终端连接的具有监测与预警功能的预防环境污染事故发生的重要设备。具有实时监测污染企业污染物排放的含量、成分与标准，并对超标排放污染物行为进行及时预警的功能。行为人对计算机信息系统内的功能或数据进行删除、修改、增加，会扰乱计算机信息系统的正常运行，致使计算机网络所反映的信息不能发挥原有设定的功能或者显示真实数据。本案中被告人采用修改参数或者监测数据的方法，违法排放污染物，严重污染环境。

司法实务中认定修改参数、篡改数据，干扰采样的重要标准是考察行为人有没有对计算机信息系统内的功能或数据进行直接侵害或者产生影响，计算机信息系统的正常功能有无受到阻碍。可理解为行为造成计算机信息系统不能正常运行，包括使计算机信息系统不能运行和不能按原来的设计要求运行，从而导致分析数据不正常。这种篡改、干扰行为不仅限于内部篡改数据，也包括借助外力实施的破坏计算机信息系统的行为，其中既有本案中行为人利用其掌握在线监测系统的密码，直接修改后台环保监测参数污染环境的；也有单位或者个人用装置将大气污染防治网格化精准监控预警系统的监控探头套上，干扰监测设备正常运行的；还有单位或者个人私自将氨氮自动监控仪器抽取污水的取水管与水泵断开，另外从其他水源进行取水检测，致使监测数据严重失真的。

三、本案被告人是否构成破坏计算机信息系统罪

破坏计算机信息系统罪表现为行为人利用计算机系统作为载体，篡改系统内部数据，干扰计算机系统正常功能的行使，致使环境监测系统不能正常监测环保数据，造成环境污染等严重后果。本罪的主体是一般主体，即年满 16 周

岁、具有刑事责任能力的自然人均可以成为本罪的主体，主观方面要求行为人具有主观故意的心理状态，即明知自己的行为会造成破坏计算机信息系统功能的正常运行，或者破坏计算机信息系统的数据，仍持有希望或者放任这种结果发生的主观心态。本罪侵犯的客体是刑法所保护的而被犯罪所侵害的计算机信息系统安全以及国家对计算机信息系统的管理秩序，客观方面表现为对计算机信息系统实施以下三种行为：第一，违反国家规定，对计算机信息系统功能进行删除、修改、增加、干扰，造成计算机信息系统不能正常运行，后果严重；第二，违反国家规定，对计算机信息系统中存储、处理或者传输的数据和应用程序进行删除、修改、增加的操作，后果严重；第三，故意制作、传播计算机病毒等破坏性程序，影响计算机系统正常运行，后果严重。这三种客观方面的表现形式均侵害了计算机信息系统的安全。

破坏计算机信息系统罪的“后果严重”仅指造成严重的实害结果，本案中被告人的行为直接造成了排污单位逃避监管，超标排放污染物污染环境的严重后果：

1. 被告人违反国家规定，针对环境质量检测系统多次实施篡改、干扰传输数据的行为，造成检测数据严重失真，使计算机信息系统不能客观反映烟气排放的真实情况。

2. 被告人篡改行为造成了监测数据异常。被告人利用其掌握在线监测系统后台密码，擅自将在线监测系统后台中二氧化硫参数K由1改为0.2，氮氧化物参数K由1改为0.2，烟尘参数K由1修改为0.08，造成了在线监测数据小于实时监测数据。

3. 天津市环境监控中心对被告人所在单位进行现场监测后，发现该单位实际排放的二氧化硫数据为377mg/m^3，严重超过锅炉大气污染物排放标准。

综上，本案中三被告人实施了违反国家规定，针对环境质量监测系统功能进行修篡改，致使在线监测系统不能正常运行，并造成严重后果，因此构成破坏计算机信息系统罪。

四、被告人韩英涛是否在共同犯罪中起主要作用

共同犯罪是指二人以上共同故意犯罪，在共同犯罪中起主要作用的是主犯，起次要作用的是从犯，本案中，被告人韩英涛作为天津市凯森新能源科技有限公司下属的大良供热站站长，虽然没有直接修改参数或者监测数据，但是默许并授意该站员工刘志伟、赵宇鹏实施违法行为，目的是大良供热站

能够节约成本，逃避环境监管部门的处罚。在共同犯罪中，韩英涛起主要作用，刘志伟、赵宇鹏起次要、辅助作用，故应认定韩英涛为主犯，刘志伟、赵宇鹏为从犯。

（**一审法院合议庭成员** 李海峰 沈玉霞 张宝和
二审法院合议庭成员 杨雪梅 刘 为 路 诚
编写人 天津市武清区人民法院 李海峰 姜 欣
责任编辑 韩德强
审稿人 曹守晔）

二、案例精析

【编者按】 各级人民法院坚持“反映审判全貌，总结审判经验，服务审判工作”的编辑方针，突出“真实、全面、及时、说理”的编辑特色，报送了一批具有典型性、新类型、重大疑难复杂案例，对指导审判业务、宣传国家法制、预防和化解社会矛盾纠纷，促进法学教育与理论研究作出了积极努力。《人民法院案例选》将继续坚持这一优良传统，并通过中国应用法学研究所责任编辑撰写编后补评等方式，对判决和评析中虽未提及但比较重要的或评析不充分的问题，进行补充评析，以期达到总结经验教训、指导审判业务、促进理论研究的目的。

刑　事

张贵全行贿案

——谋取不正当利益的认定

关键词：刑事　BT 模式　行贿罪　不正当利益

【裁判要旨】

为改变 BT 模式的出资方式而向相关责任人行贿的，应当认定为谋取不正当利益。

【相关法条】

《中华人民共和国刑法》第三百八十九条　为谋取不正当利益，给予国家工作人员以财物的，是行贿罪。

在经济往来中，违反国家规定，给予国家工作人员以财物，数额较大的，或者违反国家规定，给予国家工作人员以各种名义的回扣、手续费的，以行贿论处。

因被勒索给予国家工作人员以财物，没有获得不正当利益的，不是行贿。

第三百九十条　对犯行贿罪的，处五年以下有期徒刑或者拘役，并处罚金；因行贿谋取不正当利益，情节严重的，或者使国家利益遭受重大损失的，处五年以上十年以下有期徒刑，并处罚金；情节特别严重的，或者使国家利益遭受特别重大损失的，处十年以上有期徒刑或者无期徒刑，并处罚金或者没收财产。

行贿人在被追诉前主动交待行贿行为的，可以从轻或者减轻处罚。其中，犯罪较轻的，对侦破重大案件起关键作用的，或者有重大立功表现的，可以减轻或者免除处罚。

【案件索引】

一审：四川省蒲江县人民法院（2017）川 0131 刑初 60 号（2017 年 11 月 23 日）

【基本案情】

四川省蒲江县人民检察院起诉指控：2010 年 3 月，蒲江县兴城公司（以下简称兴城公司），经请示蒲江县人民政府批复同意后，对樱桃山游客接待中心及配套项目等三个项目采用 BT 模式建设。时任兴城公司董事长杨忠荣确定由挂靠四川福龙建筑有限公司（以下简称福龙公司）的张贵全来承接该三个项目。在项目实施过程中，张贵全以资金链断裂，无法继续实施工程和发放民工工资为由，要求向兴城公司借款。因该项目工程工期紧张，为避免工程停工和按期完成该项目，经杨忠荣与时任兴城公司副总经理陈礼卫商量后，擅自决定修改项目施工合同条款，修改项目建设模式的方式，以取消项目回报为条件，答应借款给张贵全。在 2010 年 5 月 25 日以借款方式，将兴城公司公款 200 万元以借款的方式拨付给福龙公司，由福龙公司支付给张贵全。2010 年 9 月 7 日，张贵全以发放民工工资为由再次找到杨忠荣，要求借款 50 万元，杨忠荣再次将兴城公司 50 万元以借款方式拨付到福龙公司，由福龙公司支付给张贵全。2012 年 6 月份，经审计确定总工程款后，借给张贵全的 250 万元公款用于抵扣张贵全的工程款。

为了对杨忠荣、陈礼卫在工程项目中的帮助表示感谢，张贵全在 2010 年 6 月份一天，在蒲江县仙鹤桥边，送给陈礼卫一条中华牌香烟、两瓶酒和 5000 元感谢费。2010 年 6 月份一天，张贵全在杨忠荣妻子开的茶楼，送给杨忠荣一条中华牌香烟、两瓶酒和 1 万元感谢费。2010 年 8 月份一天，在樱桃山游客接待中心项目施工工地上，张贵全送给杨忠荣感谢费 2 万元钱。

四川省蒲江县人民检察院起诉认为，被告人张贵全为了谋取不正当利益，给予国家工作人员财物，共计 35000 元，应当以行贿罪追究其刑事责任。

被告人张贵全对起诉书指控的事实无异议。其辩护人辩护称：（1）张贵全三次送礼发生在端午节和中秋节前，主要是联系朋友感情；第一次送礼是借款完成后，不是承诺事成后给予好处费，第二次送礼也没有以此提出向兴城公司借款的要求；根据陈礼卫和杨忠荣的陈述，张贵全送礼的目的是拜节和关照，即使张贵全不送礼，陈礼卫和杨忠荣也会履职和同意借款给张贵全；（2）行贿罪的前提条件是为了获得不正当利益，无论张贵全是否送礼，杨忠荣基于工期的考虑、陈礼卫基于领导的安排，也会同意借款给张贵全，张贵全送礼的主观目的不是为了获取不正当利益，况且公诉机关已撤销对杨忠荣、陈礼卫挪用公款罪的指控，这表明公诉机关也认为杨忠荣、陈礼卫同意借款非犯罪行为，因此张贵全不能因杨忠荣、陈礼卫的合法行为而获取了不正当利益。

法院经审理查明的事实与起诉书指控的事实一致。另查明，兴城公司系国有独资公司。本案在审理过程中，蒲江县人民检察院撤回对被告人杨忠荣、陈礼卫挪用公款罪的起诉。被告人张贵全经电话通知于2016年11月3日到检察院接受询问，交待了自己的犯罪事实，蒲江县人民检察院于2016年11月8日对张贵全补充立案。杨忠荣向纪委退还受贿赃款3万元，陈礼卫向纪委退还受贿赃款5000元。

【裁判结果】

四川省蒲江县人民法院于2017年11月23日作出四川省蒲江县人民法院（2017）川0131刑初60号刑事判决：一、被告人张贵全犯行贿罪，判处拘役三个月，缓刑四个月。二、对本案中已追缴的赃款35000元予以没收，上缴国库。宣判后，四川省蒲江县人民检察院未提起抗诉，张贵全未提起上诉，判决已发生法律效力。

【裁判理由】

法院生效判决认为：被告人张贵全为谋取不正当利益，给予国家工作人员财物35000元，其行为已构成行贿罪。被告人张贵全在被追诉前主动交待行贿行为，对其可以从轻处罚。蒲江县人民检察院指控被告人张贵全犯行贿罪的事实和罪名成立。

张贵全在项目实施过程中，以资金链断裂，无法继续实施工程和发放民工工资为由，要求向兴城公司借款，并先后送钱和财物给杨忠荣和陈礼卫。张贵全明知该项目采用BT模式建设，应先由其出资建设，但仍然向兴城公司借款；张贵全明知该借款要求违背了国家工作人员的职务要求，仍要求其提供帮助，应认定为谋取不正当利益；公诉机关是否撤销对杨忠荣、陈礼卫挪用公款罪的指控，与张贵全构成行贿罪没有关联性。

从张贵全的多次供述可以证实张贵全送礼目的是拜节和关照，其中包括借款事项，张贵全为谋取不正当利益，要求国家工作人员违反政策规定，为自己提供帮助，给予国家工作人员财物35000元，侵犯了国家工作人员职务的廉洁性和国有公司的经济管理制度，其行为已构成行贿罪。在行贿罪中，谋取不正当利益是否实现不影响该罪名的成立。

【案例注解】

BT是政府利用非政府资金来进行非经营性基础设施建设项目的一种融资方式。具体而言，指一个项目的运作通过项目公司总承包，融资、建设验收合格后移交给业主，业主向投资方支付项目总投资加上合理回报的过程。我国部分基础设施建设采用BT模式进行建设施工，并取得了一定的成绩，减轻了政府在基础设施建设中的经济压力，但BT模式的弊端也逐渐显现，其中投资方在修建过程中资金链断裂情形时有发生，影响了BT模式工程的修建。在BT建设模式中，投资方取得工程后因资金链断裂，向相关责任人行贿要求改变BT模式，向政府或政府平台公司借款修建工程，在工程结算时再扣除该借款部分的工程款的行为，是否构成行贿罪，在审判实务中有两种不同的观点：

一种观点认为，行贿罪要求行为人具有“谋取不正当利益”的主观故意，同时，2012年，最高人民法院、最高人民检察院联合发布的《关于办理行贿刑事案件具体应用法律若干问题的解释》（以下简称《办理行贿案件的解释》）第十二条中，明确提出“‘谋取不正当利益’，是指行贿人谋取的利益违反法律、法规、规章、政策规定，或者要求国家工作人员违反法律、法规、规章、政策、行业规范的规定，为自己提供帮助或者方便条件”，而上述借款行为并不存在该条包含的内容，不能认定行为人谋取不正当利益，从而不构成行贿罪。

另一种观点认为，谋取不正当利益的外延很明显应当比谋取非法利益的外延宽泛，行为人因行贿行为逃避了其部分出资义务，违反了政府平台公司的财务制度，同时违反了“三重一大”政策，属于谋取不正当利益，应当构成行贿罪。

本案的审理采取了第二种观点，即行为人违反了财务制度及政策规定，具有谋取不正当利益的主观故意，构成行贿罪。

一、谋取不正当利益的认定

1979 年《刑法》第一百八十五条规定了行贿罪，但是并未确定行贿罪的构成要件是什么。1985 年，《最高人民法院、最高人民检察院关于当前办理经济犯罪案件中具体应用法律若干问题的解答（试行)》中，首次提出“谋取非法利益”为行贿罪的构成要件。1988 年，《全国人大常委会关于惩治贪污罪贿赂罪的补充规定》中，明确规定“谋取不正当利益”作为行贿罪的构成要件。1997 年《刑法》正式确立了“谋取不正当利益”是行贿罪的构成要件。随着“谋取不正当利益”这一概念的提出，理论界和司法部门一直在不断对“谋取不正当利益”进行解读。

（一）谋取不正当利益的理论争议

在刑法理论上，对于“谋取不正当利益”有几种不同的理解。第一种是“非法利益说”，与 1997 年《刑法》的规定相对应，将不正当利益等同于非法利益，即不正当利益是违反法律、法规和政策而取得的利益。第二种是“不应得利益说”，在非法利益的基础上，将谋取不正当利益的理解扩大至其他不应得的利益，该种理解仅扩大了“非法利益说”的范围，但仍然主要着眼于获得利益的不正当，而对其手段不予考虑。第三种是“手段不正当说”，该理解主要着眼于获得利益的手段、方法不正当，而不考虑其所获得的利益是否正当。《办理行贿案件的解释》第十二条的规定中，包含了“不应得利益说”及“手段不正当说”。

（二）司法实践中谋取不正当利益的含义演变

1997 年《刑法》将“谋取不正当利益”作为行贿罪的必备要件后，对其的理解经历了从模糊到相对明确再到明确的认知过程。1999 年，最高人民法院和最高人民检察院联合发布的《关于在办理受贿犯罪大要案的同时要严肃查处严重行贿犯罪分子的通知》中的规定：“‘谋取不正当利益’是指谋取违反法律、法规、国家政策和国务院各部门规章规定的利益，以及要求国家工作人员或者有关单位提供违反法律、法规、国家政策和国务院各部门规章规定的帮助或者方便条件。”可以认为该解释是将不正当利益解读为非法利益；2008 年，最高人民法院、最高人民检察院联合发布的《关于办理商业贿赂刑事案件适用法律若干问题的意见》中，将 1999 年通知中的“国务院部门规章”扩大为所有“规章”，并且将违反行业规范谋取的利益也认为是不正当利益；

2012 年的《办理行贿案件的解释》第十二条再次对谋取不正当利益进行了扩大解释。

（三）谋取不正当利益的表现形式

根据《办理行贿案件的解释》第十二条的规定，可以认为谋取不正当利益有两种表现形式。一是不应得利益。即谋取的利益本身违反法律、法规、规章、政策的规定的。行为人本无获得该利益的资格，而通过向国家工作人员行贿的手段获得该种利益。在建工案件类，具体表现为，如行为人并没有参与招投标的资格，而通过向相关责任人行贿，篡改其资质资格，从而参与招投标，并进一步取得利益的情况。二是手段不正当利益。即行贿人所要谋取的利益本身是合法的，但其通过不法手段取得该利益。手段不正当利益又包含两种情况。第一种是"要求国家工作人员违反法律、法规、规章、政策、行业规范的规定，为自己提供帮助或者方便条件"，如行为人本身即具有参与招投标的资格，通过向国家工作人员行贿，在招投标过程中弄虚作假，从而取得建设工程。第二种是"违背公平、公正原则，在经济、组织人事管理等活动中，谋取竞争优势的"，如贿选等。

结合本案，被告人在取得 BT 建设项目后，通过行贿手段，要求国家工作人员违反财务制度及"三重一大"政策规定，通过借款形式提前支付工程款，绕开 BT 项目建设要求的先期出资义务，从中获得的利益属于手段不正当利益中的第一种情况。

（四）谋取不正当利益的外延

《日本刑法》规定："行贿罪是通过向公务员提供、提议提供或约定提供贿赂，侵害公务的公正执行的犯罪。"《法国刑法典》第 443－1 条中的规定，也未要求谋取不正当利益作为定罪的必备要件。美国联邦刑法、我国香港刑法也未在行贿罪相关犯罪中要求谋取不正当利益。

我国虽然要求行贿罪以谋取不正当利益为构成要件，但从 1999 年至 2012 年最高人民法院、最高人民检察院的联合发文中可以看出，对谋取不正当利益的解释在不断扩大。2003 年，陈兴良教授提出："不正当利益不仅指获得的利益本身不正当，而且利益本身虽然正当，但是要求国家工作人员违反法律、法规、规章规定而谋取的，也属于不正当利益。"该观点与 2012 年《办理行贿案件的解释》中对谋取不正当利益的解释是吻合的。由此可见，"谋取不正当利益"比"谋取非法利益"的外延更加宽泛。

二、违反 BT 模式出资义务也应认定为谋取不正当利益

（一）BT 模式的投资方须履行其出资义务

BT 是英文 Build（建设）和 Transfer（移交）的缩写形式，是政府利用非政府资金来进行非经营性基础设施建设项目中，使用“建设—移交”形式的一种融资模式。由政府与投资方签订 BT 投资合同后，投资方组建 BT 项目公司，在工程建设期间，对项目进行融资、建设，并承担建设期间的风险。项目竣工后，投资方将验收合格的项目移交政府，政府根据合同的约定按比例分期偿还投资方的各项费用。

BT 模式的运作方式，决定了投资方在合同履行前期需要投入先期资金完成工程的建设，有出资义务，且该出资义务是合同成立的必备要件。投资方需要在介入 BT 模式前，对自身的风险承担能力作出完善的评估，对自己的流动资金或项目资金的筹措能力有充分的认识，同时，对工程需要投入的资金有足够的预判，确定其可使用或可筹措资金能够支付工程建设中的各类款项，以避免在工程建设中出现资金链断裂的情况。

如果因前期的预算工作与工程建设中的实际情况出现误差，导致资金链断裂的情况无法避免，投资方应当用合理合法的途径来完成资金的筹措，如向银行贷款，或在政府或政府平台公司许可的情况下，将不影响主要工程建设的小项目分包给其他公司完成等手段来完成工程。而不能采取逃避该出资义务的手段，向政府或政府平台公司借款。这种情况下不仅投资方没有履行出资义务，同时政府也未能通过 BT 模式达到减轻财政压力的目的。

（二）违反 BT 出资模式属于谋取不正当利益

对违反 BT 模式出资义务，要求国家工作人员违反财务管理制度通过借款形式先行支付工程款的，不仅违反了公司财务管理制度，也违反了“三重一大”政策规定，属于谋取不正当利益。

《会计法》中对于各单位在各种经济关系中的会计事务进行了明确的规定，包含会计核算、会计监督、会计机构、会计人员、法律责任等。各单位又根据《会计法》《企业会计准则》等相关法律、法规及财会制度，并结合公司具体情况制定了公司、企业实施经营管理活动中，对财务管理体系建立、维护及对会计核算与监督的制度保障的公司财务管理制度。根据《会计法》第十条的规定，对资本、基金的增减，收入、支出、费用、成本的计算，财务成果的计算和处理均需要办理会计手续，进行会计核算。政府平台公司也具有其独立的公司财务管理制度。投资人要求政府或政府平台公司通过借款的形式逃避

其出资义务的，属于违反法律规定及财务制度的行为，属于“要求国家工作人员违反法律、法规、规章、政策、行业规范的规定，为自己提供帮助或者方便条件”的情况，属于谋取不正当利益。

结合本案，被告人通过行贿手段，通过向兴城公司借款的形式逃避其出资义务，兴城公司通过修改合同等方式，将原应由被告人出资的部分通过借款的形式先行支付，再在结算时扣除工程款的方式帮助其逃避出资义务，违反了法律规定及财务管理制度，同时，该行为还违反了“三重一大”政策规定，属于谋取不正当利益中的手段不正当利益。

（**一审法院合议庭成员** 李　强　李冬梅　胡佑富
编写人 四川省蒲江县人民法院　李冬梅　钟　珊
责任编辑 周维明
审稿人 李玉萍）

陈田伟抢劫案

——转化型抢劫中使用暴力抗拒抓捕、未遂等情节的认定

关键词：刑事　转化型抢劫　暴力　抗拒抓捕　未遂

【裁判要旨】

1. 转化型抢劫案件中，在他人追赶、抓捕、制止犯罪过程中，使用拳击等方式主动攻击他人，进行对抗的，应认定构成使用暴力抗拒抓捕。

2. 暴力程度达到轻微伤以上，仅是前提行为未达到“数额较大”，尚未构成犯罪的转化型抢劫的构成要件，是对认定转化型抢劫的弥补性规定。而暴力程度较小，未造成轻伤以上后果的，可不认定为“使用暴力”，是对以摆脱方式逃脱抓捕的特殊规定。对前提行为已达“数额较大”，且使用暴力抗拒抓捕的一般转化型抢劫犯罪中，暴力程度不影响行为性质的认定。

3. 转化型抢劫是法律拟制的转化犯，只要符合法定条件，即转化为抢劫。但前提行为转化为抢劫犯罪之后，仍应适用或劫取财物或造成他人轻伤以上后果的一般抢劫犯罪既未遂认定标准，区分不同的犯罪形态。既未劫取财物，又未造成他人人身伤害后果的，应认定为抢劫未遂。

【相关法条】

《中华人民共和国刑法》第二百六十三条　以暴力、胁迫或者其他方法抢劫公私财物的，处三年以上十年以下有期徒刑，并处罚金；有下列情形之一的，处十年以上有期徒刑、无期徒刑或者死刑，并处罚金或者没收财产：

（一）入户抢劫的；

（二）在公共交通工具上抢劫的；

（三）抢劫银行或者其他金融机构的；

（四）多次抢劫或者抢劫数额巨大的；

（五）抢劫致人重伤、死亡的；

（六）冒充军警人员抢劫的；

（七）持枪抢劫的；

（八）抢劫军用物资或者抢险、救灾、救济物资的。

第二百六十九条 犯盗窃、诈骗、抢夺罪，为窝藏赃物、抗拒抓捕或者毁灭罪证而当场使用暴力或者以暴力相威胁的，依照本法第二百六十三条的规定定罪处罚。

【案件索引】

一审：山东省淄博市张店区人民法院（2018）鲁 0303 刑初 314 号（2018 年 6 月 28 日）；

二审：山东省淄博市中级人民法院（2018）鲁 03 刑终 157 号（2018 年 9 月 12 日）

【基本案情】

法院经审理查明：2018 年 3 月 11 日 21 时许，陈田伟驾驶摩托车在淄博市张店区步行街中段公园派出所附近，趁耿某某不备夺走其手提包一个，被与耿某某同行的王某追上。王某抓住陈田伟所骑摩托车尾部，将陈田伟连人带车拽倒在地，王某也摔倒在地。二人爬起后相互对打，陈田伟为抗拒抓捕拳击王某，后弃包逃走。被抢包内有现金 17000 元、三部苹果手机及购物卡等物品。经鉴定，三部手机价值人民币 3037 元；在追赶抓捕陈田伟的过程中，造成王某头、臂、膝等多处挫伤、擦伤等，构成轻微伤。

【裁判结果】

山东省淄博市张店区人民法院于 2018 年 6 月 28 日作出（2018）鲁 0303 刑初 314 号刑事判决：以抢劫罪判处被告人陈田伟有期徒刑四年，并处罚金人民币 5000 元。

宣判后，被告人陈田伟不服原审判决，以“属于犯罪中止、原审判决认定其系犯罪未遂，量刑过重”为由，提起上诉。山东省淄博市中级人民法院于2018年9月12日作出（2018）鲁03刑终157号刑事裁定：驳回上诉，维持原判。

【裁判理由】

法院生效裁判认为：陈田伟驾驶机动车抢夺他人财物，为抗拒抓捕当场使用暴力，其行为构成抢劫罪。陈田伟系累犯，依法应从重处罚；系犯罪未遂，依法可从轻处罚；归案后如实供述犯罪事实，认罪态度较好，酌情可从轻处罚。关于陈田伟所持“属于犯罪中止，原审判决认定其系犯罪未遂，量刑过重”的上诉理由，经查，陈田伟实施抢夺犯罪之后，王某追赶并将其拽倒在地的行为属抓捕制止犯罪的正当行为，陈田伟爬起后与王某的对打及攻击王某的行为属抗拒抓捕而使用暴力，而陈田伟弃包而逃，系因王某积极追赶抓捕这一属于陈田伟意志以外的原因所迫，并非其主动放弃犯罪，依法构成犯罪未遂。原审判决据此未遂情节，已予从轻处罚。故该上诉理由不能成立，不予采纳。原审判决定罪准确，审判程序合法。陈田伟有多次抢夺犯罪前科，屡教不改，未有真诚悔罪的表现。原审判决认定陈田伟抢劫犯罪构成的事实清楚，虽有部分购物卡，仅有被害人耿某某的陈述与王某的证言，而侦查人员未依法对该物证收集、固定，致使认定购物卡价值证据不足，但这并不影响原判对陈田伟的量刑，故原审判决并无不当。

【案例注解】

本案事实较为简单，但二审审理过程中，合议庭在上诉人陈田伟系使用暴力抗拒抓捕，抑或以摆脱方式逃脱抓捕；被害人仅构成轻微伤，是否达到转化型抢劫所要求的暴力程度；转化型抢劫犯罪是否存在未遂形态；侦查机关收集物证存在瑕疵，是否影响事实认定等方面存在较大争议。

一、关于陈田伟系使用暴力抗拒抓捕，抑或以摆脱方式逃脱抓捕的问题

2016年1月，最高人民法院公布《关于审理抢劫刑事案件适用法律若干问题的指导意见》（以下简称《抢劫案件适用法律指导意见》）中，“关于转化型抢劫犯罪的认定”第二款规定了以摆脱方式逃脱抓捕的行为。该行为

与使用暴力抗拒抓捕如何区分？有意见认为，抗拒抓捕而采取暴力行为，主观上主动性极强，且对抓捕人的威胁性程度较大，极容易致抓捕人受到伤害，而摆脱则体现以下三个方面：一是行为人只是想逃脱抓捕，而未主动抗拒抓捕；二是行为人逃脱抓捕的方式只是被动地实施摆脱行为，并未主动采取暴力行为；三是摆脱的方式，一般情况下对抓捕人的人身损害不大。区分二者的关键，要看行为本身是属于明显主动的攻击行为还是消极防御的逃脱行为。

综合本案事实和证据，陈田伟实施抢夺行为后，被王某追上，将其连人带车掀翻在地。二人起身后，陈田伟用拳头主动攻击王某，与王某对打，应属为抗拒抓捕而使用暴力，而非以摆脱方式逃脱抓捕的消极防御行为。

二、关于被害人仅构成轻微伤，是否达到转化型抢劫所要求的暴力程度的问题

转化型抢劫中，使用暴力致人伤害的程度，有两处不同的规定。一是《最高人民法院关于审理抢劫、抢夺刑事案件适用法律若干问题的意见》（以下简称《两抢案件适用法律意见》）第五条规定的，致人轻微伤以上后果的，以转化型抢劫论处；二是《抢劫案件适用法律指导意见》中规定的，暴力强度较小，未造成轻伤以上后果的，可不认定为“使用暴力”，不以抢劫罪论处。司法实践中，对两种不同的暴力程度的规定，容易混淆。仔细研读法条，《两抢案件适用法律意见》中关于轻微伤的规定，针对的是行为人主动抗拒抓捕，且在前盗窃、诈骗、抢夺行为未达到“数额较大”，使用暴力抗拒抓捕的情形。仅是前提行为尚未构成犯罪的转化型抢劫的构成要件，是对认定转化型抢劫的弥补性规定，不是所有转化型抢劫的成罪要件。而《抢劫案件适用法律指导意见》中的轻伤，则是对于以摆脱方式逃脱抓捕行为中，暴力程度的特殊规定。该情形下，被告人主观上没有伤害他人的目的，仅是为了自己顺利逃脱，人身危害性较小，所以司法解释对于以摆脱方式逃脱抓捕使用暴力的程度作出了较严格的规定。

本案被害人王某在追赶抓捕陈田伟的过程中，头、臂、膝等多处挫伤、擦伤等，虽仅构成轻微伤，但陈田伟抢夺的款物超过抢夺罪数额较大的标准，且系使用暴力抗拒抓捕，不属于《两抢案件适用法律意见》及《抢劫案件适用法律指导意见》中分别规定的两种特殊情形，既不以轻微伤，也不以轻伤为构成要件，被害人的伤情程度不影响对其抢劫犯罪的认定。

三、关于转化型抢劫犯罪是否存在未遂形态的问题

转化型抢劫是否存在未遂形态，现行法律和司法解释没有作出明确规定。有观点认为，转化型抢劫是一种独立的犯罪形态，是法律拟制的转化犯，其犯罪构成要件不同于一般抢劫罪，并不存在因犯罪分子意志以外的原因而未得逞的情形，只要发生转化既为既遂，并不存在未遂形态。故《两抢案件适用法律意见》第十条关于“具备劫取财物或者造成他人轻伤以上后果两者之一的，均属抢劫既遂；既未劫取财物，又未造成他人人身伤害后果的，属抢劫未遂”的规定，只适用于普通抢劫，不适用于转化型抢劫。笔者认为，《刑法》第二百六十九条是对罪名转化的规定，在前提盗窃、诈骗、抢夺行为转化为抢劫之后，转化后的抢劫犯罪仍然存在既未遂等不同的犯罪形态。且转化型抢劫危害程度一般要轻于普通抢劫，该类案件中，被告人的主观恶性相对较小，而抢劫犯罪法定刑罚较重，对转化型抢劫区分既未遂也是罪责刑相适应的刑法基本原则的体现，故《两抢案件适用法律意见》第十条规定的普通抢劫的既遂标准亦应适用于转化型抢劫。本案陈田伟既未劫取财物，又未造成被害人轻伤以上后果，应认定为抢劫未遂。

（**一审法院合议庭成员** 贾高远 邹玉凤 尹 锐
二审法院合议庭成员 王 玮 孙一文 成玉华
编写人 山东省淄博市中级人民法院 张 金
责任编辑 周维明
审稿人 李玉萍）

张家祥等诈骗案

——电信诈骗犯罪集团中行为人犯罪着手时间的认定

关键词：刑事　犯罪着手　实质客观说　主客观相统一　犯罪集团

【裁判要旨】

在犯罪集团中，尤其是组织结构复杂、分工精细的电信诈骗集团中，组织犯的犯罪着手时间为犯罪集团运行之日，实行犯的犯罪着手时间为其实行犯罪之时或加入犯罪集团次日，胁从犯的犯罪着手时间为其犯意产生并实行犯罪行为时。

【相关法条】

《中华人民共和国刑法》第二十五条第一款　共同犯罪是指二人以上共同故意犯罪。

第二十六条　组织、领导犯罪集团进行犯罪活动的或者在共同犯罪中起主要作用的，是主犯。

三人以上为共同实施犯罪而组成的较为固定的犯罪组织，是犯罪集团。

对组织、领导犯罪集团的首要分子，按照集团所犯的全部罪行处罚。

对于第三款规定以外的主犯，应当按照其所参与的或者组织、指挥的全部犯罪处罚。

第二十七条　在共同犯罪中起次要或者辅助作用的，是从犯。

对于从犯，应当从轻、减轻处罚或者免除处罚。

《最高人民法院、最高人民检察院关于办理诈骗刑事案件具体应用法律若干问题的解释》第一条第一款　诈骗公私财物价值三千元至一万元以上、三万元至十万元以上、五十万元以上的，应当分别认定为刑法第二百六十六条规定的“数额较大”、“数额巨大”、“数额特别巨大”。

第二条 诈骗公私财物达到本解释第一条规定的数额标准，具有下列情形之一的，可以依照刑法第二百六十六条的规定酌情从严惩处：

（一）通过发送短信、拨打电话或者利用互联网、广播电视、报刊杂志等发布虚假信息，对不特定多数人实施诈骗的；

（二）诈骗救灾、抢险、防汛、优抚、扶贫、移民、救济、医疗款物的；

（三）以赈灾募捐名义实施诈骗的；

（四）诈骗残疾人、老年人或者丧失劳动能力人的财物的；

（五）造成被害人自杀、精神失常或者其他严重后果的。

诈骗数额接近本解释第一条规定的“数额巨大”、“数额特别巨大”的标准，并具有前款规定的情形之一或者属于诈骗集团首要分子的，应当分别认定为刑法第二百六十六条规定的“其他严重情节”、“其他特别严重情节”。

【案件索引】

一审：北京市第二中级人民法院（2017）京02刑初54号（2017年12月21日）

二审：北京市高级人民法院（2018）京刑终22号（2018年3月26日）

【基本案情】

公诉机关指控称：被告人张家祥、许家禔、周圣修、许齐耀等35人，伙同他人于2014年6月至11月间，先后参加张峰育（在逃）等人在肯尼亚共和国境内成立的诈骗犯罪组织，利用电信网络技术手段对中国居民进行语音群呼，冒充医保局、公安局及检察院工作人员等身份，虚构被害人因个人信息泄露而涉嫌犯罪等虚假事实，以需要接受审查、资产保全等为名，先后骗取沈某演、孙某娟等110人钱款共计人民币650余万元。

公诉机关认为，各被告人的行为触犯了刑法规定，应当以诈骗罪追究刑事责任，并具有冒充司法机关等国家机关工作人员，在境外实施电信网络诈骗等从重情节。

各被告人及其辩护人对公诉机关指控各被告人犯诈骗罪均不持异议，各被告人均表示认罪。针对指控的事实、证据及法律适用、量刑等问题，被告人及其辩护人提出多项辩解及辩护意见，有关犯罪集团中犯罪着手问题包括以下：(1）被告人周圣修的辩护人提出，周圣修不应对其离开肯尼亚返回我国台湾地区期间该诈骗组织实施的诈骗行为承担责任，即应以其返回诈骗窝点时重新计算犯罪着手时间。(2）被告人张翠萍、黄玉娟、杨小鸿的辩护人提出，公诉机关的指控未将三被告人参与诈骗培训的时间扣除，导致认定三被告人诈骗数额过高。(3）被告人杨小鸿的辩护人提出本案不应认定为犯罪集团。(4）被告人许家禔等29人的辩护人提出，上述29名被告人系从犯，在犯罪集团中没有起到组织、策划或其他主要作用，依法应当从轻、减轻或者免除处罚。(5）被告人许齐耀等11人的辩护人提出，上述11名被告人系被胁迫参加犯罪。

法院经审理查明：2014年6月至11月间，被告人张家祥等35人先后出境至肯尼亚共和国（以下简称肯尼亚），参加张峰育（音，化名阿财、胖财，我国台湾地区居民，在逃）等人组织的针对我国居民进行电信诈骗的犯罪集团，该犯罪集团租用肯尼亚内罗毕市的 Runda Kigwaru 46 号别墅作为窝点实施电信诈骗活动。在电信诈骗过程中，该集团成员分工配合，被告人张家祥、周圣修等对部分新加入成员进行话术培训；被告人刘泰廷、吴耿诚作为电脑操作手，利用电信网络技术手段向我国不特定人员发送含有“医保信息泄漏”“转拨电话报警”等内容的电话“语音包”；从事一线接听电话的被告人丁育绫等人冒充“社保局”“医保局”等单位工作人员，谎称被害人医保卡消费异常，身份信息遭泄露，建议向公安机关报警并将电话转接至二线；从事二线接听或拨打电话的被告人周圣修等人冒充公安民警等，虚构被害人信息泄露被用于犯罪活动，谎称检察机关已介入并将电话转接至三线；从事三线接听或拨打电话的被告人张家祥等人冒充检察官等，谎称需对被害人资金流向进行调查等事实，套取被害人个人及银行账户信息，并要求被害人向被告人指定的银行账户转账、汇款，或者要求被害人同意并协助他人远程操作被害人的电子银行账户进行转账，以此骗取山东、河南、江苏、安徽等多地被害人钱款。现已查明该犯罪集团诈骗被害人110名（名单略），被骗钱款共计人民币6588978.7元。其中：被告人张家祥于2014年9月2日参加诈骗犯罪集团，参与期间该犯罪集团的诈骗数额为6430667.21元；其主要为三线人员，同时管理、培训一线人员（其余34名被告人诈骗数额及分工略）。

【裁判结果】

北京市第二中级人民法院于 2017 年 12 月 21 日作出（2017）京 02 刑初 54 号刑事判决：一、被告人张家祥犯诈骗罪，判处有期徒刑十三年，并处罚金人民币 13000 元，剥夺政治权利三年（其余 34 名被告人情况略）……三十六、责令各被告人依法退赔被害人损失（清单附后）。三十七、扣押在案的代为退赔款人民币 67900 元并入判决主文第三十六项责令退赔部分执行；随案移送的扣押物品依法予以没收。宣判后，部分被告人提出了上诉。北京市高级人民法院于 2018 年 3 月 26 日作出（2018）京刑终 22 号刑事裁定：驳回上诉，维持原判。

【裁判理由】

关于本案所涉犯罪集团中各行为人犯罪着手时间及相关问题，法院生效判决认为：

1. 关于犯罪集团的认定问题。本案被告人为实施电信网络诈骗犯罪而组成较为固定的犯罪组织，组织严密，核心成员固定，有相对固定的人员负责窝点组建、人员培训、管理、分赃等，符合犯罪集团的认定条件，应当被认定为犯罪集团。

2. 关于被告人参与犯罪期间。各被告人加入犯罪集团之次日即为犯罪着手时间，应对其参与期间该诈骗集团实施的全部诈骗行为承担责任。

3. 关于主从犯的认定问题。犯罪集团中从事窝点筹备、组建、人员分工、管理、培训等行为，或者从事二、三线，以及电脑操作、翻译、租房、后勤保障的核心成员，因其职责较为固定，加入时间相对较长，且均积极参与犯罪，在共同诈骗犯罪及各自所在环节中均起主要作用，均应认定为主犯。

4. 关于是否认定胁从犯的问题。被诱骗参加犯罪的人不是胁从犯；虽被告人的护照、手机被集中管理，但人身自由并未受到过多限制，可与外界通信、可在一定条件下自由离开，此种情形不属于胁从犯。

5. 被告人周圣修等人中途离开犯罪窝点后的犯罪期间计算问题。周圣修等人虽短暂离开犯罪窝点，但在其离开犯罪窝点期间仍然从犯罪窝点领取薪水，且仍然为犯罪集团招募人员，因而不能视为其脱离犯罪集团，应连续计算犯罪期间。

【案例注解】

本案中，部分被告人及其辩护人认为，被告人参加犯罪集团后的诈骗话术培训时间系犯罪预备行为，未犯罪着手。还有辩护人认为，被告人周圣修离开犯罪窝点又返回的，应重新计算犯罪着手时间。法院审判中一并考虑的问题还有：（1）部分从事诈骗窝点筹备及组织管理的被告人供称，其到肯尼亚后，先在当地旅游观光。虽然可以确定其到肯尼亚的时间，但难以确定其具体从事犯罪窝点组建的各时间节点，如何确定其诈骗开始时间？（2）部分被告人及其辩护人提出有些被告人系胁从犯，到达犯罪窝点后并未立即开展诈骗行为，如何确定其犯罪着手时间？

犯罪着手时间的确立在犯罪集团中有重要意义，其直接对应着各被告人实施诈骗的期间及诈骗数额。而犯罪集团中行为人犯罪着手的认定，一方面要考虑犯罪着手的一般理论，另一方面要考虑犯罪集团的特征，尤其是电信诈骗集团的特征，还要兼顾各组织犯、实行犯或胁从犯的个性。

一、犯罪着手的一般理论

“着手”概念由刑事古典学派的创始人贝卡利亚于1764年首次提出，并将其与犯罪未遂相联系。犯罪实行的着手是指行为人的行为已经超出了预备行为的范围，进入犯罪的实行行为阶段，在法律效果上产生未遂问题。在有些案件中，难以判断着手时间点，理论学说对此也有争论。

（一）德日观点概述

1. 主观说——犯意外化

该观点认为，行为人的主观犯意是实行着手的标准，其外在行为“仅仅具有作为犯意的认定资料的意义”。① 当某个人举起飞刀的时候，第三人无法判断其是杀人行为，抑或无聊而练习“飞刀绝技”，必须结合该人的主观故意才能判断。当犯意的成立能根据外部的行为确定地认定时，即为着手。也有观点认为，犯意不仅应当外化，而且还应达到一定的程度。从一般人的社会经验判断，这种外化的犯意通常可以被认为能使犯罪活动完成。如仅仅扬言要实施一定的犯罪，并在与被害人很远的地方挥舞刀具，还不能算着手，因为这种犯

① ［日］西原春夫：《犯罪实行行为论》，戴波、江溯译，北京大学出版社2006年版，第9页。

意还没有到达“不可撤回的程度”。①

2. 客观说——实行了构成要件行为或对法益造成危险

客观说分为形式客观说和实质客观说。形式客观说认为着手就是在客观上有构成要件的行为，小野清一郎认为，“犯罪的实行，是符合构成要件的行为。”② 然而，什么是所谓的构成要件行为，形式客观说在该问题上容易陷入循环论证中。实质客观说认为，只有行为人实施了客观行为，且客观行为具有造成法益侵害的现实危险性时，才是犯罪着手。③

3. 折中说——主客观混合理论

鉴于主观说、客观说分别只着重强调行为的主观意图或客观行为，都可能不当放大着手的认定范围，因此产生了主客观相结合的折中说。该说的观点比较多，如根据“犯罪计划+法益直接危险”的观点，当按照犯罪人的主观犯罪计划，行为人认为的法益已经进入直接危险阶段，则为着手。④ 根据印象理论，未遂的处罚根据是违反规范并现实化了的意志，由于该行为动摇了公众对于法秩序效力的信赖并损及法安全感和法和平之时，朝向犯罪的行为才具备应处罚性。⑤

（二）国内观点概述

1. 主客观统一说——通说

国内刑法理论通说认为，犯罪实行行为的着手是主客观相统一的概念，是指行为人已经开始实施刑法分则规定的具体犯罪构成客观方面的行为。犯罪着手是具体犯罪构成实行行为的开始，它具备主客观有机统一的含义。⑥

2. 实质的客观说

“实行行为只能是具有侵害法益的紧迫危险性的行为；侵害的法益的危险达到紧迫程度（发生危险结果）时，才是实行的着手。”⑦ “所谓实行的着手，就是开始实施行为人所追求的、具有引起某种犯罪结果的现实危险的行为。”⑧

---

① 转引自［日］西原春夫：《犯罪实行行为论》，戴波、江溯译，北京大学出版社2006年版，第10页。

② 张永江：《未遂犯研究》，法律出版社2008年版，第84页。

③ 参见张明楷：《未遂犯论》，法律出版社、日本成文堂1997年版，第60页。

④ 参见何荣功：《实行行为研究》，武汉大学出版社2007年版，第233~234页。

⑤ 参见［德］托马斯·魏根特：《刑法未遂理论在德国的发展》，樊文译，载《法学家》2006年第4期。

⑥ 参见赵秉志：《犯罪未遂形态研究》，中国人民大学出版社2008年版，第82页。

⑦ 张明楷：《刑法学》，法律出版社2007年版，第286页。

⑧ 黎宏：《论未遂犯的成立条件》，载《云南大学学报》（法学版）2004年第2期。

相对于强调行为本身的具体危险性的看法，上述观点更强调危害结果的具体危险性和紧迫性。

综上，在判断犯罪着手时，要综合主客观方面来判断。各种学说都有其缺陷，即使折中说也受到了一定的批评，因为折中说混合了两种不同的，甚至相互矛盾的学说，最终会倒向其中之一。而且，主观说、客观说也并非折中说所谓的那么“纯粹”，如主观说虽然强调犯意的外化，但同时也要求有外在的行为作为犯意的载体。但上述学说为我们判断实行着手提供了视角，即哪些因素是在判断该问题时应当考虑的。

二、犯罪集团中犯罪着手的特点

犯罪集团是指由三人以上组成的，为了多次实行某一种或数种犯罪，经事前通谋而建立起来的较为稳定的犯罪组织。犯罪集团是共同犯罪的特殊形式，因参与主体的多样性、行为方式的多元性、主观故意的差异化，其实行着手的认定具有不同于一般认定的特点。

（一）犯罪主体的多样性

犯罪集团中行为主体在三个以上，各主体在犯罪中的角色不同，相互之间具有复杂的关系。其中一人对他人具有指挥、领导关系，法益侵害结果只是其中一部分人直接造成的，帮助犯、教唆犯、共谋犯的犯罪着手时间、空间具有很大差异，这影响各主体实行着手时间的判断。在进行着手判断时，既要考虑各犯罪主体的个性，又要在犯罪集团的整体背景下衡量，犯罪集团是共同犯罪的特殊形式，贯彻“个别行为，整体责任”。各行为人在犯罪集团中互相配合，对法益危害后果都有所贡献。

（二）主观故意的差异化

共同犯罪的故意包括两个方面：一是对自己所从事的行为具有认识并追求危害后果；二是认识到自己行为和犯罪集团的其他人的行为是一个共同体，并对犯罪集团的危害后果具有一定认识。主观故意的差异性，是犯罪主体多元化的必然结果，帮助犯只对自己所帮助的实行行为具有主观故意，首要分子的主观故意内容涵盖了整个犯罪集团，教唆犯对自己所教唆的犯罪承担责任，对教唆过限的犯罪没有主观故意，不承担责任。由于承继共犯的存在，共同犯罪人犯意产生的时间可能不一致。

（三）行为方式多元性

在犯罪集团中，各行为人犯罪形态不同的情况比较常见。在认定“着手”时，必须坚持形式违法性的标准，即必须存在刑法分则的行为。不一定每个人都实施实行行为，犯罪集团应作为整体考虑，至少有个体实施了刑法分则规定的实行行为，犯罪集团中他人因与实行行为人共同意思联络而承担责任。实行行为的判断应按照判断一般的实行着手的标准认定，在坚持主客观相统一的判断标准下，应当以行为对法益造成危险的紧迫程度为重点考虑，毕竟现代刑法学以保护法益为目的。

三、电信诈骗集团的犯罪着手

电信诈骗集团是犯罪集团的一种，在犯罪着手的判断上，其既具有上述犯罪集团的一般特点，同时因其高科技和网络特性，也具有一些新表征。

（一）电信诈骗集团的分类——传统型与公司型

从审判实践看，我国电信诈骗集团主要分为两类：

第一类是时间上产生较早，具有地缘性特点，往往是熟人纠集其朋友、亲属、同学等进行诈骗，彼此熟悉。这种诈骗集团中，成员彼此十分了解，组织架构简单，虽有分工，但并不十分固定，一人兼数职或流动岗位的情况普遍。

第二类则是后来产生的公司型诈骗集团，多见于跨国（境）电信诈骗，本案涉及的诈骗集团即属该类，其实行公司化管理，组织结构严密，分工精细，主要有："水车组"负责办理或收购大量银行卡，供犯罪集团收取资金及提现；"智囊团"负责根据时下热点研究诈骗话术单和流程；技术保障组负责群发诈骗短信和技术保障；后勤保障组负责对新招募犯罪人员的手机管理、吃穿住行、医疗保障等；话务组一般分为一、二、三线，根据犯罪流程逐步跟进；还有专人负责联系地下钱庄将资金转移到境外；等等。

（二）公司型诈骗集团的特点——成员架构复杂并且意思联络不明确

公司型诈骗集团人员众多，层级也较多。在犯罪集团的层级上，一个首要分子往往在多个国家或地区有多个犯罪窝点，每个犯罪窝点又都是一个犯罪集团，这些犯罪窝点共用一个或多个提现、转账或网络技术系统，每个"水车组"也是一个犯罪集团，这些犯罪集团的成员之间往往没有直接联系，如一、二线话务人员对提现组或诈骗话术策划组的成员的存在可能是不知道的，甚至不知道幕后的首要分子是谁，在共同犯罪的意思联络上没有第一类的诈骗集团那样直接和明显，其往往只对其参与了一个诈骗集团具有概括认识，但对于共同犯罪的他人何时何地着手犯罪往往缺乏认识。例如，卡务组的犯罪分子高价收购他人的银行卡，但其只知道该卡会被犯罪集团用于提现和转账，但何人何时转的谁的钱，其并不在意。

四、本案中的具体认定

根据《最高人民法院、最高人民检察院、公安部关于办理电信网络诈骗等刑事案件适用法律若干问题的意见》第四条第二项的规定，多人共同实施电信网络诈骗，犯罪嫌疑人、被告人应对其参与期间该诈骗团伙实施的全部诈骗行为承担责任。“参与期间”从犯罪嫌疑人、被告人着手实施诈骗行为开始起算。因此，控辩双方争议焦点之一是如何认定犯罪“着手”的时间。此外，部分被告人及其辩护人还认为本案不是犯罪集团，不能按照犯罪集团的理论定罪处罚，该争议是讨论犯罪集团中犯罪“着手”问题的前提，须先对犯罪集团作出认定。

（一）关于本案犯罪集团的认定

有人提出，该团伙一线人员流动性较大，不符合犯罪集团成员较为固定的特征，不应认定为犯罪集团。

判决认为，犯罪集团不能要求所有成员均稳定，犯罪集团的组织机构较为复杂，成员包括核心成员和外围成员等，对于犯罪集团而言，只要核心成员固定，分工明确就可实现组织的固定。

具体到本案，被告人周圣修、张富崴、刘泰廷、张智维等人，为实施电信网络诈骗犯罪而组成较为固定的犯罪组织，且该犯罪组织核心成员稳定，分工严密，实行公司化管理，有明显且相对固定的人员负责电信网络诈骗窝点的组建、人员召集、培训、管理、赃款分配等，符合犯罪集团的认定条件，应当认定为犯罪集团。部分在犯罪集团中从事一线诈骗行为的被告人，虽然具有一定流动性，但其犯罪地位、作用、分工均固定且明确，不影响诈骗犯罪集团的认定。

（二）诈骗集团中实行犯着手时间的认定

部分辩护人认为，被告人犯罪着手的时间应当从其具体实施诈骗的时间起算，如被告人系一线人员的，犯罪时间应当除去接受犯罪培训的时间，培训不能视为犯罪着手。公诉机关认为，被告人犯罪着手的时间，应当以薪水表中记载的被告人加入犯罪团伙的日期计算，对没有薪水表的被告人，则从其进入犯罪窝点的次日开始计算。

判决采纳了公诉机关的意见，具体理由如下：

1. 主观上，实行人的诈骗培训是不可撤销的犯意外化

第一，本案中，一线人员虽然流动性很大，在犯罪集团存续期间陆续有新成员加入，但这些新加入人员中，绝大多数在去肯尼亚诈骗窝点前已经从事过

类似诈骗活动，极少数人员在到了肯尼亚犯罪窝点当天也明知该窝点从事诈骗活动，其自主进入犯罪窝点，和其他犯罪分子一起活动即可视为犯罪故意的外化。在案没有任何证据显示承继犯具有参加培训后不进行诈骗的可能，培训与一线上岗具有前后继发性。

第二，新加入的一线人员在话术培训的过程中，和二线、三线及其他犯罪集团成员“磨合”，并形成共同犯罪的意思联络，新加入人员为犯罪集团其他人提供了精神助力，起到了精神鼓舞和“站台”作用，增加了犯罪集团犯罪的决心。

第三，公司型诈骗集团中犯意产生时间的判断。公司型诈骗犯罪集团组织机构庞杂，各被告人加入诈骗犯罪集团，不可能立即与他人形成十分明确的共同犯罪意思联络，甚至加入犯罪集团时分工尚未具体确定。但只要其明知是诈骗集团仍加入，犯罪意图就已经明显了。因此，一般的公司型集团诈骗中，加入犯罪集团即可视为有诈骗故意，不需要被告人具体从事诈骗实行行为。

2. 客观上，诈骗培训具有法益侵害危险性

第一，对新加入人员进行培训是犯罪集团实施犯罪行为的必要组成部分。如果没有这些培训，不仅被培训的被告人无法进行后续的犯罪行为，整个犯罪集团也无法吸收新成员，培训新加入的犯罪人员也是主犯张家祥等人的重要分工内容。

第二，在话术培训过程中，有些新加入人员就尝试着用新学习的诈骗话术进行诈骗，充分说明话术培训带有“以实操带学习”的性质，培训对他人财产权已经形成迫切危险。

第三，一般案件中，加入犯罪集团行为本身意味着法益保护面临危险。公司化运作的诈骗集团中，每个犯罪成员都具有整齐划一的犯罪培训和犯罪时间表是不可能的，一些成员加入后实施相关行为是比较常见的。但是，犯罪集团已经将其作为一分子，为其发放薪水，将其纳入管理，其潜在的社会危害性已经具备。

（三）诈骗集团中胁从犯着手时间的认定

部分被告人及其辩护人提出本案中存在胁从犯，依法应予从轻或减轻处罚，其主张的胁从犯中包括了一些从事诈骗话术培训的被告人，关于如何认定参与诈骗培训的胁从犯的犯罪着手问题，判决认为：

1. 胁从犯参与诈骗培训不能当然视为着手

第一，胁从犯参加诈骗培训不能当然代表其具有不可撤回的犯罪故意。根据《刑法》第二十八条的规定，胁从犯是指共同犯罪中被胁迫参加犯罪的人。

胁从犯既不同于自主自愿参与犯罪的情形，也不同于没有意志自由、行动选择自由的情形，胁从犯主观上不愿意或不完全愿意实施共同犯罪，但尚有选择的自由，只是因受到他人威胁而被动参加共同犯罪。从犯罪意图上看，参加犯罪培训并不代表其愿意参与犯罪，其不稳定的参与心理可能导致参加培训后不进行诈骗。因而，其参加培训并不能当然视为犯罪的着手。

第二，胁从犯参加犯罪培训不能当然视为参与犯罪的行为。胁从犯是被胁迫参加犯罪，其参加犯罪培训可能只是权宜之计，培训后仍然可能不进行诈骗活动。与一般人培训后自动转为一线上岗人员不同，胁从犯在这中间存在变数。当然，如果胁从犯在培训期间，已经实际拨打诈骗电话，则应认定为着手。

因此，应根据主客观相一致原则，以胁从犯故意实施诈骗行为时为其犯罪着手时间。

2. 本案不存在胁从犯

被诱骗参加犯罪的人不是胁从犯，具体到本案：

第一，部分被告人自供在此次犯罪前曾在其他国家或地区实施过电信诈骗，且上述供述与其出入境记录能够印证，该部分被告人对到肯尼亚诈骗至少具有概括的主观故意，该部分被告人不能认定为是受蒙骗或胁迫参加诈骗犯罪。

第二，部分被告人称出于找工作赚钱等目的，受高薪诱惑被招募到诈骗犯罪集团，且存在护照、手机被统一保管的情况，但被告人均供述在肯尼亚期间可以定期与家人通话，如自己明确表示不想继续参与诈骗犯罪，在支付交通费用的情况下，可自由退出，即使明确拒绝实施诈骗行为，也能够保证正常的饮食和休息，不会遭到殴打或虐待。同时，根据在案证据及查明的事实，各被告人对实施诈骗行为，既未明确表示过拒绝，亦未表现出任何反抗举动，反而均自主接听被害人回电，并根据话术单对被害人进行诈骗，且均有诈骗成功的案例。

第三，在案并无任何证据证明被告人系受到他人暴力胁迫或精神强制而实施诈骗犯罪。

（四）诈骗集团中组织犯着手时间的认定

虽然诈骗集团中各主犯及其辩护人均未对公诉机关指控的犯罪着手时间有异议，但是准确界定其着手时间也具有重要意义。一种意见认为，应当以组织犯筹备犯罪集团或窝点之日起为犯罪着手；另一种观点认为，应以实行犯着手犯罪的时间为其着手之时。判决同意第二种观点，即以犯罪集团中一、二、三线实际拨打电话，并有日报表记录之日为犯罪着手时间，理由是：第一，犯罪集团组织行为通常不会产生某起犯罪的现实危险，此时法益保护没有面临紧迫的危险。组织犯制定犯罪计划，招募犯罪成员、选定犯罪窝点时，距离犯罪的真实发生仍然在时间上有一定距离，犯罪实行条件也未全部具备，不符合着手的一般理论。第二，如果将组织工作视为组织犯的着手，将会不当扩大未遂的处罚范围，与一般人的常识相抵触。第三，周圣修等人系主犯，对犯罪集团的整体犯罪承担责任。虽然其短暂离开犯罪窝点，但在其离开犯罪窝点期间仍然从犯罪窝点领取薪水、分红等报酬，且仍然为犯罪集团招募人员，因而不能视为其脱离犯罪集团，应连续计算犯罪期间。

综上，判决认为，在犯罪集团的行为人犯罪着手问题上，各被告人的犯罪着手时间应在犯罪集团的整体背景下考虑，对于电信诈骗犯罪集团，从其组建成立后实施诈骗犯罪开始，该集团作为一个整体即完成犯罪着手，被告人新加入犯罪集团成为犯罪集团的一分子，只是进一步增强了犯罪集团的犯罪能力和社会危害性。各被告人虽分工不同，如翻译、厨师、一线、二线、三线、日常用品采购等，但都是服务于整个犯罪集团的运行，根据“部分实行，全部责任”的共同犯罪理论，此时已经进入犯罪实行阶段。犯罪集团的组织犯从犯罪集团正式运作之日起进入犯罪着手，胁从犯的犯罪着手时间为其故意实施刑法分则规定的具体构成要件行为之时。

（**一审法院合议庭成员** 崔 杨 刘立杰 吴炎冰 郭 瑛 齐刘磊
二审法院合议庭成员 朱 军 闫 颖 许 秀
编写人 北京市第二中级人民法院 王 璇
责任编辑 周维明
审稿人 李玉萍）

王鹏等利用未公开信息交易案

——“明示、暗示他人从事相关交易活动”的司法认定

关键词：刑事　利用未公开信息交易罪　从事相关交易活动　司法认定

【裁判要旨】

1. 虽然没有直接证据证明行为人利用因职务便利获取的其他未公开信息，明示、暗示他人从事相关交易活动，但根据行为人掌握未公开信息情况、他人从事的相关交易与行为人所在公司进行的相关交易趋同程度、时间吻合程度、他人与行为人利益关联程度等综合因素，能够排除合理怀疑的，仍可认定他人从事的股票交易与行为人职务行为获取的非公开信息存在客观联系，从而以利用未公开信息交易罪论处。

2. 利用未公开信息交易罪的犯罪主体是特殊主体，仅限于基金公司等金融机构的从业人员以及有关监管部门或者行业协会的工作人员，但被明示、暗示的他人明知属于行为人泄露以职务之便获取的未公开信息，仍利用进行交易的，应按照共同犯罪处理。

【相关法条】

《中华人民共和国刑法》第一百八十条　证券、期货交易内幕信息的知情人员或者非法获取证券、期货交易内幕信息的人员，在涉及证券的发行，证券、期货交易或者其他对证券、期货交易价格有重大影响的信息尚未公开前，买入或者卖出该证券，或者从事与该内幕信息有关的期货交易，或者泄露该信息，或者明示、暗示他人从事上述交易活动，情节严重的，处五年以下有期徒刑或者拘役，并处或者单处违法所得一倍以上五倍以下罚金；情节特别严重的，处五年以上十年以下有期徒刑，并处违法所得一倍以上五倍以

下罚金。

单位犯前款罪的，对单位判处罚金，并对其直接负责的主管人员和其他直接责任人员，处五年以下有期徒刑或者拘役。

内幕信息、知情人员的范围，依照法律、行政法规的规定确定。

证券交易所、期货交易所、证券公司、期货经纪公司、基金管理公司、商业银行、保险公司等金融机构的从业人员以及有关监管部门或者行业协会的工作人员，利用因职务便利获取的内幕信息以外的其他未公开的信息，违反规定，从事与该信息相关的证券、期货交易活动，或者明示、暗示他人从事相关交易活动，情节严重的，依照第一款的规定处罚。

【案件索引】

一审：重庆市第一中级人民法院（2015）渝一中法刑初字第 00162 号（2018 年 3 月 28 日）

【基本案情】

重庆市人民检察院第一分院指控：2008 年 11 月至 2014 年 5 月，被告人王鹏担任华夏基金管理有限公司债券交易员。2009 年 1 月 15 日至 2011 年 8 月 9 日期间，王鹏多次登录华夏基金交易管理部在恒生系统开设的 6609 公用查询账号，能够知悉华夏基金旗下所有股票类基金、年金和专户等产品的交易指令、交易品种、交易方向、交易数量、交易时间和持仓情况等未公开信息。后王鹏分别让被告人王慧强、宋玲祥利用该信息，在名为“牛宏”“宋伯祥”“宋贵珍”实为王慧强、宋玲祥控制的证券账户内，同期于华夏基金公司买入股票，累计趋同买入金额人民币 878033564 元，并于 2011 年 8 月前将股票全部卖出，股票交易累计获利人民币 17736662. 21 元。其中，王慧强在其控制的“牛宏”证券账户内进行股票交易，累计趋同买入金额人民币 96612610. 23 元，累计获利人民币 2012108. 9 元；宋玲祥在其控制的“宋伯祥”“宋贵珍”的证券账户内进行股票交易，累计趋同买入金额人民币 781420953. 8 元，累计获利人民币 15724553. 3 元。

为证实上述指控事实，公诉机关当庭举示了宋贵珍等三个账户与华夏基金股票交易指令趋同交易总体情况、趋同买入盈利、劳动合同书、银行账户交易明细、证人闫威等人的证言及被告人王鹏、王慧强、宋玲祥的供述和辩解等证据，并认为被告人王鹏身为华夏基金管理公司的从业人员，利用因职务便利获取的未公开信息，违反规定，让被告人王慧强、宋玲祥从事与该信息相关的证券交易活动，情节特别严重，其行为触犯了《刑法》第一百八十条第一款、第四款之规定，犯罪事实清楚，证据确实充分，应当以利用未公开信息交易罪追究其刑事责任。被告人王慧强、宋玲祥利用被告人王鹏因职务便利获取的未公开信息，从事与该信息相关的证券交易活动，情节特别严重，其行为触犯了《刑法》第一百八十条第一款、第四款之规定，犯罪事实清楚，证据确实充分，应当以利用未公开信息交易罪追究其刑事责任。

被告人王鹏辩称：其没有利用职务便利获取未公开信息，亦未提供信息让王慧强、宋玲祥交易股票，其对王慧强、宋玲祥交易股票的事情并不知情，现有证据不足以证实指控事实，其不应构成犯罪。被告人王鹏的辩护人提出与王鹏相同的辩护意见，并提出现有证据只能证明王鹏有条件获取未公开信息，而不能证明王鹏实际获取了该信息，同时也不能证明王鹏本人利用未公开信息从事相关交易活动，或王鹏让王慧强、宋玲祥从事相关交易活动。公诉机关未明确指控三被告人是否构成共同犯罪，系指控事实不明。

被告人王慧强辩称：王鹏从未给过其未公开信息，王鹏到华夏基金公司后就不知道其还在进行证券交易，公诉机关指控的交易金额及盈利金额与事实不符。其辩护人提出现有证据不能证实王鹏向王慧强传递了未公开信息，及王慧强利用了王鹏传递的未公开信息进行证券交易。王慧强用他人名义进行证券交易是因为规避王鹏在基金公司的从业要求，该行为只是违规行为。因此，公诉机关指控的罪名不成立。

被告人宋玲祥辩称：其没有利用王鹏的职务之便获取未公开信息，也未利用未公开信息进行证券交易。其辩护人提出宋玲祥不是本罪的适格主体，本案指控证据不足。

法院经审理查明：被告人王鹏自2008年11月起在华夏基金管理有限公司（以下简称华夏基金公司）交易管理部从事债券交易员工作，工作职责为“银行间资金交易、存款交易、银行间债券交易、对交易指令的执行进行风险控制”等。在工作期间，王鹏作为债券交易员的个人账号为“6610”，其有权通过综合信息查询查看相关信息，因工作需要，该公司为其开通了恒生系统“6609”账号的站点权限。自2008年7月7日起，该6609账号开通了指令查询权限，有权查询证券买卖方向、投资类别、证券代码、交易价格、成交金额、下达人等信息，自2009年7月6日起又陆续增加了包含委托流水、证券成交回报、证券资金流水、组合证券持仓、基金资产情况等综合信息查询权限。2011 年 8 月，因新系统启用，华夏基金公司交易管理部申请关闭了所有债券交易员登录 6609 用户的站点。被告人王鹏自 2009 年 1 月 15 日起至 2011 年 8 月 9 日，曾多次使用 6609 账号登录恒生系统，登录次数共计 710 次；其同期登录 6610 账号共计 551 次。2014 年 6 月 17 日，王鹏在接受证监会调查时，擅自离开，后再未回华夏基金公司工作，亦未办理请假或离职手续。

被告人王慧强、宋玲祥系被告人王鹏父母。王慧强于 2008 年 11 月 18 日以其侄女牛宏的身份信息在海通证券开立股票账户，2010 年 12 月 19 日销户；于 2010 年 12 月 9 日在华融证券开立账户，主要交易时间集中在 2011 年 9 月前。上述二账户实际由王慧强控制，并进行证券交易。宋玲祥于 1999 年 10 月 25 日以其兄宋伯祥的身份信息开立证券账户，2011 年 8 月 9 日后无股票交易；以其妹宋贵珍的身份信息于 2010 年 4 月 21 日在广发证券开立证券账户，2010 年 12 月 22 日销户；于 2010 年 12 月 20 日在招商证券开立证券账户，2011 年 8 月 9 日后无股票交易。上述三账户实际由宋玲祥控制并进行证券交易。在 2009 年 3 月至 2011 年 8 月期间，王慧强、宋玲祥实际控制的上述证券账户交易金额、交易频率与华夏基金旗下股票基金产品交易趋同程度较之前明显大幅增加。

经深交所及上交所根据华夏基金交易指令及以上证券账户成交数据进行对比核算：牛宏证券账户在 2009 年 3 月 6 日至 2011 年 8 月 2 日期间，交易股票与华夏基金旗下股票基金产品交易趋同股票 233 只（占比 93.95%），累计趋同买入成交金额 98506900 元（占比 95.25%），盈利 2012108.9 元；宋伯祥证券账户在 2009 年 3 月 2 日至 2011 年 8 月 8 日期间，该账户交易股票与华夏基金旗下股票类基金产品交易趋同涉及股票 343 只（占比 83.05%），累计趋同买入成交金额 1.09 亿余元（占比 90.87%），盈利 1573301.29 元；宋贵珍证券账户在 2010 年 5 月 13 日至 2011 年 8 月 8 日期间，交易股票与华夏基金旗下股票类基金产品交易趋同涉及股票 183 只（占比 96.32%），累计趋同买入成交金额 6.88 亿余元（占比 97.03%），盈利 14151252.01 元。

另查明，王慧强、宋玲祥均否认认识除王鹏外的其他华夏基金公司工作人员。

【裁判结果】

重庆市第一中级人民法院于2018年3月28日作出（2015）渝一中法刑初字第00162号刑事判决：一、被告人王鹏犯利用未公开信息交易罪，判处有期徒刑六年六个月，并处罚金人民币900万元；二、被告人王慧强犯利用未公开信息交易罪，判处有期徒刑三年六个月，并处罚金人民币210万元；三、被告人宋玲祥犯利用未公开信息交易罪，判处有期徒刑四年，并处罚金人民币690万元；四、对被告人王鹏、王慧强、宋玲祥违法所得人民币17736662.21元依法予以追缴，上缴国库。宣判后，被告人未上诉，公诉机关未抗诉，判决已发生法律效力。

【裁判理由】

法院生效裁判认为：被告人王鹏身为基金公司从业人员，利用其工作便利获取与证券交易相关的未公开信息，并将该信息告知被告人王慧强、宋玲祥，王慧强及宋玲祥利用该未公开信息从事证券交易，交易金额共计87803余万元，非法获利1773.6662余万元，其中王慧强交易金额9661余万元，非法获利201.2108余万元；宋玲祥交易金额78142余万元，非法获利1572.4553余万元，三被告人均构成利用未公开信息交易罪，并构成共同犯罪，情节特别严重，依法应予处罚。公诉机关指控的犯罪事实及罪名成立。在共同犯罪中，被告人王鹏身为基金公司从业人员，具有获取未公开信息的职务便利，其利用该职务便利，多次登录公共查询账户获取未公开信息并向被告人王慧强、宋玲祥传递。该信息由王鹏掌控，是否对外传递、向谁传递、传递多少均由王鹏决定，其在共同犯罪中为主导地位，起关键作用，应认定为主犯。而被告人王慧强、宋玲祥本人并不具备获取未公开信息的职务便利，在犯罪中只是利用王鹏传递的未公开信息进行相关交易，不能单独构成本罪，具有可替代性，其在共同犯罪中起次要作用，应认定为从犯，并可减轻处罚。

关于三被告人及其辩护人提出的本案证据不足的辩护意见，经查，虽三被告人到案后拒不认罪，且其信息传递方式隐蔽，犯罪时距案发时间较长而难以查证，但本案现有证据能够证实被告人王鹏在2009年1月至2011年8月期间明显不合理多次登录6609账户，而该账户能够查询到华夏基金公司的证券交易信息。与此同时，被告人王慧强、宋玲祥利用其实际控制的他人证券账户从事证券交易，交易习惯明显异常，与之前相比交易金额、频率均大幅增加，同期于王鹏无查询权限时间点停止交易，与华夏基金公司同期或稍晚（1~2个交易日）证券交易高度趋同。而与王鹏进入华夏基金工作，具备获取相关未公开信息之前相比，两人控制账户与华夏基金的证券交易趋同度明显较低，三被告人对此并未作出合理解释。基于三被告人之间系近亲属关系，且王慧强、宋玲祥均否认认识除王鹏外的其他华夏基金从业人员，并结合王鹏在接受证监会调查时无故离去并擅自离职的异常行为，现有证据已形成完整锁链，并可排除合理怀疑，能够认定王鹏将其利用职务便利所获取未公开信息传递给王慧强、宋玲祥，该二人利用该信息从事证券交易并获利的事实。因此，三被告人的辩解及其辩护人辩护意见不能成立，本院不予采纳。

【案例注解】

《刑法修正案（七）》在《刑法》第一百八十条第四款规定了利用未公开信息交易罪，但是在司法实践中，在行为人均矢口否认的“零口供”情形下，也无其他直接证据情况下，如何认定行为人利用因职务便利获取的其他未公开信息，明示、暗示他人从事相关交易活动，是司法实践中的难题。另外，被明示、暗示从事相关交易的他人行为如何定性，是司法实践中的另一个难题。

一、利用因职务便利获取的其他未公开信息，明示、暗示他人从事相关交易活动的司法认定

基金公司等金融机构的从业人员以及有关监管部门或者行业协会的工作人员，因工作需要掌握了除内幕信息以外的大量未公开信息，行为人一旦利用未公开信息，明示、暗示他人进行相关交易，一般很难获取相关直接证据。那么，如何认定他人相关交易行为与行为人职务行为获取的未公开信息存在客观联系呢？本案例的裁判要旨认为，可综合以下几个方面因素进行认定。

1. 是否掌握未公开信息。基金公司等金融机构的从业人员以及有关监管部门或者行业协会的工作人员，一般根据工作需要或职务便利，可以直接或间接掌握未公开信息。判断行为人是否掌握未公开信息是认定行为人利用因职务便利获取的其他未公开信息，明示、暗示他人从事相关交易活动的首要因素。

本案例中，被告人作为基金公司的债券交易员，因职务需要掌握了该基金公司股票交易产品、交易方向、交易时间、交易数量、持仓情况等未公开信息，具备了此项要素条件。

2. 交易趋同程度。交易趋同程度是指他人利用个人证券账户进行股票交易，交易的股票产品、交易时间、交易指令等与行为人任职的基金公司旗下管理交易的股票情况相同的程度。本案中，行为人亲属在行为人担任基金公司债券交易员职务期间，利用控制的多个个人账户进行股票交易，交易的股票产品、交易金额与行为人所在的基金公司旗下交易的股票产品、交易金额相一致的比率均在90%以上，趋同程度极高。从交易趋同程度可见，行为人亲属从事的股票交易与行为人职务行为获取的未公开信息存在较强的客观联系。

3. 时间吻合程度。时间吻合程度是指行为人在担任基金公司等金融机构的从业人员以及有关监管部门或者行业协会的工作人员的时间段，与他人进行趋同程度较高的相关交易的时间段相吻合的程度。本案中，行为人亲属从事的相关交易，与行为人担任基金公司债券交易员岗位的时间段较为吻合。这也进一步强化了行为人亲属从事的股票交易与行为人职务行为获取的未公开信息存在客观联系。

4. 利益关联程度。利益关联程度是指掌握未公开信息的行为人与从事相关交易的他人之间的利益紧密程度。本案中，从事股票交易的是掌握未公开信息的行为人的父母，具有较强的利益关联程度，能够充分说明其从事的股票交易与行为人职务行为获取的未公开信息存在客观联系。

5. 能够排除其他合理怀疑。在具备以上几个方面的情况下，如果不能排除其他合理怀疑的，仍然不能认定行为人犯利用未公开信息交易罪。排除其他合理怀疑可以考虑以下因素，如进行相关交易的他人是否存在其他获取未公开信息的渠道，是否具有其他正当理由等等。本案中，经审理可排除其他合理怀疑，综合以上几个因素认定，行为人亲属从事的股票交易与行为人职务行为获取的未公开信息存在客观联系，应以利用未公开信息交易罪论处。

二、被明示、暗示从事相关交易的他人行为定性

利用未公开信息交易罪的犯罪主体是特殊主体，仅限于基金公司等金融机构的从业人员以及有关监管部门或者行业协会的工作人员，但被明示、暗示的他人利用行为人泄露以职务之便获取的未公开信息进行相关交易的，应当如何

定性？本案例认为，被明示、暗示的他人明知属于行为人泄露以职务之便获取的未公开信息，仍利用进行交易的，应按照共同犯罪处理。明示是指行为人明确建议他人利用未公开信息进行相关交易，暗示是指行为人含蓄建议他人利用未公开信息进行相关交易，“明示”“暗示”只是不同建议形式的表述。建议可能使没有犯意的他人产生犯意从而成为教唆犯，也可能使已有犯意的他人实施帮助行为从而成为帮助犯。因此，当被明示、暗示的他人明知属于行为人泄露以职务之便获取的未公开信息，仍利用进行交易，应按照利用未公开信息交易罪的共同犯罪处理。

（**一审法院合议庭成员**　张　力　张　帅　夏玉杰
编写人　重庆市第一中级人民法院　张　力　李遵礼
责任编辑　周维明
审稿人　李玉萍）

民 事

邓平英等诉唐建华、李平等生命权纠纷案

——承揽人上门作业时定作人指示过失责任研究

关键词：民事　承揽合同　上门作业　定作人指示过失

【裁判要旨】

承揽人上门作业时，定作人基于一般注意义务、不动产权人的注意义务和承揽合同的附随义务，同时负有提供安全工作环境，警告、制止危险行为等义务。

【相关法条】

《最高人民法院关于审理人身损害赔偿案件适用法律若干问题的解释》第十条　承揽人在完成工作过程中对第三人造成损害或者造成自身损害的，定作人不承担赔偿责任。但定作人对定作、指示或者选任有过失的，应当承担相应的赔偿责任。

《中华人民共和国侵权责任法》第六条　行为人因过错侵害他人民事权益，应当承担侵权责任。

根据法律规定推定行为人有过错，行为人不能证明自己没有过错的，应当承担侵权责任。

第十二条　二人以上分别实施侵权行为造成同一损害，能够确定责任大小的，各自承担相应的责任；难以确定责任大小的，平均承担赔偿责任。

【案件索引】

一审：广西壮族自治区桂林市秀峰区人民法院（2013）秀民初字第623号（2014年9月18日）

二审：广西壮族自治区桂林市中级人民法院（2015）桂市民一终字第34号（2015年3月26日）

申诉复查：广西壮族自治区高级人民法院（2015）桂民申字第938（2016年12月2日）

再审：广西壮族自治区高级人民法院（2017）桂民再302号（2017年8月30日）

【基本案情】

原告邓平英、周政安、吴明干诉称：原告邓平英与丈夫周小弟共同经营一家窗帘店，原告周政安系周小弟的儿子，原告吴明干系周小弟的母亲。2013年3月31日，周小弟为居住在桂林市秀峰区敦睦村454号的住户被告唐建华安装房屋窗帘，因被告唐建华指定安装窗帘的房屋属于违章建筑，距离被告桂林市供电局10千伏的高压电线不足一米，周小弟在将金属质地的窗帘杆拿入室内的过程中被高压电击导致死亡。被告唐建华雇请周小弟安装窗帘并导致其死亡，应承担雇工死亡的全部赔偿责任，被告李平与唐建华系夫妻关系，应当与唐建华承担连带赔偿责任；涉案房屋在修建时未考虑与高压线的安全距离，而该房产系由被告李凤群出售予被告唐建华，被告李凤群作为房产原所有权人应向原告承担连带赔偿责任；此外，被告桂林供电局对于涉案房屋在距离高压线不足一米处修建的行为存在疏于管理的过错，亦应向原告承担连带赔偿责任。故为维护原告合法权益，请求法院判决四被告连带赔偿原告死亡赔偿金、被扶养人生活费及精神损害抚慰金。

被告唐建华、李平答辩称：被告唐建华、李平与周小弟之间为承揽合同关系，该二被告不应对周小弟的死亡承担赔偿责任；被告桂林供电局应对周小弟的死亡承担无过错责任，故本案的赔偿义务应由被告桂林供电局承担；原告诉请的精神损害抚慰金没有法律依据，应不予支持。

被告李凤群答辩称：被告李凤群已于2008年5月17日将涉案房屋出售予被告唐建华，本案事故发生之时被告李凤群并非该房屋的所有权人及实际使用人，故李凤群不应对周小弟的死亡承担赔偿责任。

被告桂林供电局答辩称：本案死亡后果的发生并非共同侵权所致，而系数个行为间接结合导致，被告之间不应当承担连带赔偿责任，应当按照责任大小确定赔偿比例；周小弟作为完全民事行为能力人从事窗帘安装作业，应当知道高压线架空线路下作业具有高度危险，但其在安装窗帘过程中却放任该危险结果的发生，其主观上存在间接故意。此外，本案高压线路架设在先，被告唐建华违章建房在后，被告唐建华在架空电力线路保护区范围内违章建房，致使房屋存在安全隐患，是本案触电事故发生的原因，故被告桂林供电局对本案事故的发生不应承担赔偿责任。

法院经审理查明：原告邓平英与其丈夫周小弟于桂林市秀峰区西山小商品批发市场42－43#门面经营窗帘店生意，该窗帘店的经营性质为个体工商户，原告邓平英系该店工商登记中载明的经营者。2013年3月23日，被告李平为其位于桂林市秀峰区敦睦村454号的房产在原告邓平英处购置窗帘，双方约定由窗帘出售方负责窗帘的制作及安装。2013年3月31日，周小弟依约到桂林市秀峰区敦睦村454号房屋安装窗帘，因选装窗帘的房间位于涉案房屋四楼，而安装窗帘的不锈钢管长约5米，无法进入楼道。周小弟遂在被告唐建华、李平之子唐利平的协助下将不锈钢管从楼下递上四楼，在唐利平于三楼阳台将钢管递给位于四楼阳台的周小弟后，周小弟将钢管横握准备进入四楼房间时，钢管不慎与四楼阳台旁的高压电缆线发生触碰并造成周小弟受电击身亡。事故发生时，被告唐建华、李平及李凤群均不在事故现场。事故发生后，被告唐建华向原告邓平英支付了丧葬费5万元。

同时查明，涉案房屋原房主为被告李凤群。2008年5月17日，被告唐建华与李凤群签订《购房合同》，约定被告李凤群将涉案房产转让予被告唐建华。在双方签订上述购房合同时，敦睦村454号房产仅为一层建筑；在受让涉案房产后，被告唐建华及其妻子李平对该房产进行了加层扩建，至事故发生当日，涉案房产共计四层。位于桂林市秀峰区敦睦村454号房产旁的10KV红敦睦线35－36号架空电力线路架设于唐建华、李平对涉案房屋加层扩建之前。该架空电力线路一共有三根高压电线缆，该三根线缆均处于拉直紧绷状态。经桂林市测绘研究院测量查实距离涉案房屋最近的高压电线缆与该房屋四层阳台女儿墙上檐事故点的水平距离为1.79米，距离涉案房屋最近的高压电线缆距离地面高度为11.4米，距离房屋二楼顶的高度为5.26米。

【裁判结果】

广西壮族自治区桂林市秀峰区人民法院于2014年9月18日作出（2013）秀民初字第623号民事判决：一、桂林供电局赔偿邓平英、周政安、吴明干死亡赔偿金、精神损害抚慰金共计117096.2元；二、驳回邓平英、周政安、吴明干的其他诉讼请求。

邓平英、周政安、吴明干不服一审判决，提出上诉。桂林市中级人民法院于2015年3月26日作出（2015）桂市民一终字第34号民事判决：一、维持桂林市秀峰区人民法院（2013）秀民初字第623号民事判决第一项；二、撤销桂林市秀峰区人民法院（2013）秀民初字第623号民事判决第二项；三、唐建华、李平赔偿邓平英、周政安、吴明干经济损失共计217740.5元；四、驳回邓平英、周政安、吴明干的其他诉讼请求。

唐建华、李平不服二审判决，提出再审申请。广西壮族自治区高级人民法院于2016年12月2日作出（2015）桂民申字第938号民事裁定：一、本案由本院提审；二、再审期间，中止原判决的执行。

广西壮族自治区高级人民法院于2017年8月30日作出（2017）桂民再302号民事判决：一、撤销桂林市中级人民法院（2015）桂市民一终字第34号民事判决及桂林市秀峰区人民法院（2013）秀民初字第623号民事判决；二、唐建华、李平赔偿邓平英、周政安、吴明干经济损失110644.30元；三、广西电网有限责任公司桂林供电局赔偿邓平英、周政安、吴明干经济损失共计170644.30元；四、驳回邓平英、周政安、吴明干的其他诉讼请求。

【裁判理由】

法院生效判决认为：首先，唐建华、李平作为案涉房屋的屋主，知道房屋上方存在10KV的高压线路，存在安全隐患，在周小弟从楼下递送窗帘钢管时未及时进行提醒并指示预防措施；其子唐利平作为具备完全民事行为能力的家庭成员，虽在周小弟从事危险操作行为时已予以提醒，但并未制止，且还为周小弟将窗帘钢管从楼下递上四楼阳台的过程中提供帮助，未尽到安全指示义务。其次，虽然经桂林市测绘研究院测量查实案涉房屋四楼事故发生地点与高压线路的水平距离仍处于安全范围内，但是唐建华、李平在案涉高压电力设施下加层扩建不具有建设审批手续的建筑物，导致架空电力线路保护范围明显减少，亦致使案涉房屋存在安全隐患。故案涉房屋属于违章建筑本身虽不会直接导致周小弟被电击死亡，但却客观上增加了安全隐患，加大了事故发生的概率。因此，依照《最高人民法院关于审理人身损害赔偿案件适用法律若干问题的解释》第十条和《侵权责任法》第六条第一款的规定，唐建华、李平主观上的不作为及明知违章建筑存在高度风险又未采取基本的安全保障措施的行为，与周小弟触电身亡事故的发生这一损害结果之间具有因果关系，唐建华、李平应作为法定赔偿责任主体承担侵权民事赔偿责任。周小弟作为具有正常判断分析能力的完全民事行为能力人，以及窗帘店经营者，应当具备一定的窗帘安装基本常识，高压线路在递送窗帘钢管处周边应当是一目了然的，其对此应该清楚，应当预见靠近高压线路实施递送行为存在风险。周小弟疏忽大意，在施工中没有采取有效措施避让高压线路，在未对自身人身安全予以保障，未对危险源予以谨慎注意及合理防控的情况下，冒险在高压线路作业，以致事故发生。周小弟在现场具体负责窗帘安装作业，与唐建华、李平及桂林供电局比较而言，周小弟对现场危险隐患的辨别和防控更为便利，据此，本院认为其对损害结果发生的过失大于唐建华、李平及桂林供电局，对损害后果应自行承担相应责任。桂林供电局作为高压线路的产权人，对电力设施负有监督、检查的职责，但其既没有及时向事故发生地点的违章盖房者提示危险，也没有及时采取相关措施排除危险，未尽到管理义务，依法应对高压作业致人损害的后果承担无过错的高度危险责任。故结合前述分析，依照《侵权责任法》第十二条和第七十三条的规定，本案系多因一果的侵权纠纷，应根据原因力分配各行为人的侵权责任比例。二审判决认定唐建华、李平承担50%，周小弟自行承担30%，桂林供电局承担20%的民事责任，与各方当事人的过错程度不相符，应予纠正。根据各方当事人的过错结合责任承担原则，确定唐建华、李平承担30%、周小弟自行承担40%、桂林供电局承担30%的民事责任更为公平合理。桂林供电局未就此提出再审申请，视为对原审关于该赔偿责任判决的认可。综上所述，唐建华、李平申请再审的理由部分成立，二审判决虽然认定事实清楚，但适用法律有误，导致实体处理不当，应予以纠正。

【案例注解】

本案主要争议焦点之一为：唐建华对周小弟的死亡是否有过错。根据《最高人民法院关于审理人身损害赔偿案件适用法律若干问题的解释》（以下简称《人身损害赔偿司法解释》）第十条的规定，“承揽人在完成工作过程中对第三人造成损害或者造成自身损害的，定作人不承担赔偿责任。但定作人对定作、指示或者选任有过失的，应当承担相应的赔偿责任”，定作人一般情况不承担责任，只有在存在过失时才承担责任。

本案中定作合同的特殊性在于承揽人的工作场所不仅在自己的工作场所，还需要到定作人指定的场所提供上门安装服务。在承揽人上门完成定作合同的情况下，定作人的义务如何？定作人是否需要对承揽人在完成工作过程中对自己造成的损害承担赔偿责任？在本案审理过程中，对于定作人唐建华是否对承揽人周小弟的人身损害承担赔偿责任，双方当事人各执一词，法院在审理中也存在不同看法。

第一种观点认为，本案涉及的基础法律关系是承揽合同，在涉案房屋四楼事故发生地点与高压线缆的水平距离处于安全范围且原告未提交证据证明定作人对承揽人存在指示过失的情况下，根据《人身损害赔偿司法解释》第十条的规定，定作人不承担损害赔偿责任。

第二种观点认为，本案被告唐建华明知涉案房屋处在高压电缆之下，却未经任何部门的批准，擅自违章加建楼房，致使房屋存在安全隐患，是造成本案触电事故发生的主要原因，存在过错。根据《侵权责任法》第二十八条以及《电力法》第六十条，唐建华作为侵权人及受益人应承担50%侵权责任。

第三种观点认为，本案中，唐建华作为案涉房屋的屋主及定作人，知道房屋存在安全隐患，未履行进行提醒义务并指示预防措施，未尽到安全指示义务，应作为法定赔偿责任主体承担侵权民事赔偿责任。

各方观点的分歧在于定作人指示过失责任的认定。《民法通则》《侵权责任法》和《民法总则》都没有对此作出规定。目前，认定依据是《人身损害赔偿司法解释》第十条的规定。然而，由于本条规定在理论上和司法实践中存在诸多问题，因而有必要对定作人的侵权责任进行深入探讨，以便为我国未来侵权法的制定提供参考。现拟从定作人过失责任的基本性质、来源等方面进行探析。

一、定作人指示过失责任概述

定作人过失的侵权民事责任，是指承揽人在执行承揽合同过程中，因执行定作人的有过失内容的定作、指示或者选任而对第三人造成损害或者造成自身损害的，应由定作人承担损害赔偿的特殊侵权民事责任。定作人指示过失，有广义和狭义之分。广义上的定作人指示过失即定作人过失，包括定作、指示和选任过失。狭义上的定作人指示过失，单指定作人在指示上的过失，不包括定作过失和选任过失。本文采取狭义上的概念。

（一）定作人指示过失责任的性质

《人身损害赔偿司法解释》第十条的规定比较模糊，对定作人承担的是直接责任，还是替代责任，抑或是与承揽人一起承担连带责任；是依照一般侵权来处理，还是根据特殊侵权来解决，均未明确。各方观点存在着较大分歧：

1. 一般侵权责任与特殊侵权责任的争辩。日本学者大多认为，定作人指示过失责任并不是一种特殊的侵权责任，应当依据一般侵权行为来承担责任。① 我国大部分学者认为属于特殊侵权，是责任人与行为人相分离，行为人致人损害，而责任人承担赔偿责任。② 有学者认为，定作人指示过失责任是两重责任：定作人为自己的过失行为独立负责时，是一般侵权行为责任；而当承揽人在执行定作人有过失的承揽事项过程中，也因承揽人自身的过失而造成损害结果的发生，此时定作人承担替代责任也即代理责任，是特殊侵权责任。③

笔者认为，定作人指示过失责任应该是一种一般侵权责任。定作人指示过失责任的构成依然要符合一般侵权责任构成的四个要件，即侵权行为、损害事实、因果关系和过失。虽然定作人过失责任具备自身的特殊性，但这种特殊性是区别于其他侵权责任，与无过错责任等特殊侵权责任还是有本质的区别。

2. 替代责任与直接责任的争辩。大多数学者主张定作人指示过失责任是一种替代责任，认为在定作人指示过失责任中，造成损害事实的直接行为人是承揽人，而承担责任的主体是定作人，这是责任人与行为人相分离，是典型的替代责任。笔者认为，定作人侵权行为是一种直接责任。定作人所承担的责任是对自己的过失行为承担责任，属于自己责任。承揽人执行承揽事务的行为造成他人损害时，定作人对此有过失，此时定作人所承担的责任就是对自己的过失行为承担责任，而不是对承揽人的过错承担责任，属于自己责任，即直接责任。替代责任是责任人为他人的行为或自己管理的物所导致的损害承担侵权责任的责任形态，在本质上是代人受过。按照英美学者的解释，所谓的替代责任表达的是这样一种思想：某人因与另一人之间有特定关系，而对另一人的错误行为承担责任。④ 定作人责任则是因自己的过失行为导致承揽人过错从而致人损害，损害之根源在于定作人之过失行为，承揽人只不过是定作人行为与受害

---

① 杨丽珍：《论定作人之责任》，载《西北大学学报（哲学社会科学版）》2010 年第 1 期。

② 参见郑玉波：《民法债编总论》，中国政法大学出版社 2004 年版，第 161 ~ 162 页；杨立新：《侵权责任法应当规定定作人指示过失责任》，载《法制日报》2009 年 3 月 25 日第 12 版。

③ 史尚宽：《债法总论》，中国政法大学出版社 2000 年版，第 194 ~ 195 页。

④ ［美］爱德华·J·柯恩卡：《侵权法》（第 2 版），法律出版社 1999 年英文影印版，第 237 页。

人损害的施加媒介，这显然与替代责任的定义不符。

3. 单独侵权责任与共同侵权责任的争辩。针对《人身损害赔偿司法解释》第十条规定中，定作人因过失承担相应的赔偿责任范围，该司法解释制定者分成三种情形作了有权解释：第一，定作人具有全部过错而承揽人没有过错的，定作人承担全部赔偿责任。第二，定作人与承揽人均有过错的，共同承担连带赔偿责任。同时指出，双方承担责任的范围大小，可依据双方的过错程度和致害行为的原因力比例确定。第三，定作人没有过错的，承揽人单独承担赔偿责任。[①] 学界也基本持同样的观点，定作人侵权责任依据承揽人有无过错可分为单独侵权与共同侵权。承揽人无过错时定作人是单独责任；承揽人与定作人都有过失时，双方是共同侵权，应该对损害结果承担连带责任。[②]

（二）定作人指示过失责任的归责原则

关于定作人过失责任的归责原则，主要有以下几种观点：（1）适用过错责任原则。受害人必须举证证明定作人具有过错，而定作人才能承担相应的责任。[③]（2）过错推定责任原则。由定作人承担自己没有过错的举证证明责任，如果定作人不能举证证明或者证明不充分，则推定其存在过错成立。[④]（3）过错责任原则与过错推定责任原则并用。定作人独立负责时，其定作、指示或选任的过失，应由受害人负举证责任；在共同负责时，解释上亦应由受害人负证明之责。但是，定作人原本不负雇主的责任，只是在自己有过失的特殊情况下，始负替代责任，为此，定作人证明自己无过失的，应当免除其赔偿责任。[⑤]（4）过错责任原则与无过错责任原则并用。认为“定作人的侵权责任有的属于自己责任，有的属于替代责任，如果属于自己责任，就是一种一般侵权行为，应适用过错原则。……当定作人的责任属于替代责任时，应适用无过错或严格责任原则”。[⑥]

---

① 最高人民法院民一庭编著：《最高人民法院人身损害赔偿司法解释的理解与适用》，人民法院出版社2004年版，第171页。

② 参见彭俊良：《侵权责任法论：制度诠释与理论探索》，北京大学出版社2014年版，第348页；姬新江、王燕军：《论定作人的指示过失责任》，载《当代法学》2007年第1期。

③ 参见张新宝：《侵权责任构成要件研究》，法律出版社2007年版，第535页；王利明主编：《中国民法典学者建议稿及立法理由·侵权行为编》，法律出版社2005年版，第163页。

④ 参见王惊雷：《定作人侵权责任研究》，华侨大学2010年硕士学位论文；马晓惠：《定作人指示过失责任法律适用问题的思考》，山东科技大学2012年硕士学位论文。

⑤ 参见杨立新主编：《类型侵权行为法研究》，人民法院出版社2006年版，第595页；史尚宽：《债法总论》，中国政法大学出版社2000年版，第196页。

⑥ 汪渊智：《侵权责任法学》，法律出版社2008年版，第358页。

笔者认为，应当适用过错责任原则。无论是无过错责任原则还是过错推定责任原则，均是特殊归责原则，需要法律的明确规定。如《侵权责任法》第六条第二款规定：“根据法律规定推定行为人有过错，行为人不能证明自己没有过错的，应当承担侵权责任。”定作人责任本来就属于一般的过错责任，在无法律明确规定的情况下，应适用《侵权责任法》关于过错责任原则的规定。

（三）定作人指示过失责任的构成要件

定作人指示过失责任的构成要件，应由侵害行为、过错、损害事实、侵害行为与损害事实之间的因果关系等构成。（1）定作人存在指示过失。指示过失是指，定作本身为正当，但定作人在对承揽人完成定作事项的指示中具有过失，有致承揽人自身损害或第三人损害的危险。因承揽合同之特征，定作人对承揽人并没有支配性的指令关系，但这只是说定作人无权干预承揽人自行选择完成工作的方法，以及为完成工作而采取的措施，定作人对定作行为本身还是要作出指令和安排的，这时如果出现过失，是需要承担责任的。（2）须承揽人或第三人受到损害。损害的发生，应是承揽关系之外的第三人或承揽人自身的损害，且该损害发生在承揽事项的范围内，承揽事项不应狭义理解为我国《合同法》中的承揽合同。在此，还应包括承揽加工、建筑承包等合同所约定的内容，泛指依合同约定，一方为另一方完成某种行为的情况。（3）定作人存在过错。定作人的过错状态应是过失，包括疏忽大意和过于轻信。（4）定作人指示过失与人身损害具有相当因果关系。依通说，侵权责任法中的因果关系采相当因果关系理论。定作人指示过失的责任基础是定作人对承揽人完成定作事项的指示中具有过失，有致承揽人自身损害或第三人损害的危险。但定作人的指示过失与承揽人及第三人的损害事实之间的因果关系是间接和疏远的，承揽人自身的行为才是造成损害发生的主要原因。因此，对定作人指示过失归责的逻辑轨迹是定作人作出了错误的指示或者消极地未履行应当积极作为的指示义务，客观上造成了对承揽人或者第三人损害发生的危险可能，最终发生了可以避免发生的实际损害结果。

二、上门危险作业下定作人指示过失的内容及司法认定

对于定作人指示过失的内涵，我国制定法上并没有作出明确的规定。一般认为，定作人指示过失包括积极指示过失，也包括消极指示过失。前者如命令承揽人违章作业，后者如承揽事项明显有侵害他人权利的可能却不指示预防措施而任其进行，对安全隐患应当告知而未告知。对于定作人作出错误的指示构成的积极指示过失，比较容易理解；但对于定作人未履行指示义务而构成的消

极指示过失，理论界研究得不多，司法实务界在适用时也存在着较大争议。本案即是一例比较典型的定作人未积极履行指示义务的定作人侵权案例。

（一）比较法上的定作人指示义务

在英美法系，雇主通常不需要为独立承包人开展工作时实施的侵权行为负责，但在例外情况下，需要承担“非代理责任”。雇主存在过失的情形，包括雇主向独立承包人作出不适当的指示或提供危险的工具、没有对独立承包人的工作进行必要的检查、挑选无资格胜任该项工作的独立承包人或者明知履行合同的行为本身具有内在危险性却不加以制止以及违背不可转移的义务①等，雇主指使独立承包人从事违法活动并造成损害，雇主应承担赔偿责任。② 加拿大法下，雇主对独立承包人负有谨慎监督独立承包人对工作的专门事项、技术细节给予合理注意的义务等。在丹麦、瑞典等斯堪的纳维亚民事责任法中，雇主要为未给予承包人足够的指示否则完成这一任务不会造成对他人的损害，或者产生于由于雇主违背了由特别法规定的和本人的一种不可移转的义务等行为承担对独立承包人的责任。③

在大陆法系，最早引进定作人指示过失侵权责任制度的是《日本民法典》第716条，该条在吸收英美侵权法关于定作人侵权责任原理的基础上，作了概括性的发挥，较为完整地表述了定作人责任的全部内容，具有普遍的意义。在欧洲大陆，立法明确规定了类似定作人侵权责任的国家只有荷兰。《荷兰民法典》第171条规定：“一个非下属的人在他人之指示下实施了执行他人之事务的行为，他对在实施那些行为时因过错给第三人造成的损害负有责任。该他人也对第三人负有责任。”该条规定了与本人地位相同的独立承包人，为本人的利益在本人的指示下工作造成损害的，本人要对独立承包人的行为承担责任的制度。德国尝试用附保护第三人的利益合同理论替代定作人侵权责任。

（二）上门危险作业下定作人指示义务的内容及司法认定

我国法律对定作人指示过失缺乏明确的规定，对于承揽人上门危险作业情况下定作人的指示义务更是缺失。一般而言，承揽工作进行过程中可能存在的危险因素主要包括三种：一是加工物和施工行为自身存在的危险因素，如高空

---

① 这些义务一般都与公共利益和安全有关，是由法律直接规定的，它要求雇主即使在将自己的工作委托给他人时，也要采取有效措施以确保第三人不受到损害。这些义务如土地、房屋所有者或商店店主保证来访者和顾客的安全的义务、小心存放危险物品的义务等。

② 徐爱国：《英美侵权行为法》，北京大学出版社2004年版，第255页。

③ 参见［德］克雷斯蒂安·冯·巴尔：《欧洲比较侵权行为法（上卷）》，张新宝译，法律出版社2001年版，第430~431页。

作业；二是工作现场环境固有的危险因素，如在高压电线附近进行工作；三是人为原因，主要是定作人或承揽人不当行为，导致施工中发生危险。有学者总结定作人指示过失主要有如下三类表现：（1）定作之时，定作人提出的具体施工要求（有的反映在施工图纸中）存在安全隐患。（2）于承揽人作业中，临时改变施工方案且该方案存在指导性的错误，或指示承揽人违章冒险作业。（3）对定作的项目或作业中存在的安全隐患，定作人明知有侵害他人合法权益的可能，应当告知而未告知。此系不作为的指示过失，亦称消极的指示过失。①

为防止危险的实际发生，由于具体的施工行为主要由承揽人一方完成，对于定作人而言，承揽人提供上门服务时，其义务主要是以足够谨慎的态度对各类危险因素作出及时、正确的指示。具体而言，定作人承担的指示义务主要有以下几种：

1. 提供安全工作场所及配套设施义务。承揽合同中承揽人一般在自己的工作场所工作，定作人不承担提供工作场所的义务，这也是承揽合同与雇佣合同的重要区别之一。但承揽合同的完成，在许多情况下也需要承揽人离开自己的工作场所，提供上门服务，如本案中窗帘的安装，这在日常经济生活中很常见。在承揽人到定作人提供的工作场所进行作业时，定作人就有义务保证工作场所的安全性，其提供的生产设备、工具、机器等应当安全可靠，符合保障人员人身安全与健康的劳动安全和卫生标准。

在“丁红芬、陈颖等与丁均壮海上、通海水域人身损害责任纠纷案”中，法院认定，定作人丁均壮未及时提醒承揽人陈建新油柜中仍有残油，未尽谨慎提醒的义务，提供安全的施工环境，存有指示过失。② 在“董军与姜志尚、董海荣等侵权责任纠纷案”中，法院认定，定作人姜志尚指示董海荣、董军、裘益明在指定场所修理网型门，其应当为承揽方提供安全的工作环境。姜志尚明知修理过程中需要关闭电闸，且电闸与修理场所有一定的距离，无法在修理场所看管电闸，其应当负责看管好电闸，防止修理过程中电闸被打开。但姜志尚未能提供安全的工作环境，导致董军在修理过程中触电受伤。姜志尚对董军的受伤负有指示过失，应承担相应的过错责任。③ 在“陈洪美、盐城市利新房

① 李斌：《论定作人过失责任的认定与承担》，http：//blog. sina. com. cn/s/blog_ d180fe770101j5ir. html，2017 年 2 月 15 日访问。

② 参见山东省高级人民法院（2014）鲁民四终字第 153 号民事判决书。

③ 参见浙江省杭州市中级人民法院（2015）浙杭民终字第 1708 号民事判决书。

屋拆除有限公司与杨林、郑海荣、兴化市祥兴房屋拆迁有限公司健康权纠纷案”中，法院认定定作人郑海荣未能提供足够安全的定作条件，在杨林施工过程中，因其大吼一声“梯子要滑了，快走开”，致陈洪美松开梯子，杨林摔倒受伤，郑海荣存在明显的指示过失，应对杨林的受伤承担相应的赔偿责任。①

2. 工作环境中危险因素的指示。在承揽人提供上门作业时，施工现场一般处于定作人的实际支配之下，定作人比承揽人更为熟知工作环境中的危险因素，要求定作人承担对危险因素告知的义务可以促使其以更加谨慎的态度对待他人的人身安全。司法实践一般也将完成这一告知行为视为定作人指示义务的一种，如果定作人未尽到告知义务，引起损害后果，即应承担赔偿责任。

在“陈昌超与盐城市海诚汽车销售服务有限公司、陈玉兵承揽合同纠纷案”中，法院认为陈玉兵作为定作人，在明知陈昌超未系安全带的情况下进行作业，未能尽到提醒陈昌超注意安全的义务，存在指示过失，故对陈昌超受伤致残应负一定的责任。② 在“李圣亮与山东湖西电力发展有限公司、王从彪等生命权、健康权、身体权纠纷案”中，法院也认定定作人湖西公司在施工现场没有设立安全警戒标识，任由被告王从彪从事起吊工作，亦存在指示过失，应当承担部分赔偿责任。③ 在“刘春桃与刘小庚、姜堰大运交通运输集团有限公司追偿权纠纷案”中，法院认定在轮胎修理过程中，定作人刘小庚没有告知轮胎已经长时间缺气、且在缺气状况下被碾压了数公里的事实，没有主动提醒刘春桃待修理的轮胎存在安全隐患，没有尽到安全提醒义务，应当认为其作为定作人存在指示上的过失，依法应当承担相应的赔偿责任，原审法院确定刘小庚承担10%的赔偿责任。④ 在“石河子开发区绿洲牧业奶牛养殖有限责任公司等与王尕占等生命权纠纷案”中，绿洲养殖公司作为事实上的监控安装承揽合同的定作人，对王永平架高监控线，在其高压线的变压器附近施工存在的安全隐患不巡视、不指示预防措施，未能保障王永平等人的工作安全，亦存在过错，故其对王永平触电身亡的后果应承担相应的民事赔偿责任。⑤

3. 警告并制止危险的义务。当定作工作要求承揽人采取相应的安全防护措施而承揽人违反操作规则不采用，或者明知承揽人采取危险的方式进行作业

---

① 参见江苏省泰州市中级人民法院（2013）泰中民四终字第0634号民事判决书。
② 参见江苏省盐城市中级人民法院（2015）盐商终字第00467号民事判决书。
③ 参见山东省菏泽市中级人民法院（2015）菏民一终字第12号民事判决书。
④ 参见江苏省泰州市中级人民法院（2015）泰中民四终字第00285号民事判决书。
⑤ 参见新疆维吾尔自治区高级人民法院生产建设兵团分院（2017）兵民再11号民事判决书。

并未采取有效安全防护措施情况下，定作人有义务及时提出警告，并采取措施有效制止承揽人的错误行为。如果定作人怠于履行此项义务，应承担过失侵权赔偿责任。应当注意的是，定作人如未履行警告并制止危险的义务，应当和承揽人承担混合过失责任；如定作人履行警告并制止危险的义务后，承揽人拒不接受指示而造成伤害的，承揽人应当承担全部的损害责任。

在“成都启云装饰工程有限公司、四川碟滋味餐饮有限公司与程海涛、向随才生命权、健康权、身体权纠纷案”中，法院认为，碟滋味公司作为本案事故升降机的所有人，在升降机未进行安全调试的情况下将升降机置于可使用状态，碟滋味公司未对该升降机进行妥当的管理、未进行安全告示，在向随才使用升降机的时候未进行阻拦，主观上有过错，且是向随才受伤的原因之一。因此，碟滋味公司对升降机疏于管理有过错，该过错与损害结果具有一定的因果关系，应承担一定的责任。① 在“刘家迁与卢红宝、卢志钢提供劳务者受害责任纠纷案”中，法院认为，被告卢红宝作为定作人，承揽给卢志钢的阳台油漆工程本身存在一定的危险性，在施工期间，卢志钢和刘家迁搭建木板、脚手架时没有采取固定措施，而其作为定作人没有在场进行纠正，督促承揽人采取相应的安全保障措施，存在一定过错，原审酌情确定由其承担25%的损失合理。② 在“清远市恒达装饰设计有限公司、湖南省衡南第五建筑工程有限公司提供劳务者受害责任纠纷案”中，法院认定恒达公司对作业现场缺乏监管、对黄桐怀的违规作业行为未及时制止导致事故发生负有责任。③ 在“韦永育等人与韦炳芝等人生命权纠纷案”中，法院认为，定作人韦钟泽事前明知马耀忠等人没有佩戴安全帽、安全绳等安全防护设施，不具备相应的安全生产条件，还将工程发包给马耀忠等人承揽，存在选任过失，况且，韦钟泽在事发前已看到马奕钦没有佩戴安全帽、安全绳等安全防护设施，也不提醒或要求其改正，存在不作为的指示过失。④

4. 定作人排除因自身原因产生的危险的义务。如果在施工过程中某一危险因素产生是由定作人行为所致，作为“危险源”的开启者，定作人应排除危险因素，或正确指示承揽人避免、排除危险，否则即应承担过失侵权责任。

在“刘为与姚宝卫人身损害赔偿案”中，法院认为，因定作人商店中货

---

① 参见四川省资阳市中级人民法院（2015）资民终字第262号民事判决书。

② 参见浙江省金华市中级人民法院（2015）浙金民终字第444号民事判决书。

③ 参见广东省高级人民法院（2016）粤民申1321号民事裁定书。

④ 参见广西壮族自治区南宁市中级人民法院（2014）南市少民终字第52号民事判决书。

架的摆放影响了人字梯的架设，导致承揽人不得不悬空作业，因此可以认为系定作人原因导致了危险因素存在，而定作人又拒绝排除这一危险因素，最终造成承揽人人身伤害的后果。所以，法院在判决中认为，姚宝卫在指示刘为取挂件时，没有为其提供足够的安放人字梯的空间，未采取其他安全措施，且在他人提出货架碍事的情况下，仍要求刘在不具备安全条件的情况下取挂件的行为，应视为指示不当，应承担相应的赔偿责任。①

（三）定作人指示过失的判断标准

对定作人过失的认定是判定定作人应当承担损害赔偿责任以及责任范围的关键。法院判定行为人是否承担过失赔偿责任要有一定的判断标准。通说认为是“理性人”标准，即采取客观化的标准判定行为人是否违反安全保障义务。按照这一标准，法院在确定行为人是否违反指示义务时，要求行为人尽到社会的大多数人在同样或者类似的情况下所能尽到的义务。如果行为人已经尽到大多数人在同样或者类似的情况下所能尽到的义务，采取了合理的措施予以避免，则无过失；如果行为人没有尽到大多数人在类似情形下所能尽到的义务，或者未采取措施以及采取的措施不适当、不合理，则认定有过失，承担侵权责任。“理性人”标准是一种普遍意义上的判断标准，并非针对特定的人，或具体的情形作出的个别判断。法院具体审判实践中，应在此标准指导下，结合案件的具体情形判定行为人是否违反安全保障义务。

三、承揽人上门作业下定作人指示义务的来源

（一）承揽人上门作业时定作人指示义务的理论依据

定作人指示义务的法理基础指的就是行为人之所以要承担义务的原因所在。主要有以下几个方面：

1. 危险控制理论。对于行为人来讲，其相对于其他任何人来说是最接近该行为的，与其他任何人相比他最了解该行为可能会产生的危险，所以说由他来控制危险将会是最有效率的。由此法律认为应该让行为人自行控制危险。如果说此时，行为人未能很好地控制危险，给他人造成了伤害，就理应由其自己来承担责任。

2. 诚实信用原则。诚实信用原则是民法领域的“帝王条款”。《合同法》第六十二条第二款规定：“当事人应当遵循诚实信用原则，根据合同的性质、目的和交易习惯履行通知、协助、保密等义务。”

---

① 参见安徽省淮南市中级人民法院（2005）淮民一终字第292号民事判决书。

3. 合理信赖理论。合理信赖原则是指基于诚实信用原则，社会活动参与者有权利合理信赖与其有关系的他人会采取适当措施防范危险，以保障自己的权益不受侵害。在社会生活中，各个社会主体彼此接触产生各种特殊的社会关系，各种社会关系主体之间相信这种特定的社会接触能够保障自己的人身和财产安全。这种信赖是社会交往和稳定社会关系的前提，应当受到法律的保护。

4. 可预见性理论。可预见性理论是指如果被告作为一个理性人本来可以预见其行为会侵害他人利益，就应当承担合理的注意义务。可预见的风险是指行为人本该预见的风险。在古罗马法上，“一般谨慎之人能够预防损害的发生，而行为人却没有预防，或者虽然采取了预防措施，但是为时已晚。”① 英美法系根据可预见性标准判断行为人是否负有作为义务以及是否违反作为义务，进而确定其是否应承担民事责任。“一个行为人只有在其行为为他人造成不合理的风险且该行为人认识到，或作为一个有理性的人本应该认识到该风险的情况下才是有过失的。这些术语通常可从可预见性的方面进行陈述：除非伤害被行为人所预见，或对一个有理性的人本来是可预见的，而且该伤害本来是可以被合理避免的，否则行为没有过失。”②

5. 社会成本理论。制度经济学认为，为了实现社会的良好控制，应该把义务分配给能以最低的成本负担该义务的人。在社会交往当中，行为人所从事的事业很有可能会给不特定的他人造成损害，如果我们将损害责任的承担，分配给不特定的社会公众，让其各自照顾好自己，这是不经济的。只有将控制危险的义务分配给行为人，这样才能使其将对外部的不经济带来的社会成本，内部化。从总体上来讲，这也体现出实质意义的公平。

（二）定作人指示义务的来源

义务的来源主要有法定义务、契约上的义务、先行行为产生的义务等。设定定作人指示义务，是为了保证承揽合同顺利进行和确保承揽人及第三人不因承揽事项而受到不法伤害。从定作人指示义务的目的来看，根本来源于前述的危险控制、合理依赖、诚实信用等理论，但由于这些理论和原则过于抽象，有必要加以具体化，以便操作。

1. 来源于一般注意义务。一般注意义务是由德国法官通过判例创设而来，

---

① 转引自［意］桑德罗·斯齐巴尼：《侵权法当今问题之思考——罗马法原始文献的重新研读》，翟远见译，载［意］S·斯齐巴尼、朱勇主编：《罗马法、中国法与民法法典化——从古代罗马法、中华法系到现代法：历史与现实的对话》，中国政法大学出版社 2011 年版，第 263 页。

② ［美］丹·B·多布斯：《侵权法》（上册），马静、李昊、李妍等译，中国政法大学出版社 2014 年版，第 295 页。

在德国法称之为“交往安全义务”或“社会活动安全注意义务”，是指因社会接触或社会交往活动而对他人引发一定的危险，基于诚信原则、善良风俗、行为人与受害人之间的合理信赖，或适当社会生活不成文的规则所要求的对此等危险之合理的注意而对一般人负有的除去或者防止危险的义务，要求从过去确立“无害他人”的普遍义务转变为特定情形下要求行为人应“适当地爱他人”。“一般的或特殊的危险”是确定一般注意义务的重要依据。在现代各国立法中，对特殊的危险基本上采用特别立法的方式加以规范，违反此类义务可以直接构成“违反保护他人的法律”，不必再求助于一般注意义务。但除去法律明文规定的特殊危险责任外，社会生活中还有无数无法律规定也无法用法律一一明确规定的危险性活动或者行为，这就需要适用到一般注意义务。通过适用一般注意义务，法官可以对那些法律没有规定的侵权领域，根据普通人的认知和判断，认定行为人是否尽到了不使他人的合法权益遭受损害的注意义务，并据此对违反注意义务的侵权行为追究法律责任，从而保护受害人的合法权益，并通过注意义务的法律认可，引导人们在行为时注意他人的人身与财产安全，从而提高行为的安全系数，减少损害事故的发生，维护社会的和谐稳定。

2. 来源于不动产物权人的注意义务。不动产物权人的注意义务是指不动产物权人对不动产可能存在之现实危险向不动产进入者进行警告并采取适当措施防止危险发生的一种注意义务。不动产物权人是指占有或管理不动产，对不动产具有一定支配或控制权利的人，包括不动产的所有人、占有人、使用人或管理人。不动产，既包括属于公共所有或面向公众开放的不动产，也包括属于私人所有或不向公众开放的不动产，具体有土地、建筑物、构筑物及搁置物、悬挂物与林木等。

不动产物权人不作为引发的侵权纠纷是世界各国几乎都存在的一个常见问题。不动产物权人的注意义务在罗马法中即已出现。罗马法中有关于准侵权行为的规定，认为侵权人既不是根据契约负责，又犯了或许是因为他的无知而犯的某种过错，此行为的具体情况足以给他人造成损害，因而行为人必须承担赔偿责任。① 我国对不动产物权人注意义务的相关规定主要集中在《侵权责任法》第三十七条，按照本条的规定，负有安全保障义务的人被限定于公共场所的管理人和群众性活动的组织者。但对于非公共场所的私人物权范围内，不动产物权人对进入者是否也需要提供类似安全保障义务的积极作为义务，我国却没有相应的明确规定予以调整。在英美法上，侵权行为法理论非常注重保护

---

① ［罗马］查士丁尼：《法学总论》，张企泰译，商务印书馆1989年版，第204页。

人的人身和财产安全，对侵权的认定非常宽泛，判例中形成了非常有名的“安全第一原则”。①英国法并未将安全注意义务的空间限定为经营场所，不动产产权人危险警告义务作为安全注意义务的合理延伸，对于非明显、公开的危险，不动产物权人作为不动产之所有人或使用人，其对不动产上存在的危险更为熟悉，应承担警告义务，以防止损害发生。美国法也没有将注意义务的空间限定为经营场所，并认为安全注意义务是一种对世义务，即对任何有可能因被告之作为或不作为而遭受损害的人，被告均应承担责任。

不动产物权人作为义务源于一般危险责任，是现代侵权法不断发展的产物。不动产物权人对合法进入者承担警告义务主要原因有：（1）不动产物权人通常是所有人或使用人，对不动产状况最为了解，其能够预见到不动产的特殊现状或环境是否存在致合法进入者遭受损害的可能，能更好、更便利地采取措施防范危险的发生。因此，根据危险控制理论和可预见性理论，理应由不动产产权人对不动产所存在的危险情况进行警告，以避免合法进入者因此遭受不应有的损害。另外，合同中双方所掌握的信息往往处于不对称的状态，从社会经济学的角度看，充分掌握信息的一方应承担更多的义务，以降低可能发生的风险和交易成本，避免损失。（2）合法进入实际上暗含有不动产物权人允许进入之义，亦暗含不动产物权人对合法进入者承诺不动产是安全的。在侵权责任法上，若行为人给予安全保障之承诺，就应该采取措施保证他人安全，否则，行为人应当就他人因自己未采取措施而遭受的损害承担侵权责任，此即基于承诺而产生的作为义务理论。故而，不动产物权人对其不动产之合法进入者负有安全保障义务，若未采取保障措施而致其遭受损害，不动产产权人应当承担侵权责任。（3）从先行行为理论来看，当不动产物权人许可他人进入不动产时，作为危险的开启或维持者应负有保障他人人身或财产安全的作为义务。从信赖关系理论来看，合法进入者对邀请或许可的接受中蕴涵着对私人场所占有人或管理人保障该场所内的人身、财产安全的信赖，因此，私人场所占有人或管理人违反了合理的作为义务的，应承担赔偿责任。

在英美法上，不动产物权人对进入者的警告义务的大小因进入者的身份不同而变化。在英国1957年的《占有者责任法》生效前，普通法将进入产业者分为四类，即依约而入者、受邀请者、被许可者、侵入者四类。1957年的《占有者责任法》将所有进入产业者分为两大类：其一，合法访问者；其二，

① 李亚虹：《美国侵权法》，法律出版社1998年版，第14页。

非合法访问者。① 对于合法进入者，不动产物权人应当承担危险警告义务，并应采取合理措施避免因其不动产所存在的危险而致进入者遭受损害，否则，对所产生损害承担侵权责任。对于非法进入者，不动产产权人一般情况下不承担危险警告义务，即便他们知道或应当知道自己不动产存在某种异常危险。但对于未成年人，法院通常会要求土地占有人承担更高标准的注意义务。

不动产物权人对合法进入者承担的合理注意义务包括：对自己从事的危险活动承担合理的注意义务，预防自己的危险活动损害他人的利益；对已知危险承担合理的警告义务；对未知危险承担合理的检查和发现义务，具体来讲有预防（控制）、检查、警告、保护和救助。（1）危险预防、控制义务。不动产物权人基于其对不动产的控制能力，应当采取必要的措施保证其不动产及其附属设施、设备保持在安全正常状态，预防不动产本身潜在的危险，以防止义务相对人人身和财产损害的发生。（2）检查、维护义务。不动产物权人对控制的不动产及其附属设施应当积极检查，进行正常的维护，及时发现并排除可能危及他人的潜在危险，使之一直处于安全状态。（3）警示义务。对于已经发现的潜在危险又不能及时消灭的，以及进入者采取危险行为的，应通过合理的警示、提醒、制止他人避免危险。（4）危险救助义务。对于正在或者已经发生的危险，不动产物权人应当进行积极的救助，以避免损害的发生或损失的扩大。

在实践中，不动产物权人未尽作为义务主要有以下情形：一是怠于消除其所占有或控制的不动产本身具有的危险，如房屋楼梯设计有瑕疵、庭院里的沟坑没有加盖、摇摇欲坠的窗页没有及时修理。二是怠于消除使用、管理、服务中产生的人为危险，如地面油渍没有及时清除、楼道坏掉的照明设施没有及时更换。三是怠于防止侵害行为，即负有防止侵害行为发生的义务却没有对侵害行为进行及时有效地防范或制止。不动产物权人对作为义务的违反，或者没有尽到应尽的作为义务而对他人造成损害，就推定该不动产控制人对损害有过错，应对受害人承担侵权责任。如果已经采取了足够合理的作为义务，而损害仍然发生，那不动产权利人就可以减少或免除责任。

3. 来源于定作合同的附随义务。按照通说，合同义务主要分为三类：主给付义务、从给付义务和附随义务。合同附随义务是指合同当事人依据诚实信用原则，在法律无明文规定，当事人之间亦无明确约定的情况下，根据合同的目的、性质和交易习惯所应当承担的协助、保密、通知、照顾、保护、忠实等

① 胡雪梅：《英国侵权法》，中国政法大学出版社2008年版，第169页。

义务，以此来保护对方利益和维护交易秩序的稳定。从性质上看，这些义务具有附随于主给付义务的性质。① 附随义务的理论基础源于诚实信用原则。德国学者霍恩认为，“合同中隐含着一套以保护合同当事人权益为目的的‘义务网络’，这一‘义务网络’的存在，使得积极违约的范围得到了极大的扩展，这些注意义务和保护性义务产生于合同的解释过程，并附随于合同的主义务。”② 史尚宽教授将合同附随义务分为辅助的或非独立的附随义务和补充的或独立的附随义务两种。③

合同附随义务主要包括：（1）通知义务。通知义务又称为告知义务，是指合同当事人应当将有关合同利益的重大信息及时向对方通知和说明使其知晓的义务。若依据诚实信用原则和合同发展的进程，需要合同当事人主动地告知对方当事人一些与其切身利益相关的事项，此时就可以认定有告知义务存在。关于通知义务，在《合同法》第二百三十条、第二百五十六条都有明确规定。（2）协助义务。是指合同当事人应互为对方行使合同权利，履行合同义务提供照顾和便利，促使合同目的圆满实现。在履约中，当事人应当顾及另一方及其标的物的状况，最大限度地运用其能力和一切可以运用的手段实现对方的正当愿望，以利于合同的适当履行。合同关系终止后，当事人应当协助对方处理与合同相关的事务。《合同法》第一百八十一条、第二百五十五条、第二百五十九条都有关于协助义务的明确规定。（3）保密义务。保密义务是指当事人一方对于知晓的对方的商业秘密或要求保密的信息、事项不得对第三人泄露。保密义务是一种消极义务，只要义务人消极的不作为，而不要求义务人积极的作为。《合同法》中的第四十三条、第二百六十六条都对保密义务作出了规定。（4）注意义务。一般而言，当事人应作一个善良管理人并像管理自己事务那样做到尽职尽责，以尽保护对方合法权益的义务。（5）保护、救助义务。是指在因合同接触而发生侵害对方生命、身体健康、财产安全的可能性场合，合同当事人彼此之间负有对他方人身及财产利益的保护、照顾、不得损害的义务以及在对方生命、健康受到威胁时负有的救助义务。④ 合同附随义务中的保

---

① 参见王利明：《合同法新问题研究》，中国社会科学出版社2003年版，第19页；吕忠梅：《论合同制度的生态化拓展》，载《河南师范大学学报》（哲社版）2004年第5期；王泽鉴：《民法学说与判例研究》（第一册），中国政法大学出版社1998年版，第96页。

② ［德］罗伯特·霍恩：《德国民商法导论》，楚建译，中国大百科全书出版社1996年版，第150页。

③ 史尚宽：《债法总则》，中国政法大学出版社2000年版，第341页。

④ 韩世远：《合同法总论》，法律出版社2004年版，第288页。

护义务不同于侵权责任法上的安全保障义务。安全保障义务的违反，通常是对已经存在的某种不安全因素未及时采取适当措施从而导致损害发生，但是合同附随保护义务则只要是在理论上认为存在危险的可能性即需要履行，否则即为违反保护义务。《合同法》中的第三百零一条对保护、救助作出了规定。

由于合同交易的多样性和复杂性，附随义务并不是一种静态的事物，以上五项义务只是对目前常见合同附随义务的简单汇总，并不能囊括现实中合同附随义务各种情形。在司法实践中，可参考法院判决先例进行确定。对无法律明文规定也无当事人约定又无先例借鉴的附随义务，应依据诚实信用原则，根据合同性质、目的和交易习惯等情况具体问题具体分析，综合考量密切联系标准、理性人标准及效益标准，合法合理地确定当事人的合同附随义务。

四、定作人指示过失责任范围的确定

在确定定作人指示过失责任范围即承担的责任比例时，应比较其过错与承揽人、受害人的过错大小以及该过错与事故发生的原因力大小等而定。过错程度是主观的，而致害行为原因力是客观的，法官在具体案件的审理中应如何把握？在定作人与承揽人与有过失的情形下，如何比较各自的过失程度和原因力大小来确定各自的责任范围？

杨立新教授在《侵权责任形态研究》一文中提出了具体的确定方法，可资法官审判时借鉴。对于过错程度的大小，杨教授认为，“比较过错亦称比较过失，是指在与有过失中，通过确定并比较加害人和受害人的过错程度，以决定责任的承担和责任的范围。具体方法是，将双方当事人的过错程度具体确定为一定的比例，从而确定出责任范围。对损害后果应负主要责任者，其过错比例为51%～95%；对损害后果应负同等责任者，其过错比例为50%；对损害后果应负次要责任者，其过错比例为5%～49%；过错比例不足5%的，可以免除其赔偿责任，不认其为与有过失。”对于过错程度和致害行为的原因力对确定与有过失责任范围所起的作用，杨立新教授认为，“原因力对于与有过失责任范围的相对性决定作用，主要表现在以下方面：第一，当事人双方的过错程度无法确定时，应以各自行为的原因力大小，确定各自责任的比例。第二，当事人双方的过错程度相等时，各自行为的原因力大小对赔偿责任起‘微调’作用。第三，当加害人依其过错应承担主要责任或次要责任时，双方当事人行为的原因力起‘微调’作用：原因力相等的，依过错比例确定赔偿责任；原因力不等的，依原因力的大小相应调整主要责任或次要责任的责任比例，确定赔偿责任。根据过错比较和原因力的比较，确定双方当事人各自应当承担的责任范围，分担责任。”①

五、对本案的分析

在本案中，唐建华与周小弟之间系承揽合同关系。根据安装窗帘的交易习惯，承揽人周小弟上门为定作人唐建华提供安装窗帘服务，无论唐建华是定作人的身份还是作为不动产物权人的身份，唐建华在周小弟履行窗帘的安装义务过程中负有提供便利和安全场地等协助义务，并对危险工作环境负有警告义务，对危险行为负有提醒和制止义务。

本案中，唐建华作为案涉房屋的屋主，涉案房屋未经有关机关审批在高压电力设施下加层扩建，导致架空电力线路保护范围明显减少，亦致使案涉房屋存在安全隐患，是导致危险发生的危险源。涉案房屋虽然经专业机构测量查实，案涉房屋四楼事故发生地点与高压线路的水平距离仍处于安全范围内，但是仅仅比安全距离超出 0.29 米，客观上增加了安全隐患，加大了事故发生的概率，未尽到控制义务。唐建华知道房屋上方存在 10KV 的高压线路，存在安全隐患，在周小弟从楼下递送窗帘钢管时未及时进行提醒并指示预防措施；其子唐利平作为具备完全民事行为能力的家庭成员，虽在周小弟从事危险操作行为时已予以提醒，但并未制止，且还为周小弟将窗帘钢管从楼下递上四楼阳台的过程中提供帮助，未尽到对危险行为的提醒、有效制止义务。唐建华作为房屋的所有权人和实际控制人，未能给周小弟提供必要的安全保护措施，违反了合同履行中所应承担的相应附随义务。唐建华主观上的不作为及明知违章建筑存在高度风险又未采取基本的安全保障措施的行为，与周小弟触电身亡事故的发生这一损害结果之间具有因果关系，唐建华应作为赔偿责任主体承担民事赔偿责任。但唐建华的过失为不作为过失，并非周小弟损害事实发生的主要原因，损害发生的主要原因是周小弟自己的疏忽大意，故定作人的责任比例范围可在 10% ~30% 之间。本案一审法院未能准确理解定作人指示过失的内涵与外延，也未能充分考虑到承揽人上门作业时定作人指示义务的内容，判决定作人唐建华不负任何责任；而二审法院错误判断本案损害发生的因果关系，判决定作人唐建华承担主要责任，均属于适用法律错误。再审法院准确判断法律关系，准确理解定作人过失责任的概念，从定作人过失责任的确认和处理两方面慎加把握，确定定作人唐建华承担 30% 的责任，适用法律正确，责任比例分配也比较合理。

---

① 杨立新：《侵权责任形态研究》，载《河南省政法管理干部学院学报》2004 年第 1 期。

综上所述，在审判实践中，适用《人身损害赔偿司法解释》第十条解决有关纠纷时，应该准确理解定作人过失责任的概念，从定作人过失责任的确认和处理两方面慎加把握，针对具体案件具体分析，从而准确、合法、合情、合理地解决该类承揽过程中造成损害的纠纷。

（**一审法院合议庭成员** 钟 勇 杨林珍 刘孔钿
二审法院合议庭成员 吴 胜 关玉霞 庄良平
申诉复查法院合议庭成员 王永明 李 娜 赵元松
再审法院合议庭成员 程丽文 陈 丹 万晓敏
编写人 广西壮族自治区高级人民法院 赵元松
责任编辑 杨 奕
审稿人 曹守晔）

宜黄县尖峰新材料有限公司诉江西鑫邦电气有限公司买卖合同纠纷案

——约定违约金的调整及举证责任的分配

关键词：民事　买卖合同　约定违约金的调整　举证责任分配

【裁判要旨】

人民法院对约定违约金进行调整应依法、审慎。违约方主张违约金过高，应承担举证责任，只有在违约方举出初步证据证明违约金过高时，守约方才有义务证明约定的违约金在合理范围内。对于部分履行合同约定违约金的调整，可以合同未履行部分的价值为参照依据，以其不超过未履行部分总价值为违约金上限，综合考虑合同履行情况、当事人的过错程度以及预期利益等因素合理调整违约金。

【相关法条】

《中华人民共和国合同法》第九十四条第二项　有下列情形之一的，当事人可以解除合同：

（二）在履行期限届满之前，当事人一方明确表示或者以自己的行为表明不履行主要债务；

第一百一十四条　当事人可以约定一方违约时应当根据违约情况向对方支付一定数额的违约金，也可以约定因违约产生的损失赔偿额的计算方法。

约定的违约金低于造成的损失的，当事人可以请求人民法院或者仲裁机构予以增加；约定的违约金过分高于造成的损失的，当事人可以请求人民法院或者仲裁机构予以适当减少。

当事人就迟延履行约定违约金的，违约方支付违约金后，还应当履行债务。

《最高人民法院关于审理买卖合同纠纷案件适用法律问题的解释》第二十六条　买卖合同因违约而解除后，守约方主张继续适用违约金条款的，人民法院应予支持；但约定的违约金过分高于造成的损失的，人民法院可以参照合同法第一百一十四条第二款的规定处理。

【案件索引】

一审：江西省宜黄县人民法院（2016）赣1026民初525号（2017年7月15日）

二审：江西省抚州市中级人民法院（2017）赣10民终889号（2017年11月28日）

【基本案情】

原告（反诉被告）宜黄县尖峰新材料有限公司（以下简称尖峰公司）诉称：原、被告于2016年5月19日签订了一份改性塑胶粒购销合同，合同约定尖峰公司按被告要求提供型号为PC（灰），数量为162吨，每吨价格为12900元的改性塑胶粒，总价为2089800元，并约定了违约责任，因任何一方违约，违约方应向守约方支付该订单总金额的30%违约金。合同签订后，尖峰公司按约定及被告通知将货物送至被告指定地点，尖峰公司先后给被告送了54吨货物，被告支付尖峰公司货款696600元之后，被告却无故不再通知尖峰公司发送剩余货物，尖峰公司多次与被告协商无果，故诉至本院，提出如下请求：（1）判决解除原、被告签订的改性塑胶粒购销合同并支付违约金计626940元；（2）诉讼费、保全费用由被告承担。

被告（反诉原告）江西鑫邦电气有限公司（以下简称鑫邦公司）辩称：双方对履行期限进行了变更和延长，本诉被告没有违约，尖峰公司没有履行交付货物的义务，没有履行交货的合格证和相关检验证，所以对货物的质量有疑问。尖峰公司要求的违约金过高，要求减少。

鑫邦公司反诉称：要求继续履行于2016年5月19日签订的《购销合同》，即判令原告向被告交付合同约定的剩余货物108吨，本诉、反诉费用由被反诉人承担。反诉的事实与理由：由于被告与原告于2016年5月19日签订的《购销合同》约定原告应于2016年5月20日至2016年6月30日期间向被告供应PC（灰）改性塑胶粒162吨，而原告仅于2016年6月6日、2016年7月6日分别向被告供货27吨，总计54吨，尚有108吨未交货，已经构成违约，严重影响反诉人正常生产经营活动，现要求原告向被告交付合同约定的剩余货物108吨。

尖峰公司辩称：本诉原告未构成违约，不同意继续履行合同，并要求反诉原告承担违约责任。

法院经审理查明：2016年5月19日，尖峰公司与鑫邦公司签订了《购销合同》1份，合同约定（摘要如下）：第一条，标的物名称：改性塑胶粒162吨，每吨12900元，总价2089800元；第六条，交货时间：供方按需方发货传真通知日起12日内交货。第八条，货物验收：如对货物内在质量有异议，应在交付日起一个月内以书面方式提出异议。第十一条，违约责任：4. 因任何一方违约，违约方应向守约方支付该订单总金额的30%违约金。第十三条，本合同履行过程中，双方如有争议应友好协商；协商不成立，可向供方所在地人民法院提起诉讼。第十四条，合同签订后，从2016年5月20日开始供货，同年2016年6月30日止供货完毕，期间供货日期以需方通知为准。原告尖峰公司于2016年5月27日开具了11张增值税专用发票，其为86吨货物，金额为1044900元。原告尖峰公司于2016年6月6日、2016年7月6日分别向被告鑫邦公司供货27吨，总计54吨，已送货物价款为54吨×12900元=696600元。订单总价款为2089800元。被告鑫邦公司未要求送货货物价款为1393200元。多开具32吨增值税专用发票税款56492.32元。

【裁判结果】

江西省宜黄县人民法院于2017年7月15日作出（2016）赣1026民初525号民事判决：一、原告（反诉被告）宜黄县尖峰新材料有限公司与被告（反诉原告）江西鑫邦电气有限公司于2016年5月19日订立的《购销合同》于判决生效即日起解除；二、被告（反诉原告）江西鑫邦电气有限公司于本判决生效之日起三日内支付原告（反诉被告）宜黄县尖峰新材料有限公司违约金417960元；三、驳回本诉原告（反诉被告）宜黄县尖峰新材料有限公司本诉的其他诉讼请求；四、驳回反诉原告（本诉被告）江西鑫邦电气有限公司反诉的诉讼请求。

宣判后，鑫邦公司不服提起上诉，江西省抚州市中级人民法院于2017年

11 月 28 日作出（2017）赣 10 民终 889 号民事判决：驳回上诉，维持原判。

【裁判理由】

法院生效裁判认为：

1. 关于本案所涉合同是否应予解除的问题。《合同法》第九十四条规定："有下列情形之一的，当事人可以解除合同……（二）在履行期限届满之前，当事人一方明确表示或者以自己的行为表明不履行主要债务……"本案合同约定供货截止时间为 2016 年 6 月 30 日，供方按需方发货传真通知日起 12 日内交货。据此，鑫邦公司应在 2016 年 6 月 30 日前的合理时间内将合同全部货物用传真通知尖峰公司交货，但在此期间内只要求尖峰公司交货量为 54 吨，未要求交货量为 108 吨。鑫邦公司主张一审认定 2016 年 7 月 6 日送货单是由 5 月 27 日改成是错误的，该时间应确认无疑。该送货单及周建伟的录音可以证明合同履行期限已经变更。本院认为，第一，经查 2016 年 7 月 6 日送货单，不仅日期确有改动，且其对应 2016 年 6 月 27 日运输单，时间上也有冲突，故不能证明该货是 2016 年 7 月 6 日发出。第二，变更合同必须由原合同双方协商变更并由法定代表人或有代理权的人签字盖章才产生效力，鑫邦公司在一审提供的录音既无法说明是周建伟的录音，也没有提供证据证明周建伟具有变更合同的代理权，鑫邦公司也没有提供其他足以证明合同变更的文本或其他证据，故其主张合同已经变更的事实不能成立。鑫邦公司未按合同约定在 2016 年 6 月 30 日前的合理时间内将合同全部货物用传真通知尖峰公司交货，合同履行期限届满后至尖峰公司一审起诉前长达 4 个多月时间里又未与尖峰公司协商一致延长供货时间。鑫邦公司提出其月生产能力只有 30 吨，以证明其不是不要货而是要逐渐交货。鑫邦公司这一辩解理由也不能成立，即使生产能力不足，鑫邦公司也可以收货收储备用。据此，可以认定为鑫邦公司以自己的行为表明不履行主要债务，尖峰公司依法可以解除合同，一审判决解除合同并无不当，但适用《合同法》第九十四条三项不当，应予纠正。现鑫邦公司虽提出希望继续履行合同，但又恐尖峰公司剩余货物因仓储时间过长质量有问题而不愿接受；而尖峰公司明确表示由于市场价格发生明显变化，调不到货，不愿再履行合同，故继续履行合同已失去基础，鑫邦公司要求继续履行合同本院不予支持。

2. 关于违约金的判定是否过高的问题。本案合同对违约金有明确条款约定。违约金条款是合同主体契约自由的体现，除具有对违约行为的惩罚性和对守约方的补偿功能之外，还应体现预先确定性和效率原则。约定违约金降低了发生纠纷时合同主体的举证成本，使合同主体在订立合同时即明确违约后果，从而做到慎重订约、诚信履约。人民法院对约定违约金进行调整应依法、审慎，违约方主张违约金过高，应承担举证责任，只有在违约方举出初步证据证明违约金可能过高时，守约方才有义务证明约定的违约金在合理范围内，故一审法院在举证责任分配上并无不当。鑫邦公司提出其月生产能力只有 30 吨，以证明其不是不要货而是要逐渐交货。鑫邦公司不顾自身生产能力盲目签订供货时间反映了其在订约时态度是不慎重的，订约后又不诚信履行，应该为自身行为承担后果。一审法院在认定违约金金额时将违约金从合同约定的订单总金额的 30% 调整为未履行部分的 30%，已经充分考虑了合同履行情况、当事人的过错程度以及预期利益等综合因素，这一认定亦无不当。综上所述，鑫邦公司的上诉请求不能成立，应予驳回；一审法院认定事实清楚，虽适用法律有部分不当，但判决结果正确，应予维持。

【案例注解】

实践中，合同当事人约定的违约金数额往往有过高倾向，发生纠纷时违约方请求法院调减违约金的现象较为常见。对于违约金过高的调减，《最高人民法院关于适用〈中华人民共和国合同法〉若干问题的解释（二）》第二十九条规定了调减规则，即人民法院应当以实际损失为基础，兼顾合同的履行情况、当事人的过错程度以及预期利益等综合因素，根据公平原则和诚实信用原则予以衡量，并作出裁决。违约金超过造成损失的 30% 的即可认定为“过分高于造成的损失”。该规定并没有给出一个精细化的调整标准和方法，而是赋予了法官根据案情进行调减的自由裁量权。对于部分履行合同如何调整违约金，实践中做法各异。本案以合同未履行部分的价值为参照依据，将违约金从合同约定的订单总金额的 30% 调整为未履行部分的 30%，就是充分考虑了合同履行情况、当事人的过错程度以及预期利益等综合因素作出的调整，是比较适当的。

依据相关法律规定，衡量约定违约金是否过低或过高是以“造成的损失”为基础，“造成的损失”这一法律事实由谁来举证证明涉及举证责任分配问题。对此，司法实践中存在三种观点：第一种观点认为，一方当事人主张约定的违约金过分高于损失的，主张方应承担举证责任；第二种观点认为，一方当事人认为约定的违约金过分高于损失的，损失方应承担举证责任；第三种观点认为，违约方需提供足以让法官对违约金约定公平性产生怀疑的证据，然后法官可将举证责任分配给损失方。本案采用了第三种观点，理由如下：

第一，主张方承担初步证明责任符合民事证明责任规则的要求。根据《合同法》第一百一十四条第二款的规定，当事人认为约定违约金过低或过高，可以请求人民法院或仲裁机构予以增加或适当减少违约金。可见，法律没有赋予司法机关主动调整违约金的权利，而是需要依据当事人的请求被动介入。当事人可以通过诉讼或者抗辩来表达自己调整违约金的诉求，也可通过反诉请求法院对违约金进行调整。换言之，当事人对违约金条款存在争议时，享有请求司法机关裁判以维护自己合法权益的权利，故该请求权可视为民事诉讼法意义上的一种诉权。既然调整违约金的权利具有诉权性质，根据民事诉讼证明责任分配规则，当事人对自己提出的诉讼请求所依据的事实或者反驳对方诉讼请求所依据的事实有责任提供证据加以证明。因此，请求调整违约金的当事人对自己提出的主张，有责任提供证据加以证明。可见，由主张调整违约金的一方当事人承担举证责任符合民事诉讼证明责任分配原则。

第二，主张方承担初步证明责任符合公平原则。当事人约定违约金是为了督促和约束双方当事人履行合同，违约金具有损害赔偿和违约惩罚的双重功能。依据《合同法》的相关规定，当事人可以约定一方违约时应当根据违约情况向对方支付一定数额的违约金，也可以约定因违约产生的损失赔偿额的计算方法。可见，违约金是当事人对违约可能造成的损害赔偿作出的事先约定，其一是使当事人预知违约应承担的赔偿风险并免除主张违约赔偿时的计算与证明，其二通过向守约方支付违约金的方式来惩罚违约行为，即使违约未造成实际损失，违约方仍需支付违约金。若将违约行为造成损失的证明责任分配给守约方，那当事人事先约定违约金也就毫无意义，特别是在实际损失难以计算或是尚未造成损失的情形，要求守约方举证证明其实际损失，对守约方而言有失公平，反而变相免除了违约方的违约责任。

第三，违约方提出违约金过分高于实际损失的初步证据后，此时证明责任发生转移，由守约方提出证据证明约定的违约金并不过分高于实际损失。如果违约方提出的证据无法达到证明标准，就应当承担诉讼上的不利后果。

（**一审法院合议庭成员**　邹文胜　伊保金　黄菊珍

二审法院合议庭成员　王一敏　黄玲玲　黎　璆

编写人　江西省抚州市中级人民法院　魏　灵　王一敏

责任编辑　杨　奕

审稿人　曹守晔）

石某、殷某某诉北京东方博大医院医疗损害责任纠纷案

——精神病女性及其配偶的生育权保护

关键词：民事　精神病女性生育权　诉讼行为能力认定　男性生育权　医院说明告知义务

【裁判要旨】

1. 医疗机构为精神病女性进行人工流产及节育手术时，应对其行为能力、监护人、是否有配偶等问题进行合理审查，未合理审查的，应认定侵犯女性及其配偶的生育权。

2. 男性也具有生育权，可以作为原告以生育权受到侵害向医疗机构提起诉讼。

3. 当事人在诉讼中不配合进行诉讼行为能力鉴定的，可依据相关诊断、群众公认事实认定其诉讼行为能力。

【相关法条】

《最高人民法院关于贯彻执行〈中华人民共和国民法通则〉若干问题的意见（试行）》第7条　当事人是否患有精神病，人民法院应当根据司法精神病学鉴定或者参照医院的诊断、鉴定确认。在不具备诊断、鉴定条件的情况下，也可以参照群众公认的当事人的精神状态认定，但应以利害关系人没有异议为限。

《中华人民共和国侵权责任法》第五十五条　医务人员在诊疗活动中应当向患者说明病情和医疗措施。需要实施手术、特殊检查、特殊治疗的，医务人

员应当及时向患者说明医疗风险、替代医疗方案等情况，并取得其书面同意；不宜向患者说明的，应当向患者的近亲属说明，并取得其书面同意。

医务人员未尽到前款义务，造成患者损害的，医疗机构应当承担赔偿责任。

【案件索引】

一审：北京市朝阳区人民法院（2014）朝民初字第07701号（2017年12月30日）

【基本案情】

原告石某、殷某某诉称：2013年12月，被告错误认定石某是未婚先孕，对石某进行了人工流产。其实，石某是限制行为能力人，在发病时更属于无民事行为能力人，是被其父母石某某和张某某诱骗到东方博大医院做人工流产的。石某在家割腕自杀未遂。为此，因自杀救治、取环等，二原告花费了医疗费、交通费等。另外，二原告一起共同生活五年才怀上孩子，已经属于晚婚晚育。被告的侵权行为不仅造成孩子流产，母亲自杀未遂，还对二原告未来的生活产生重大不利影响，故请求法院判令：（1）被告向二原告书面赔礼道歉；（2）被告向二原告赔偿石某医疗费7801.64元；（3）被告向二原告赔偿伙食费2108元；（4）被告向二原告赔偿石某的取环检查费270元、取环手术费1085.5元；（5）被告向二原告赔偿其他财产损失600.91元；（6）被告向石某赔偿石某最低工资11560元；（7）被告向石某赔偿2014年2月8日至5月8日、2015年6月6日至10月8日的住院伙食补助费，按照每日100元的标准计算7个月；（8）被告向二原告赔偿精神损害抚慰金8万元（其中殷某某100元、石某79900元）。

被告北京东方博大医院辩称：石某和父母一起到我院计划生育门诊就诊。石某父母告诉医生，石某未婚，患有精神病，要求医生为石某做“人流”及“上环”。手术知情同意书由石某父亲代签，手术全程石某没有反对。我方没有过错，不应承担侵权责任。

法院经审理查明：2012年10月30日，二原告在北京市石景山区民政局办理了结婚登记。2012年至2014年，石某多次在安定医院进行门诊、住院治疗，诊断为“精神分裂症”。2015年，在北京市昌平区中西医结合医院住院，诊断载“癫病、偏执型精神分裂症”。2013 年 12 月 21 日，石某在被告行“放置宫内节育器、负压吸引术”。门诊病历载：“主诉：停经 54 天，要求终止妊娠 + 上环；婚史：未婚；既往史：精神疾病史，曾服用镇静药；诊断：早期妊娠，精神疾病?”术前，被告为石某进行了各项检查项目。上述两项手术知情同意书中患者签字部分载“石某”，当事人均认可该名字由石某父亲石某某代其签署；家属签字为“石某某”。另，殷某某另提交石某在北京四季青医院 2013 年 12 月 26 日的门诊病历，载“左腕皮肤裂伤”，主张系因被告的侵权行为导致。2014 年 7 月 31 日，法庭谈话中，双方当事人均不申请就石某在被告诊疗时是否具有民事行为能力及本案中是否具有诉讼行为能力进行鉴定，本院依职权指定北京法大法庭科学技术鉴定所进行鉴定。后殷某某向本院主张认为石某是正常人，不是精神病患者，不是限制民事行为能力人，并多次拒绝进行鉴定。经多次庭审与谈话，石某无法对诉讼相关事宜清晰表达其意思。另，殷某某对于石某是否具有行为能力作出多次矛盾的表述。

【裁判结果】

北京市朝阳区人民法院于 2017 年 12 月 30 日作出（2014）朝民初字第 07701 号民事判决：一、被告于本判决生效之日起 7 日内向原告石某、殷某某书面赔礼道歉，致歉内容由本院审定，如拒绝履行，本院将在北京市发行的报纸上刊登本判决书主要内容，费用由被告北京东方博大医院负担；二、被告于本判决生效之日起 7 日内赔偿原告石某医疗费 500 元；三、被告于本判决生效之日起 7 日内赔偿原告石某精神损害抚慰金 3 万元；四、被告于本判决生效之日起 7 日内赔偿原告殷某某精神损害抚慰金 100 元；五、驳回原告石某、殷某某的其他诉讼请求。宣判后，当事人未提起上诉，本案一审判决已经发生法律效力。

【裁判理由】

法院生效判决认为：

一、石某在本案中是否具有诉讼行为能力

本案中，因石某有相关精神病诊断，但其未经人民法院宣告为无民事行为能力人或限制民事行为能力人，本案中亦无利害关系人申请宣告其为无民事行

为能力人或限制民事行为能力人，故首先应确定石某在本案中是否具备诉讼行为能力。在本案中，经法院多次释明，以石某法定代理人身份参加诉讼的殷某某均表示不予配合鉴定，导致本案无法通过司法鉴定认定石某的诉讼行为能力。

《最高人民法院关于贯彻执行〈中华人民共和国民法通则〉若干问题的意见（试行）》第7条规定："当事人是否患有精神病，人民法院应当根据司法精神病学鉴定或者参照医院的诊断、鉴定确认。在不具备诊断、鉴定条件的情况下，也可以参照群众公认的当事人的精神状态认定，但应以利害关系人没有异议为限。"结合《民法通则》中对于无民事行为能力或者限制民事行为能力的成年人表述为"无民事行为能力或者限制民事行为能力的精神病人"，故本院认为，考虑本案的实际情况，本院可以参照上述《最高人民法院关于贯彻执行〈中华人民共和国民法通则〉若干问题的意见（试行）》第7条的规定，就石某的诉讼行为能力进行认定。首先，在本案诉讼前、诉讼期间，石某均有明确的精神分裂症诊断并进行住院诊疗，至今并无治愈的相关诊断。第二，从石某到庭谈话及本院赴其居住地现场开庭的情况来看，围绕本案相关事实、诉讼权利义务等，石某显然不能作出清晰完整的意思表示，不能独立开展诉讼活动。故，综合上述情况，本院认定石某在本案中无诉讼行为能力。虽然殷某某在法庭辩论终结前坚持认为石某具有诉讼行为能力，但是，综观殷某某在本案诉讼过程中，其多次出现相互矛盾的主张。民事诉讼应遵循诚实信用原则，殷某某作为石某的丈夫，长期与石某共同生活，对石某的精神疾病的诊疗过程及石某的实际生活状态是明知的，故本院认为殷某某在本案中就石某诉讼行为能力的主张，不能构成有效的异议。

二、石某在被告诊疗时是否具有民事行为能力，被告对石某的诊疗行为是否具有过错或违反法律规定

当事人的主要争议在于被告是否未征得石某同意即进行了上述手术。首先，根据病历记载及被告在庭审中的陈述，石某很有可能不具备相应的民事行为能力。在此情况下，被告应进一步就石某是否有行为能力进行审查。第二，无民事行为能力人及限制民事行为能力人应由其监护人代为行使相关民事权利。石某进行诊疗时已经成年，按照当时的法律规定，石某的父母并非其当然的监护人。第三，即使石某未经法定程序被认定为无民事行为能力人或限制行为能力人，未经法定程序被指定监护人，但由于石某患有精神疾病，要实施的手术为终止妊娠及节育手术，涉及女性的生育权利甚至其胎儿父亲的生育权

利，此时应当考虑配偶在生育问题上的相关意愿。若就诊者主张其为未婚，院方应进行一定的审查，就审查的限度，本院认为应要求就诊者提供其户籍所在地婚姻登记部门出具的未婚证明较为合理。被告仅凭未确认是否为石某合法监护人的父母的陈述即认定石某为未婚，即让石某父亲代为签字，违反了说明告知义务。

三、若被告的诊疗行为具有过错或违反法律规定，二原告主张的石某的损害后果是否合理

就石某的自杀行为，仅凭北京四季青医院的“左腕皮肤裂伤”诊断，并不能证明石某实施了自杀行为。就石某的生育权，本院认为，被告违反法定的说明告知义务为石某实施了终止妊娠及节育的手术，侵犯了石某选择生育子女或不生育子女的权利，应就此承担侵权责任。

四、殷某某是否为本案适格原告及其主张的损害后果是否合理

侵权责任的请求权主体，当为因侵权行为遭受损害的主体，并不仅限于侵权行为直接作用的主体，故殷某某是否为本案适格原告，需要考察殷某某是否因被告对石某的诊疗行为而受到损害。根据殷某某的主张，即殷某某是否受到了生育权的侵害。

虽然我国法律没有明确规定男性的生育权利，但多部法律规定了夫妻双方有依法实行计划生育的义务。应认定男性亦依法享有生育权利，并当然包括选择生育或选择不生育的权利。若因侵权行为导致其丧失选择生育或不生育子女的机会，应当成为被侵权主体，故殷某某应为本案适格原告。被告违反说明告知义务，在未合法获得石某的同意即为其实施了终止妊娠及节育手术，石某的配偶殷某某也因该行为丧失该次生育子女的机会，故应认定被告的行为侵害了殷某某的生育权，殷某某就此主张精神损害抚慰金，本院予以支持。

【案例注解】

本案的审理涉及几个焦点问题：第一是精神病女性的生育权保护问题；第二是男性生育权的保护问题；第三是诉讼行为能力认定的程序问题。

一、生育权的基本内涵探究

生育原本是人类基于本能而进行的性活动的自然结果，本不构成一项权利。在人类进入一定规模的社群生活后，出于生产发展需要，社群成员管理的需要，逐渐形成基于家庭关系的生育制度，在此阶段，生育是一项义务。进入工业文明后，社会经济发展对于人口数量的依赖程度降低，加之医疗技术的发展，人们进入可以选择是否生育的时代，生育才真正可称成为人的一项权利。故生育作为一项权利，是人类社会发展到一定历史阶段的产物。

（一）生育权的性质

对于生育权的性质，有基本人权说、身份权说、人格权说等观点。基本人权说观点认为，生育权作为广义的宪法权利，和人权一样，都是应然权利，而不是制度构建。①

身份权说认为，生育权属于夫妻身份权范畴，生育权只能基于丈夫和妻子的特定身份在合法婚姻中产生，实际上是一种配偶权。还有的认为，只有怀孕的女性身份才能享有生育权，不论怀孕的事实是基于侵权还是基于自愿，因为只有存在生育基础才能产生生育权。②

笔者认为，生育权属于人的基本权利，其属于宪法权利。从我国法律规定来看，《宪法》第四十九条第二款规定：“夫妻双方有实行计划生育的义务。”从权利义务的对等性原则来看，此条规范应视为生育权被确认为宪法性权利的依据。此外，《妇女权益保障法》第五十一条第一款规定：“妇女有按照国家有关规定生育子女的权利，也有不生育的自由。”另，《人口与计划生育法》第十七条规定：“公民有生育的权利，也有依法实行计划生育的义务，夫妻双方在实行计划生育中负有共同的责任。”上述规范被视为自然人享有生育权的法律依据。

此外，从权利保护的角度来讲，生育权又属于民事权利、人身权利，且是人格权，而非身份权。理由如下：人格权是民事主体专属享有，以人格利益为客体，为维护民事主体独立人格所必备的固有民事权利。③ 人格权的客体为人格利益，有学者认为其包含人身完整、人格尊严、人格自由等内容④，有学者认为其包含人格平等、人格尊严、人身自由等内容。⑤ 而生育权的核心是生育自由，即权利主体自主决定生育与否、子女人数和子女间隔。这种自由表现为权利主体按照自己的意志为生育行为而不受他人约束的状态，这显然是一种人

---

① 周叶中：《宪法》，法律出版社2006年版，第160页。

② 阳平、杜强强：《生育权之概念分析》，载《法律适用》2003年第10期。

③ 杨立新：《人格权法》，法律出版社2011年版，第64页。

④ 马俊驹：《人格和人格理论讲稿》，法律出版社2009年版，第5~6页。

⑤ 王利明：《人格权法研究》，中国人民大学出版社2012年版，第12页。

格利益——权利主体对生育行为自我决定的人格利益。[①] 并且，生育权的存在不以特定身份关系为前提。基于人格权的属性，生育权还是一种绝对权、支配权，权利主体可在法律规定的范围内自由支配其生育权利，不受任何主体包括配偶的侵犯。

（二）生育权的内容

从生育权的内容来看，应包括以下方面：第一，生育决定权，即权利主体在履行计划生育法定义务的前提下，对于是否生育、生育伙伴、生育时间、生育数量、生育方式以及采取节育措施的权利；第二，生育保障权，包括健康保障权，即生育主体保障自己的健康和保持生育能力的权利，他人不得侵犯；生活保障权，即生育主体有获得特定生活保障的权利，如孕产期、哺乳期享有劳动保护、医疗、休假、社会保险等权利，以及对男方离婚诉权的限制。[②]

（三）生育权的主体

结合生育权的自然特点，积极的生育权即实现生育目的，需要两性共同行使生育权利；[③] 而消极的生育权，即不生育的权利行使，则可能出现两性尤其是夫妻之间意思不一致而带来的夫妻生育权保护冲突的问题。正基于此，对于生育权主体的观点争鸣，主要围绕权利冲突下的价值判断：

一是女性主体说。持这一观点的学者认为，女性是真正生育权利的享有者，因“权利本身不允许任何支配他人的身体的权利存在（除非自卫），男性的生育权在理论上是不存在的”。[④] 这一观点强调了女性在生育活动中的绝对优势地位，意图避免以“生育平等”等观念苛以女性违背自由意志的生育义务，但这一观点机械地理解了生育权的权利特点，与现实法律规定也有不符之处。

二是公民主体说。持该观点主要即依据生育权是赋予自然人的一项基本人权，权利主体是自然人，男性当然地享有生育权。公民主体说又可以分为“平等说”和“女性优先说”。

“平等说”的观点认为，生育权是公民的一项基本人权，男性与女性应平等享有。我国现行生育权立法与司法中存在性别歧视，男性生育权的权利内容

① 马强：《论生育权——以侵害生育权的民法保护为中心》，载《政治与法律》2013 年第 6 期。

② 苗玉刚：《中国生育权制度研究》，广西师范大学 2015 年硕士论文。

③ 一方有生育意愿而另一方无生育意愿而生育的情形，因与本案例关联性较低，在此不做详述。

④ 周鸿燕：《论女性作为生育权的主体》，载《华南师范大学学报（社会科学版）》2003 年第 6 期。

受到诸多限制，男性生育权的实现依赖于女性生育权。男性的积极生育权与女性的消极生育权的冲突需要协调。处于强势地位的婚内女性生育权需要法律加以适当制衡，以便男性生育权能有效实现。“男性生育权不是女性生育权的附属物，不能因为男性与女性在性别和生理功能上的自然差异和生育过程中所起作用的不同就认为男性的生育权应服从于相对方的女性权利人。”① “女性优先说”的观点认为，生育权不能强制实现，在生育与不生育的意思冲突之间，不生育的意愿总是优于生育的意愿。而由于生育行为的自然特点，导致女性在生育权行使上有着天然的优势。

三是共同权利说。该观点认为，生育需要男女双方共同完成，生育权是双方共同享有的权利。同时，法律规定“夫妻双方都有实行计划生育的义务”，证明生育权有共同性。

对于男性和女性，特别是夫妻双方之间生育冲突的问题，一直是理论和司法实践的争议焦点。因本案例并未涉及夫妻之间生育权冲突问题，这里不予赘述。如上文所述，我国法律虽未明确将男性生育权列为权利种类之一，但《宪法》《人口与计划生育法》《妇女权益保障法》均规定了夫妻双方有依法实行计划生育的义务；《最高人民法院关于适用〈中华人民共和国婚姻法〉若干问题的解释（三）》第九条规定：“夫以妻擅自中止妊娠侵犯其生育权为由请求损害赔偿的，人民法院不予支持；夫妻双方因是否生育发生纠纷，致使感情确已破裂，一方请求离婚的，人民法院经调解无效，应依照婚姻法第三十二条第三款第（五）项的规定处理。”该条规定确认了妻子有单方面决定是否终止妊娠的绝对权利，否认了丈夫以损害赔偿的形式作为生育权受到损害的救济，只能以离婚的形式作为生育权的救济手段，事实上从侧面进一步肯定了男性具有生育权，可以成为生育权的主体。

二、对民事行为能力受限主体的生育权侵害研究

（一）生育权外部侵权的主要类型

如前所述，生育权系男女双方共同享有的权利，对生育权的侵害，除夫妻双方内部因生育意志不同导致的内部侵权外，因第三人侵害亦可能导致对生育权的侵害。第三人侵害生育权的具体内容，既包括侵害生育自由权也包括侵害生育保障权，多发于医疗纠纷中：一是错误出生（或称缺陷出生），是指因医生的过失未能发现胎儿存在畸形或其他残疾，致使有缺陷的婴儿出生；二是不

① 苏海健：《论两性生育权的平等》，载《菏泽学院学报》2005年第6期。

当妊娠，指由于医生的过失，致使绝育手术失败、开避孕药处方不当或者提供错误的避孕建议，导致不愿意生育孩子的母亲意外受孕；三是侵害生育健康，比如因事故、暴力行为造成他人生殖能力或生育过程损伤，甚至导致丧失生育能力。[①] 本案因主体情况较为特殊，属于不当终止妊娠及节育的侵权纠纷，本质上也是对生育自由侵害的争议。此外，从对外关系上，生育权是夫妻共同享有的一项权利。故虽然女性的配偶并非医疗行为的对象，但依然应肯定其可以成为医疗行为侵害生育权的对象。

（二）不当终止妊娠侵权的归责原则及构成要件

在消极的生育权能行使上，法律确认了女性独立行使权利的自由，则妊娠期女性有权自行决定终止妊娠。这里的前提是，终止妊娠或节育必须是女性独立、真实、清晰的意思表示。而当其他人在女性并非独立、真实地表达上述意思即进行了终止妊娠、节育的干预行为，则构成不当终止妊娠、不当节育的侵权责任。

具体到医疗机构侵权的情形中，主要是指女性在未作出或未清晰作出终止妊娠或节育的意思表示时，医疗机构即进行了相关医疗措施。从日常生活经验来看，医院不可能违背本人意愿而进行上述措施，但在以下情形下确可能构成：一是女性的意思表示能力受限而医院未就其意思表示作充分审查；二是女性未作该意思表示，但进行其他诊疗行为过程中过错导致终止妊娠。因女性是否作出独立、真实、清晰的意思表示，需要医疗机构进行说明、告知为前提，实际发生纠纷后，适用的主要法律规范为《侵权责任法》第五十四条“患者在诊疗活动中受到损害，医疗机构及其医务人员有过错的，由医疗机构承担赔偿责任”，以及第五十五条“医务人员在诊疗活动中应当向患者说明病情和医疗措施。需要实施手术、特殊检查、特殊治疗的，医务人员应当及时向患者说明医疗风险、替代医疗方案等情况，并取得其书面同意；不宜向患者说明的，应当向患者的近亲属说明，并取得其书面同意。医务人员未尽到前款义务，造成患者损害的，医疗机构应当承担赔偿责任”的规定。

《侵权责任法》第五十四条确立了医疗损害责任纠纷适用一般的过错责任原则。第五十五条规定了医疗机构的说明告知义务，并特别规定了在手术、特殊检查、特殊治疗等情形下，需要取得患者书面同意。对于本条规范的归责原则，理论上存在争议。笔者认为，第五十五条依然是在一般的过错责任原则下，列举了说明告知义务这一具体义务内容，而违反这一义务即构成过错，造

① 马强：《论生育权——以侵害生育权的民法保护为中心》，载《政治与法律》2013 年第 6 期。

成患者损害的应该承担赔偿责任，故本条依然是过错责任原则。因此，违反说明告知义务的医疗侵权责任的构成要件，依然是患者存在损害后果，医疗机构存在过错（违反说明告知义务），医疗机构的过错与患者的损害具有因果关系，医疗机构的行为具有违法性。

（三）精神病女性终止妊娠的合法程序

从医疗技术角度来看，终止妊娠及节育手术属于手术治疗，应取得患者的书面同意，具体表现为由患者签署《手术知情同意书》。从手术内容来讲，并非复杂疑难手术，告知内容也不易事后引起歧义，故实践中因说明告知不当导致不当终止妊娠的纠纷案例较少。但是，本案的特殊性在于，精神病女性很有可能为无民事行为能力或限制民事行为能力人，在终止妊娠问题上不具有相应的意思表示能力，需要通过其监护人行使权利。需要指出的是，对于精神病女性终止妊娠的相应程序，法律规定较为缺位。

因行为能力受限的女性无法作出相应的意思表示，故按照法律规定，医疗机构的说明告知义务应向其监护人告知。根据当时实施的《民法通则》第十八条的规定，监护人应当履行监护职责，保护被监护人的人身、财产及其他合法权益。而在此特殊情形下，会涉及多个价值选择的冲突及优先问题。一方面，女性的生育权应受保护，精神病女性亦无例外；另一方面，患有特定精神病的女性生育确实不利于女性及子女健康，及时终止妊娠是有利于该女性的选择。但具有监护资格的人中恰有可能与其消极生育权产生冲突的配偶，此时，医疗机构应如何履行说明告知义务，向谁履行说明告知义务，难以判断。同时，在程序上，可能涉及宣告行为能力程序、指定监护人程序等，如果对非法律专业的医方苛以过重的审查义务，反而有违精神病女性的利益最大化原则。本案的背景情况则是，石某的父母一直不同意石某与殷某某的婚姻，在石某怀孕后，考虑到石某的身体状况确实不适合生育，在未告知石某配偶的情形下，带石某去被告处进行终止妊娠及节育手术，并且如实告知了被告石某为精神病人的情况。石某的父母完全是出于有利于石某健康的角度带石某实施手术，对于石某父母来讲，被告医院其实是做了“好事”。此外，在石某实施了上述手术、殷某某知晓后，殷某某曾带石某到北京某三甲医院申请取环手术，但由于石某患有精神病，该医院拒绝实施手术；殷某某后带石某赴某私立医院进行了取环手术，可见由于规范的缺失，医疗机构在实践中对于精神病女性生育相关诊疗的程序把握也不一致。

对此，笔者认为，综合女性保护价值取向、法律规范，应就为精神病女性终止妊娠及节育措施的告知程序作如下考虑：

第一，说明告知对象的确认，遵循依法、合理、周延原则。因精神病患者并非当然的无民事行为能力或限制民事行为能力人，故首先应确认其是否被宣告为无民事行为能力人或限制民事行为能力人，且行为能力的宣告仅能依据法院判决。若精神病女性已经被宣告为无民事行为能力或限制民事行为能力人，则应进一步审查其监护人情况。本案发生时，按照《民法通则》的规定，监护人应经法定程序予以指定，应向指定的监护人履行说明告知义务。而本案中，石某父母并非其当然的监护人，被告让其父母签署知情同意书的行为，显然违反告知程序。如按照现行《民法总则》的规定，配偶是其当然的监护人，医疗机构应向其配偶履行说明告知义务，由配偶予以确认。配偶之外的其他个人、组织主张对精神病女性有监护权的，应出具被监护人住所地的居民委员会、村民委员会或者民政部门或者人民法院指定其为监护人的证明文件。

第二，说明告知的内容，应遵循全面、谨慎、充分的原则。在疑似患有精神病、意思能力受限的女性申请有关终止妊娠、节育类手术，医疗机构应对女性进行详细的询问、告知，并保存询问告知的证据，结合其精神病诊断，确认女性是否有实施相关手术的判断能力和清晰的意思表示；询问内容应同时包括女性是否因精神病被宣告为无民事行为能力或限制民事行为能力人，是否有监护人；询问时应有其配偶同时在场确认（没有配偶的，可要求其法定的其他有监护资格的人在场）。因患有精神病并非法定当然属于无民事行为能力或限制民事行为能力人，若女性确对终止妊娠、节育的手术目的、动机、内容、效果有清晰的了解和明确的判断，则可以认定在此项手术上女性有意思表示能力，机械地要求其必须进行鉴定或诉讼程序，不利于对精神病女性的权利保护。

特别需要指出的是，基于对女性配偶生育权保护的考虑，对于精神病女性或其陪同人员主张其为未婚，没有配偶的，不能仅以单方陈述为准，应出具精神病女性户籍地婚姻登记机关的无婚姻登记证明。

三、诉讼行为能力认定的合理程序

（一）诉讼行为能力的概念

《民事诉讼法》第五十七条规定："无诉讼行为能力人由他的监护人作为法定代理人代为诉讼。法定代理人之间互相推诿代理责任的，由人民法院指定其中一人代为诉讼。"但是，对于民事诉讼行为能力的概念、有无民事诉讼行为能力的标准，我国《民事诉讼法》并没有规定。比照《民法总则》中关于自然人民事行为能力的规定，民事行为能力以健康和精神状况、能否辨认自己行为为标准，则诉讼行为能力应是当事人可以亲自实施诉讼行为，并通过自己的行为，行使民事诉讼权利、承担民事诉讼义务的诉讼法上的资格。

从现有法律规定来看，自然人的民事行为能力采用“三分法”，即无民事行为能力、限制民事行为能力、完全民事行为能力，但诉讼行为能力采用“二分法”，即仅有有诉讼能力和无诉讼能力之分。比较诉讼行为能力和民事行为能力的主要内容，因诉讼行为涉及更为专业的判断内容，具有诉讼行为能力的标准应高于行为能力。但由于规范的缺乏以及划分方式的不同，实践中，对于部分主体，尤其是成年的限制民事行为能力人是否具有诉讼行为能力，容易产生争议。

（二）诉讼行为能力认定的程序

我国《民事诉讼法》规定了自然人宣告无民事行为能力或限制民事行为能力的程序，但就诉讼行为能力的认定没有规定。司法实践中，自然人诉讼行为能力的认定主要遵循如下原则：

一是在当事人已经经过行为能力宣告程序的情形下，对于无民事行为能力人，当然认定为不具备诉讼行为能力；限制民事行为能力人，一般情况下也认定为不具备诉讼行为能力。

二是在当事人未经行为能力宣告程序，在诉讼中经法院审查或其他当事人、利害关系人提出，认为当事人不具备诉讼行为能力或民事行为能力欠缺的，法院应释明当事人的利害关系人可依据《最高人民法院关于适用〈中华人民共和国民事诉讼法〉的解释》第三百四十九条的规定，提出宣告该当事人为无民事行为能力或限制民事行为能力的申请，原诉讼中止。

三是当事人未经行为能力宣告程序，在诉讼中经法院审查或其他当事人、利害关系人提出，认为当事人不具备诉讼行为能力或民事行为能力欠缺的，经法院释明，相关人员也不提起宣告程序的，由于当事人的诉讼行为能力涉及诉讼主体资格这一重要程序事项，法院可依申请或依职权委托进行诉讼行为能力司法鉴定。

从鉴定标准来看，诉讼行为能力鉴定主要参照司法精神病鉴定的相关标准，并围绕诉讼地位、涉诉事项、诉讼要求、联系代理、商讨诉讼、提交证据、法庭陈述、法庭辩论、调解处置、社会功能、自知力、裁决应对、判决执行、情绪控制等因子进行判断。①

---

① 孙会艳、蔡伟雄：《民事诉讼行为能力评定量表信度与效度检验》，载《中国神经精神疾病杂志》2014 年第 5 期。

（三）特殊情形下诉讼行为能力的认定程序

诉讼行为能力鉴定解决了当事人诉讼行为能力争议下诉讼资格的认定难点，但是实践中也存在突出问题。由于诉讼行为能力鉴定依附于普通民事诉讼中，鉴定意见效力一般认为仅局限于争议案件或有限的时间段内，其效力远不如民事行为能力的宣告判决的效力，故除非在诉讼中对相关当事人权利有重要影响，相关当事人缺乏提起的动力。而当事人的诉讼行为能力又是法院必须查明的程序事项，故在无申请人申请、法院依职权进行鉴定的情形下，鉴定费用的负担、当事人的配合就成了司法实践中的突出问题。

本案即因石某及殷某某的不予配合，亦不申请宣告无民事行为能力或限制民事行为能力的特别程序，导致案件久拖不决。但根据石某的诊疗记录、石某本人参加诉讼的实际表现，石某应属于无民事行为能力人。由于诉讼行为能力的认定程序缺乏法律规定，但其与民事行为能力认定又有相通之处，合议庭参考《最高人民法院关于贯彻执行〈中华人民共和国民法通则〉若干问题的意见（试行)》第7条的规定，即“当事人是否患有精神病，人民法院应当根据司法精神病学鉴定或者参照医院的诊断、鉴定确认。在不具备诊断、鉴定条件的情况下，也可以参照群众公认的当事人的精神状态认定，但应以利害关系人没有异议为限”。虽然该规定系认定当事人是否有精神病的特殊程序，但《民法通则》中第十七条，对于无民事行为能力或者限制民事行为能力的成年人即表述为“无民事行为能力或者限制民事行为能力的精神病人”，故该精神疾病的判断标准，实质上可以理解为当事人行为能力的判断标准。因此，合议庭认为，考虑本案的实际情况，本院可以参照上述《最高人民法院关于贯彻执行〈中华人民共和国民法通则〉若干问题的意见（试行)》第7条的规定，认定石某的行为能力。因本案并非民事行为能力的宣告程序，故仅认定其诉讼行为能力即可。最终，合议庭根据石某的诊疗记录、与石某本人的谈话、殷某某的陈述及与石某共同生活的其他人的陈述等因素，参照上述规范，以群众公认的当事人的精神状态，对石某的诉讼行为能力进行了认定，并且对“利害关系人无异议”作出了符合客观情况的解释，即殷某某对于石某是否具有诉讼行为能力有着多次矛盾的陈述，自我矛盾的陈述不能构成有效的异议。这一认定方式一定程度上解决了司法实践中当事人明显不具备诉讼行为能力的情况下，由于鉴定条件或不配合鉴定的情形，导致案件久拖不决的问题。在确定石某不具备行为能力后，为其确定法定代理人时，考虑到其配偶同为本案当事人及生育权受侵害者，且其父母系可能的侵权人之一，与本案石某诉求存在冲突可能性，故指定殷某某作为石某在本案中的法定代理人较为适宜。

本案涉及精神病女性及配偶生育权、医疗机构在特殊情形下的说明告知义务、诉讼行为能力认定的特殊方式等诸多新类型问题，在法律规范相对缺失的情况下创设了相关同类型问题的处理原则，达到了较好的法律效果。案件审结后，当事人均未提起上诉，并在本案承办人见证下，原告放弃了部分诉讼请求的执行，被告主动履行赔偿义务，达到了较好的社会效果。

（**一审法院合议庭成员**　孙铭溪　邢海燕　常振海
编写人　北京市朝阳区人民法院　孙铭溪
责任编辑　杨　奕
审稿人　曹守晔）

李鑫、周秀娥与沈晓勤、庞粉清等执行异议之诉案

——名为房屋买卖实为以物抵债不能以物权期待权排除强制执行

关键词：民事　案外人执行异议之诉　物权期待权　以物抵债　排除执行

【裁判要旨】

1. 基于当事人意思表示变化的民事法律关系变更直接影响到权利人享有权益的性质。物权期待权相关条款的立法初衷是为了保障人们的居住、生存权益，案外人不能以基于受让债权未届履行期限的以物抵债协议签订购房合同后，享有物权期待权为由排除法院的强制执行。

2. 2012 年《民事诉讼法》修订时将发回重审的事实判断标准中的“认定事实错误”，归为二审裁判“依法改判、撤销或者变更”的一种情形。当一审事实认定和适用法律均有错误而裁判结果无误时，二审应在对相关错误予以纠正后，依照《民事诉讼法》第一百七十条第一款第一项的规定予以维持。

【相关法条】

《中华人民共和国民事诉讼法》第一百七十条第一款第一项　第二审人民法院对上诉案件，经过审理，按照下列情形，分别处理：

（一）原判决、裁定认定事实清楚，适用法律正确的，以判决、裁定方式驳回上诉，维持原判决、裁定；

《最高人民法院关于适用〈中华人民共和国民事诉讼法〉的解释》第三百三十四条　原判决、裁定认定事实或者适用法律虽有瑕疵，但裁判结果正确的，第二审人民法院可以在判决、裁定中纠正瑕疵后，依照民事诉讼法第一百

七十条第一款第一项规定予以维持。

第三百一十二条第一款第二项　对案外人提起的执行异议之诉，人民法院经审理，按照下列情形分别处理：

（二）案外人就执行标的不享有足以排除强制执行的民事权益的，判决驳回诉讼请求。

【案件索引】

一审：浙江省长兴县人民法院（2017）浙0522民初3026号（2018年1月30日）

二审：浙江省湖州市中级人民法院（2018）浙05民终570号（2018年7月16日）

【基本案情】

原告李鑫、周秀娥诉称：长兴县人民法院作出（2017）浙0522执异2号执行裁定书，对原告提出的执行异议裁定驳回。原告认为长兴县泗安镇兴业大厦104号商铺属原告所有，法院应当对此商铺的查封予以解除。理由如下：（1）（2017）浙0522执异2号执行裁定书适用法律错误，不应直接适用“形式审查为原则，实质审查为例外”的原则性规定。原告于2010年签订的《商品房买卖合同》（编号cy09018917）合法有效，已于2010年完成履行金钱给付义务，并在查封前由原告实际占有使用，应适用《最高人民法院关于人民法院办理执行异议和复议案件若干问题规定》（以下简称《异议复议规定》）第二十八条之规定。（2）本案涉及的法律关系应为买卖关系而非担保。（3）《情况确认书》中庞粉清所承担的连带保证责任与本案中所述《商品房买卖合同》为两种法律关系，二者没有任何关系。（4）本案中《商品房买卖合同》的签订系双方当事人真实意思表示。（5）上述观点亦符合最高人民法院关于执行异议之诉的裁判思路。向法院提出如下诉讼请求：（1）执行异议成立；（2）确认泗安镇兴业大厦104号商铺归原告所有；（3）庞粉清、长兴畅宇房地产开发有限公司协助原告办理该商铺产权证；（4）本案诉讼费由三被告承担。

被告庞粉清、长兴畅宇房地产开发有限公司辩称：（1）被告庞粉清主体不适格，庞粉清作为长兴畅宇房地产开发有限公司的法人，其行为属职务行为，不应为本案被告。(2)原、被告之间不存在买卖关系,《商品房买卖合同》非原告本人签字,该合同不成立。(3)双方当事人于2017年7月4日所签《情况确认书》已明确变更法律关系,应适用最新的法律关系。(4)(2017)浙0522执异2号执行裁定书认定事实清楚,适用法律正确,请求驳回原告全部诉讼请求。

被告沈晓勤辩称:被告沈晓勤在申请执行时法院查封涉案房屋时该房屋的产权人是长兴畅宇房地产开发有限公司。不存在其他所有人,故请求法院驳回原告全部诉讼请求。

法院经审理查明:2009年7月6日,一审法院立案执行申请执行人沈晓勤与被执行人长兴畅宇公司民间借贷纠纷执行案件。因长兴畅宇公司未全额履行生效法律文书确定的义务,一审法院于2016年9月28日查封了登记在长兴畅宇公司名下位于长兴县泗安镇兴业路348号的房产。2017年2月27日,案外人李鑫、周秀娥提出执行异议,要求解除对上述房屋的查封。一审法院于2017年4月24日裁定驳回。案外人李鑫、周秀娥不服,纠纷成讼。

2008年5月至12月,案外人卢群超先后出借给庞粉清合计390万元用于长兴畅宇公司建设长兴泗安兴业大厦,由长兴畅宇公司提供连带责任保证。2009年4月18日,卢群超与长兴畅宇公司、庞粉清签订协议,约定:确认截至当日长兴畅宇公司、庞粉清未还本息合计389万元,借款本息转为长兴畅宇公司借款,由庞粉清提供连带责任保证,于2009年6月18日之前偿还本息;长兴畅宇公司自愿以长兴泗安兴业大厦一楼837.63平方米、富民大楼2号楼301室85.17平方米的房屋为该未偿还借款提供抵押担保,约定若借款到期不能归还,上述房产在预售证办出10天内按照卢群超指定户名签订销售合同,以结算抵偿欠款;约定2009年4月18日至签订房产销售合同之日期间借款本金利息按月息2%计算。2009年9月30日,卢群超与长兴畅宇公司、庞粉清另行达成协议,确认本息共计4215030元且不再计算借款利息。2008年5月,卢群超向周秀娥女儿孙娟波借款160万元,后到期未偿还,双方协商以卢群超对长兴畅宇公司、庞粉清的债权抵偿,即以长兴畅宇公司的房产抵债,双方结算后最终以长兴畅宇公司的房产抵偿周秀娥女儿孙娟波1369360元的债权。之后,卢群超将其对长兴畅宇公司和庞粉清共计4215030元的债权进行转让处分,将其中的1369830元转让给李鑫、周秀娥。为确保上述债权的履行,2010年1月31日,李鑫、周秀娥与长兴畅宇公司时任法定代表人庞文清签订了合同编号为cy09018917的《商品房买卖合同》,约定将长兴县泗安镇兴业大厦104号商铺以1369830元出售给二人。同日,长兴畅宇公司、庞粉清以出具抵押收条的形式认可收到李鑫、周秀娥购房款1369830元,并承诺在2010年12

月 30 日前换取正式购房发票。

2009 年 9 月 15 日，长兴县建设局同意长兴畅宇公司开发的泗安富民商住小区与兴业大厦项目推迟至 2011 年 2 月 8 日止。2014 年 1 月 2 日，长兴畅宇公司完成了泗安镇兴业大厦的房屋产权初始登记。李鑫、周秀娥在签订上述《商品房买卖合同》后未获取长兴畅宇公司开具的正式购房发票，也未以诉讼等方式要求长兴畅宇公司、庞粉清履行对案涉房屋的协助登记过户义务。在本案执行过程中，李鑫、周秀娥及长兴畅宇公司和庞粉清的其他债权人重新协议确认了对长兴畅宇公司的债权数额，确认李鑫、周秀娥的债权数额共计 1529830 元，庞粉清同意以自己的全部财产为上述债务提供连带保证责任。李鑫、周秀娥及其他债权人均签字同意由杭州恒丰公司代为清偿庞粉清、长兴畅宇公司的债务并配合杭州恒丰公司办理房屋过户产权登记。

【裁判结果】

浙江省长兴县人民法院于 2018 年 1 月 30 日作出（2017）浙 0522 民初 3026 号民事判决：驳回李鑫、周秀娥的诉讼请求。

宣判后，李鑫、周秀娥不服判决，提起上诉。浙江省湖州市中级人民法院于 2018 年 7 月 16 日作出（2018）浙 05 民终 570 号民事判决：驳回上诉，维持原判。

【裁判理由】

法院生效裁判认为：本案二审的争议焦点在于：（1）案外人李鑫、周秀娥就案涉房屋是否享有足以排除强制执行的实体权利；（2）一审判决认定事实、适用法律和裁判结果是否正确。

1. 关于案外人李鑫、周秀娥就案涉房屋是否享有足以排除强制执行的实体权利问题，即对案涉房屋的强制执行是否正确，李鑫、周秀娥对案涉房屋是否实际享有所有权或物权期待权。

首先，案涉房屋属于应当登记的不动产，按照《物权法》第六条“不动产物权的设立、变更、转让和消灭，应当依照法律规定登记。动产物权的设立和转让，应当依照法律规定交付”，第九条“不动产物权的设立、变更、转让和消灭，经依法登记，发生效力；未经登记，不发生效力，但法律另有规定的除外”以及第十四条“不动产物权的设立、变更、转让和消灭，依照法律规定应当登记的，自记载于不动产登记簿时发生效力”之规定，在办理房屋登记之前，继受取得的法定公示要件尚未达成，因而涉案房屋的物权并未发生变动，李鑫、周秀娥依据其与长兴畅宇公司之间签订的合同仅享有普通债权请求权，而不能直接获得房屋所有权。

其次，本案最初的法律关系是卢群超在2008年对庞粉清享有390万元债权，长兴畅宇公司提供连带责任保证。三方在2009年4月18日重新协议约定由长兴畅宇公司于2009年6月18日之前归还本息合计389万元，庞粉清提供连带责任保证，并约定若借款到期不能归还，双方在约定时间内按照卢群超指定户名签订销售合同以结算抵偿欠款且约定借款本金利息按月息2%计算。卢群超与长兴畅宇公司、庞粉清之间在债务履行期届满前即2009年4月18日达成以物抵债协议且未转让担保物权，本质为担保债权的实现。之后，卢群超将对长兴畅宇公司、庞粉清的债权部分转让给李鑫、周秀娥，二人与长兴畅宇公司签订房屋买卖合同。在房屋买卖合同履行期间，又同意由杭州恒丰公司代为清偿长兴畅宇公司和庞粉清的债务并同意协助配合杭州恒丰公司办理产权登记手续。可知，李鑫、周秀娥与长兴畅宇公司、庞清粉之间实际达成了以消灭金钱债务为目的，以物的交付为实际履行方式的以物抵债关系，李鑫、周秀娥享有的权利与《最高人民法院关于人民法院民事执行中查封、扣押、冻结财产的规定》（以下简称《查封、扣押、冻结规定》）第十七条和《异议复议规定》第二十八条规定的基于买卖而产生的物权期待权具有基础性的区别。因而，基于以物抵债而拟受让不动产的受让人，在完成不动产法定登记之前，该以物抵债协议并不足以形成优先于一般债权的利益，不能据此产生针对交易不动产的物权期待权。

再次，民事法律关系的产生、变更、消灭，除基于法律特别规定，需要通过法律关系参与主体的意思表示一致形成。而民事交易活动过程中，当事人的意思表示发生变化的情况并不鲜见，该意思表示的变化，除为法律特别规定所禁止外，均应予以准许。即使李鑫、周秀娥由最初的以受让卢群超的债权抵购买案涉房屋的购房款，由实现自身债权转化为有购买案涉房屋的意愿，由于之后二人又同意杭州恒丰公司代为清偿债务，其二人的真实意思表示亦已变为了实现自身的债权，该债权并不优先于一般债权。

最后，案外人执行异议之诉的主要目的在于通过诉讼阻却人民法院对执行标的的强制执行。案涉《商品房买卖合同》的订立基于卢群超与长兴畅宇公司、庞粉清之间签订的抵债协议以及卢群超的债权转让，法律关系的实质是以物抵债，目的在于消灭李鑫、周秀娥对长兴畅宇公司、庞粉清的债权而非单纯的房屋买卖。上述合同不能体现双方买卖房屋的真实意思表示，只是债务人履行债务的变通方式，不能引起房屋权属的变动，产生的权利仍未超过债权之维度，并无任何物权化之属性，且案涉房屋并未完成权属登记的变更手续，李鑫、周秀娥享有的债权并不优先于申请执行人沈晓勤的债权，基于保护其他债权人平等受偿的合法权益，不能阻却对案涉房屋的强制执行。

2. 关于一审判决认定事实、适用法律和裁判结果是否正确的问题。李鑫、周秀娥与长兴畅宇公司签订房屋买卖合同的目的是消灭二人受让的卢群超对长兴畅宇公司、庞粉清的债权，双方之间并非单纯的房屋买卖，实质是以物抵债，一审法院认定李鑫、周秀娥与长兴畅宇公司之间属于房屋买卖关系，并适用《异议复议规定》第二十八条、第二十九条的规定作出裁判，在认定事实和适用法律方面存在瑕疵，但一审判决驳回李鑫、周秀娥的诉讼请求结论正确。为了在保护案外人合法权益的同时兼顾申请执行人的利益尽快得到保障，执行异议之诉的审理应尽量做到提高审判效率、加快审判流程并积极防范拖延执行，二审在查清事实的基础上，对一审的事实认定和法律适用予以纠正，对裁判结论予以维持。

【案例注解】

本案的核心问题是案外人李鑫、周秀娥就案涉房屋是否享有足以排除强制执行的实体权利以及在一审判决认定事实、适用法律存在错误，但裁判结果正确的情形下二审如何处理。

一、基于受让债权未届履行期限的以物抵债协议所签购房合同仍属以物抵债性质

以物抵债，也被称为代物清偿，是指当事人之间达成协议，由债权人受领他种给付以替代原定给付，进而使原债权债务关系归于消灭的方式。根据当事人约定以物抵债协议的时间在债务已届清偿期之前或之后，对其效力区分进行分析如下：

1. 债务已届清偿期之后约定的以物抵债协议，以是否已实际履行可分为两种情形：（1）若已履行完毕，例如已办理不动产变更登记或股权转让登记，该代物清偿协议当属有效，若反悔要求确认无效则不予支持，仅在存在《合同法》规定的可变更、可撤销情形或债务人与债权人恶意串通时例外。（2）若仅有合意而未实际履行进行物权转移的，又有要物契约说和诺成合同说两种

观点，前者以实际履行作为协议成立的条件，认为在实际交付之前合同尚未成立，不具有约束力，债权人可依据原债的关系主张权利；后者认为只要达成以物抵债协议，就完成了对债之履行标的的变更或附条件变更，新合同代替了旧合同。若债务人违约，债权人得主张获得代替物来达到实现债权的目的，并要求债务人按照新合同承担违约责任。

2. 债务已届清偿期之前约定的以物抵债协议，依据约定内容不同可分为三种情形：（1）未明确抵债标的所有权直接归债权人所有的，该协议在当事人之间具有法律效力，但不具有对抗其他债权人的效力。（2）明确约定债务人不履行到期债务时抵债物归债权人所有的，有观点认为因协议违反了禁止流押、流质的强制性规定，应为无效；亦有观点认为流押、流质的前提是存在抵押、质押法律关系，而以物抵债协议与抵押、质押无涉，二者区别巨大，合法有效；还有观点认为若用以抵债之物作价公允，即不属于流质条款，有效。（3）明确约定在债务清偿后可以回赎的，与现有《物权法》规定的抵押、质押和留置等法定担保类型，以及优先权、所有权保留等非典型担保类型均有差异，有学者认为属于非典型担保中的让与担保。①

本案李鑫、周秀娥基于对案外人卢群超的受让债权，以及卢群超与长兴畅宇公司、庞粉清签订的未届履行期限的以物抵债协议，与长兴畅宇公司、庞粉清签订房屋买卖合同，是以签订不动产买卖合同并以案涉房屋作为履行债权担保标的，并约定在未来条件成就后转让所有权但实际上并未履行的非典型性的后让与担保，② 李鑫、周秀娥与长兴畅宇公司、庞粉清双方合意的目的是对抗交易风险、确保债权安全，当事人之间的法律关系并非纯粹的买卖合同之债，而是债权担保的以物抵债关系。且后期李鑫、周秀娥又同意由杭州恒丰公司代为清偿债务和同意协助对方办理产权登记手续也证实了这一点。

二、不动产物权期待权的适用范围应予限缩

考虑我国现行房地产开发、登记制度不完善导致部分买受人取得法律意义上不动产所有权往往很长时间滞后于债权合意成立的状况，以及保障买受人对

① 参见袁士增、马艳华：《后让与担保权人不能直接以物抵债》，载《人民司法（案例）》2014年第16期。

② 转引自杨立新：《后让与担保：一个正在形成的习惯法担保物权》，载《中国法学》2013年第3期。

房屋的登记或者交付请求权一定程度上优先于其他普通债权人之生存利益考量和增强人民群众对法律公平的信心，部分司法解释条文基于物权期待权保护理论在执行等程序中对不动产受让人进行了优先保护。现有法律并无直接表述“物权期待权”的条文，仅部分针对《异议复议规定》第二十八至第三十条的解读文章使用了这一概念，并区分受让主体将其分为无过错不动产买受人物权期待权（一般简称为买受人物权期待权）、房屋消费者物权期待权和预告登记权利人物权期待权三种。[①] 本案虽签订的为《商品房买卖合同》，但由于购买的是商铺而非用于居住的商品房，其实并无适用《异议复议规定》第二十九条房屋消费者物权期待权之空间。同时，当事人之间的法律关系并非纯粹的买卖合同之债，而是以物抵债关系，李鑫、周秀娥对于案涉房屋仅具有抵债标的物的登记请求权和物的交付请求权。另外，要对买受人物权期待权进行保护实际上隐含的理念为物之交付的债权优先于金钱债权，而抵债协议的目的是消灭金钱债，不应优先于另外一个金钱债权的实现。故本案中李鑫、周秀娥享有的权利与基于买卖而产生的物权期待权仍存有一定的基础性区别。考虑执行异议之诉在保障案外人正当权益的同时，也应考虑各方主体权益的利益衡平，以及兼顾维护生效裁判的既判力和执行力，应合理设定当事人诉讼负担之间的动态平衡，避免“厚此薄彼”，因此，不动产物权期待权的适用范围应予以一定限缩，暂时并不将抵债受让人列入物权期待权保护范围。

三、本案是否属于案外人享有相关权益而排除执行的情形

如上文所述，本案不属于案外人基于物权期待权而排除执行的情形。另外，根据“物权法定”原则和《物权法》第六条、第九条和第十四条等相关法条规定，在办理房屋登记之前，继受取得的法定公示要件尚未达成，因而涉案房屋的物权并未发生变动，李鑫、周秀娥依据其与长兴畅宇公司之间签订的合同仅享有普通的债权请求权，不能直接获得房屋所有权。总之，李鑫、周秀娥针对案涉房屋仅享有债权请求权，相较沈晓勤的一般债权，并不具有优先效力，故其二人请求排除执行的诉请在实体上应予以驳回。

---

① 刘贵祥、范向阳：《〈关于人民法院办理执行异议和复议案件若干问题的规定〉的理解与适用》，载《人民司法》2015年第11期。

四、在一审认定事实和适用法律均有错误但裁判结果正确时二审应以维持为宜

尽管执行异议之诉中，法院在审理不动产一般买受人权利能否排除执行的具体规则在适用法律方面做法不一，但也基本遵循与执行程序司法解释相似的思路进行审理。在实际裁判规则中，亦可运用执行程序司法解释如《异议复议规定》和《查封、扣押、冻结规定》相关法条的基本精神进行审理。一审判决认定李鑫、周秀娥与长兴畅宇公司之间属于房屋买卖关系，并适用《异议复议规定》第二十八条、第二十九条的规定作出裁判，在认定事实和适用法律方面均存在错误，但一审判决驳回李鑫、周秀娥的诉讼请求裁判结果正确。

在这种情况下，二审如何裁判，合议庭法官存在不同观点：一种观点认为，一审认定李鑫、周秀娥与长兴畅宇公司、庞粉清之间成立房屋买卖合同关系的事实认定错误，对于当事人之间的关系事实认定不清，且同时适用《异议复议规定》第二十九条驳回李鑫、周秀娥的诉请亦存在适法错误，故应发回重审来保障当事人的审级利益。另一种观点认为，发回重审制度是加强上级法院对下级法院审判监督和业务指导的一项重要程序保障，也是维护司法公正的重要途径。[①] 2012 年《民事诉讼法》修改时已将“认定事实错误”排除在发回重审的法定事由之外，本案二审在已查明案件当事人之间法律关系事实，且一审判决结果正确的情况下，予以发回重审会导致拉长诉讼周期，反而增加当事人的诉累。笔者同意第二种意见，首先，上文所述《民事诉讼法》修改的原理，也即在二审对案件事实已经查明清楚且发现一审判决认定事实方面存在错误的情况下，自行审理予以纠正和作出判决，可以保证法院正确判决，更好地实现对一审的监督功能；其次，发回重审通常被理解为对案件的重新审理，一般给当事人重新指定举证期限，亦可以申请鉴定、变更诉请和再次提出上诉，一定程度上会造成诉讼程序拖沓，提高了司法成本亦降低了效率；再次，采用二审判决“维持原判”就意味着对一审判决全部予以维持观点的人，会更倾向于选择依法改判的结论。选择依法改判的处理方式虽可纠正原裁判的错误，但二审裁判结果实质上与一审完全一样，也与社会公众对“改判”的理解不符。虽然，《民事诉讼法》未作细化规定，但《最高人民法院关于适用

---

① 参见江必新主编：《新民事诉讼法理解适用与实务指南（修订版）》，法律出版社 2015 年版，第 676 ~677 页、第 683 页。

〈中华人民共和国民事诉讼法〉的解释》第三百三十四条明确这种情况可予以维持；最后，2018 年是全国法院“基本解决执行难”的决战之年，协助和保障解决执行难是审判业务庭的本职，尤其在执行异议之诉中，要谨防案外人利用案件救济的形式拖延执行，要加快执行异议之诉的审判流程，提高审判效率，以实现案件执行过程中案外人、申请执行人权益以及执行效率的兼顾衡平。当然，本案中李鑫、周秀娥提起诉讼亦是为了维护自身的债权，并不存在以诉讼形式拖延执行的情形，但由于其二人针对案涉房屋享有的权益并不具有优先效力，故在执行异议之诉中应对二人的诉请予以驳回，其二人可以通过另诉的形式主张实现自己的合法权益。

五、本案的指导意义

本案在一审判决认定事实存在错误情况下，直接查清了案件事实，厘清了当事人之间法律关系的实质为以物抵债关系，并在一审认定事实、适用法律均有错误但裁判结果正确的情况下，考虑提高诉讼效率、平衡当事人之间的合法权益和协助执行部门尽快破解执行难，对一审的裁判结果进行维持，对相似案外人执行异议之诉二审案件的裁判具有指导意义。

（**一审法院合议庭成员** 周　侃　陆亚伟　刘美中
二审法院合议庭成员 程　烨　林型茂　杨　峰
编写人 浙江省湖州市中级人民法院　林型茂　何　姣
责任编辑 杨　奕
审稿人 曹守晔）

罗伯特瓦格纳娱乐有限公司诉吴氏国际文化传媒（北京）有限公司居间合同纠纷案

——诉讼外限制性自认的适用规则

关键词：民事　诉讼外自认　限制性自认　协商和解中自认

【裁判要旨】

自认需发生在案件诉讼过程中，当事人在诉讼外对相关事实的陈述，不符合自认的认定条件，仅具有一般的证据效力，其证明力人民法院可依据证据规则予以确定，另一方当事人仍应当就其主张的事实承担证明责任。

对于附条件或限制的自认，应以不可分性作为自认的基本特征，从整体上加以考量，而非选择性地摘其片言只语作出对自认方不利的断定。诉讼外协商和解过程中的自认，降低了双方在纠纷中的对抗性，在此特殊阶段的自认事实不等同于案件事实本身，不具备承认于己不利事实的证明效力。

【相关法条】

《最高人民法院关于适用〈中华人民共和国民事诉讼法〉的解释》第九十二条第一款　一方当事人在法庭审理中，或者在起诉状、答辩状、代理词等书面材料中，对于己不利的事实明确表示承认的，另一方当事人无需举证证明。

第一百零七条　在诉讼中，当事人为达成调解协议或者和解协议作出妥协而认可的事实，不得在后续的诉讼中作为对其不利的根据，但法律另有规定或者当事人均同意的除外。

《最高人民法院关于民事诉讼证据的若干规定》第八条第一款　诉讼过程

中，一方当事人对另一方当事人陈述的案件事实明确表示承认的，另一方当事人无需举证。但涉及身分关系的案件除外。

【案件索引】

一审：北京市朝阳区人民法院（2016）京0105民初3782号（2017年12月28日）

二审：北京市第三中级人民法院（2018）京03民终6023号（2018年5月28日）

【基本案情】

原告（被上诉人）罗伯特瓦格纳娱乐有限公司（Robert Wagner Entertainment GmbH）（以下简称瓦格纳公司）诉称：因华晨宝马公司策划活动，吴氏传媒公司同意向瓦格纳公司支付居间费用9万欧元，并以邮件、备忘录等形式确认，但始终未实际付款。故起诉至法院，请求判令：（1）吴氏传媒公司支付瓦格纳公司合同报酬719775元（按照2012年6月10日的欧元汇率7.9975，将9万欧元兑换成人民币）；（2）吴氏传媒公司支付瓦格纳公司利息（以719775元为基数，自2012年6月10日起算至法院判决生效之日止，按照中国人民银行同期活期存款利率标准计算）；（3）吴氏传媒公司承担本案全部诉讼费用。

被告（上诉人）吴氏国际文化传媒（北京）有限公司（以下简称吴氏传媒公司）辩称：吴氏传媒公司同意支付9万欧元的前提是双方对2004年至2006年期间关于新年音乐会的未结款项予以结算，并与吴氏传媒公司承诺向瓦格纳公司支付的佣金进行对抵，如瓦格纳公司拒绝上述建议，其无权要求支付佣金9万欧元。且吴氏传媒公司已经实际支付了抵扣后的款项2309.12欧元。

法院经审理查明：2013年3月31日，吴氏传媒公司向瓦格纳公司发送发票一封，主题为公开赔偿最终结算，载有说明两项：第1项，针对“盛大中国新年音乐会”2004—2006巡演，吴氏传媒公司向瓦格纳公司开出瓦格纳公司代收的超额收入的账单，合计87690.88欧元；第2项，针对瓦格纳公司为吴氏传媒公司参与华晨宝马公司所承担的接洽工作，以瓦格纳公司为受益人，吴氏传媒公司向瓦格纳公司支付佣金并认可这笔佣金，本次活动中将排除任何其他佣金，且不予结算，合计9万欧元。付款明细总额2309.12欧元。

2013年4月1日，吴氏传媒公司向瓦格纳公司发送001号备忘录，关于吴氏传媒公司与瓦格纳公司的最终结算，载明：2013年1月14日至16日，中国娱乐公司股东在普拉特林召开会议。会议期间，股东罗伯特·瓦格纳（即瓦格纳公司总经理）与吴氏传媒公司的总经理吴嘉童，就2004年至2006年新年音乐会未结算款项的结算问题进行了讨论。就促成由吴氏传媒公司签约负责在中国组织华晨宝马公司活动，吴氏传媒公司向瓦格纳公司提供9万欧元的佣金（已收到发票），吴氏传媒公司将上述佣金金额与2004—2006新年音乐会费用（计算汇率差，年利率4%、无复利）进行了抵扣，吴氏传媒公司向瓦格纳公司支付的金额为欧元2309.12元。

2013年4月11日至2014年7月16日期间，吴氏传媒公司法定代表人吴嘉童与瓦格纳公司法定代表人罗伯特·瓦格纳就双方公司之间业务结算事宜进行了多次邮件沟通，吴氏传媒公司还向瓦格纳公司提出了011号、012号、013号备忘录。吴嘉童多次表示，吴氏传媒公司向瓦格纳公司支付9万欧元佣金的前提是结清2004—2006年间双方公司关于新年音乐会的未结款项，并与吴氏传媒公司向瓦格纳公司支付的佣金相抵，且折抵后的2309.12欧元已经支付给瓦格纳公司。

在2013年4月10日吴嘉童写给罗伯特·瓦格纳的电子邮件中称："我提供给你可观的佣金，而吴氏策划本无义务如此大方。你期望的是，向罗伯特·瓦格纳娱乐公司支付佣金，而这笔佣金是要与罗伯特·瓦格纳娱乐公司对吴氏策划2004年至2006年的活动欠款的基础上共同计算的，这笔欠款的结账我已经催促很久了。"在吴氏传媒公司向瓦格纳公司发出的011号备忘录中记载："90000.00欧元佣金，是吴氏策划向瓦格纳娱乐公司所提出的，远超出最初讨论的报酬。备忘录#1中，吴先生曾建议，一揽子结算所有决算款项……但应注意的是，这一折中方案是本备忘录所有项目的一整套结算方案，不得在结算时单独挑出或剥离任何项目。"

【裁判结果】

北京市朝阳区人民法院于2017年12月28日作出（2016）京0105民初3782号民事判决：一、吴氏传媒公司于判决生效之日起10日内给付瓦格纳公司项目佣金719775元；二、吴氏传媒公司于判决生效之日起10日内赔偿瓦格纳公司利息损失（以 719775 元为基数，自 2014 年 5 月 26 日起算至实际给付之日止，按照中国人民银行同期活期存款利率标准计算）；三、驳回瓦格纳公司的其他诉讼请求。

宣判后，吴氏传媒公司不服原审判决，提起上诉。北京市第三中级人民法院于 2018 年 5 月 28 日作出（2018）京 03 民终 6023 号民事判决：一、撤销北京市朝阳区人民法院（2016）京 0105 民初 3782 号民事判决。二、驳回罗伯特瓦格纳娱乐有限公司（Robert Wagner Entertainment GmbH）的诉讼请求。

【裁判理由】

法院生效判决认为：首先，吴氏传媒公司向瓦格纳公司发送 001 号备忘录及发票的时间是 2013 年 3 月、4 月间，并未经过诉讼阶段主张或认可，因此，瓦格纳公司据以主张 9 万欧元债权的上述两份文件，不属于吴氏传媒公司在诉讼中的自认，不能适用民事诉讼相关法律法规的自认规则直接确认该欠款事实存在，仅应作为主要证据使用。其次，对于附条件或限制的承认，以不可分性为自认的基本特征，而非选择性地摘其片言只语。当事人的陈述是否属于自认，不能断章取义作出对自认方不利的断定，应当从整体上加以考量。综合吴氏传媒公司发出该备忘录的背景来看，吴氏传媒公司在 001 号备忘录中提出 9 万欧元是以一揽子解决双方所有债权债务为前提得出的数据，并非独立于其他债务单独计算。因此，不能剥离开 87690. 88 欧元债权的问题，单独认定吴氏传媒公司已经对 9 万欧元债务予以承认。最后，双方当事人在诉讼前进行和解协商的过程中作出的承诺可能带有让步妥协性质，尤其是该承诺是以协商双方债权债务相抵销为前提条件的情况下，显然有别于一般情况下单方作出的承诺，不能发生自认的法律效果，不影响协商不成后双方进入诉讼阶段时法院根据证据对案件事实作出认定。现瓦格纳公司主张吴氏传媒公司应当支付 9 万欧元，除上述吴氏传媒公司在协商过程中出具的 001 号备忘录及发票外，并无其他证据能够佐证该欠款事实的存在，亦无证据证明双方就 9 万欧元债务已经达成新的合意。因此，在 001 号备忘录及发票不能发生自认效果的情况下，瓦格纳公司的主张显然缺乏相应证据支持。

【案例注解】

我国《民事诉讼法》规定了自认制度，但由于目前对自认制度的研究尚不完善，法律与司法解释对此规定略为简单原则，导致司法实践中涉及自认的审理颇有难度。本案系一起涉外商事合同纠纷二审改判案件，争议焦点在于吴氏传媒公司向瓦格纳公司发出的001 号备忘录和发票是否构成对9 万欧元债务的自认。涉及民事诉讼法上关于自认规则适用的三个重要问题：一是诉讼外自认能否直接适用民事诉讼法上的自认规则；二是附条件或限制性自认的几种情形区分以及相应的法律适用规则；三是协商和解过程中的自认能否适用自认规则。

一、诉讼外的承认能否直接适用《最高人民法院关于适用〈中华人民共和国民事诉讼法〉的解释》（以下简称《民事诉讼法解释》）第九十二条第一款所规定的自认规则

自认是对于己不利事实的承认。依自认作出的场合可分为诉讼中的自认和诉讼外的自认，两者在证明力上有很大差异。诉讼法学上一般认为诉讼中的自认一经作出，即产生两方面效果：一是对当事人产生拘束力，即当事人一方对另一方主张的对其不利的事实一经作出承认的声明或表示，另一方当事人即无需对该事实举证证明，而且除特定情形外作出自认的当事人也不能撤销或否认其自认；二是对法院产生拘束力，即对于当事人自认的事实，法院在原则上应当予以支持，不能作出与自认的事实相反的认定，无法定情形不能否定自认的效力。在实证法上，《民事诉讼法解释》第九十二条第一款规定：一方当事人在法庭审理中，或者在起诉状、答辩状、代理词等书面材料中，对于己不利的事实明确表示承认的，另一方当事人无需举证证明。《最高人民法院关于民事诉讼证据的若干规定》第八条第一款规定："诉讼过程中，一方当事人对另一方当事人陈述的案件事实明确表示承认的，另一方当事人无需举证。但涉及身分关系的案件除外。"由此可知，自认规则的适用一般需满足以下要件：第一，承认发生在诉讼过程中；第二，承认的对象是对另一方当事人陈述的案件事实；第三，当事人所承认的事实于己不利。

从法理上分析，之所以作出上述规定，主要是"自认可以使当事人免除

证明责任的原因在于自认事实本身的无争议性，而不是自认事实本身的真实性。”① 虽然出于个人趋利避害的天性，当事人在诉讼中陈述的事实一般都对自己有利，若其对不利事实作出自认，则此事实即具有较高的真实性，法院依自认认定该事实亦具有合理性和正当性。但真实性并不是自认效力的唯一依据，其背后的理论基础源于民事诉讼法上的辩论主义。根据辩论主义的基本原理，裁判者所依据的事实必须受当事人主张的约束和限制，即当事人没有主张的事实裁判者不能作为裁判的依据，而双方对事实的一致陈述则能够拘束法院事实认定。② 这一基本命题决定了自认规则的适用范围只能限制在诉讼过程中，一旦需要查明的事实经过严格的诉讼程序被双方当事人所认可，即具备了无争议性，对法院的认定形成拘束力。而对于诉讼外的自认，由于作出承认的时间、背景、场合不同，自认人在作出自认时与诉讼中所处的地位及维护的利益均不相同，缺乏相应法律程序的保障，仅能够具有一般的证据效力，不能直接适用《民事诉讼法解释》第九十二条第一款自认规则卸除对方当事人的举证负担。

本案中，瓦格纳公司要求吴氏传媒公司支付9万欧元，提交的证据是吴氏传媒公司向其发出的001号备忘录和发票。根据该备忘录和发票记所载内容，瓦格纳公司应向吴氏传媒公司支付新年音乐会项目87690.88欧元，吴氏传媒公司应向瓦格纳公司支付宝马项目佣金9万欧元，折抵后，吴氏传媒公司应向瓦格纳公司支付2309.12欧元。对于上述备忘录及发票中所载瓦格纳公司应付给吴氏传媒公司的87690.88欧元，瓦格纳公司不予认可，但主张吴氏传媒公司对欠付瓦格纳公司的9万欧元已在备忘录和发票中自认，应当就此笔费用先行承担给付义务，但瓦格纳公司提起诉讼的时间是2016年，而吴氏传媒公司向瓦格纳公司发送001号备忘录及发票的时间是2013年3月、4月间，并未经过诉讼阶段主张或认可，因此，瓦格纳公司据以主张9万欧元债权的上述两份文件，不属于吴氏传媒公司在诉讼中的自认，不能适用民事诉讼相关法律法规的自认规则直接确认该欠款事实存在，仅应作为主要证据使用。既不排除法院为查清事实要求相关当事人进一步提供证据，也不排除法院根据经验法则或者日常情理、交

---

① 宋朝武：《论民事诉讼中的自认》，载《中国法学》2003年第2期。

② 自认的对象是案件事实，不包括法律法规、经验法则、法律解释和法律问题等。在特定情况下，法院不受当事人自认的限制，而是依据调查核实证据的结果作出处理，包括涉及身份关系、国家利益、公共利益或者他人利益等。

易习惯等作出肯定性或否定性判断。

二、附条件或限制性自认的法律适用规则

目前，各国证据法均以不可分性为自认的基本特征之一，即自认人须以正常、理性人的角度承认对方所言事实，而非选择性地摘其片言只语。因此，判断当事人的陈述是否属于自认，不能断章取义作出对自认方不利的断定，应当从整体上加以考量，基于证据调查及辩论的总体情况对事实作出认定。尤其是相对于完全自认而言，有所附加或者限制的自认情形能否适用自认规则，应根据具体案情作出区分。目前，主要分为三种情形：一是当事人一方在承认对方所主张的事实时，附加独立的攻击或防御方法。对于该情形，应认定限制自认产生自认的法律后果，对于自认方所附加的独立主张并不影响自认部分事实的真实存在，可由自认方按照证明负担的原则进一步举证。例如，原告诉称被告占有其名画不予返还，被告辩称，自己所占有的名画是原告赠与的。被告“名画是由原告赠与”的辩称即是自己附加的独立的攻击或防御方法。二是当事人一方对于他方所主张的事实，承认其中一部分而争执其他部分，借以在诉讼上排除对其不利的证明效果。例如，原告诉称被告曾向其借款 3 万元，而被告只承认借款 1 万元。对于该情形，当事人主张一致的部分可以成立自认，但就该部分事实的自认不得扩及全部事实主张，另一方仍对自认方未自认的部分负有举证责任。三是附条件或限制的承认，即当事人一方对对方当事人陈述的事实予以承认，是建立在一定条件或限制基础之上的。例如，原告起诉被告支付欠款 3 万元，被告表示只要原告同时认可双方债务全部抵销，便承认欠款 3 万元的事实。此时，被告即是附条件的承认。实际上，其对对方当事人的陈述并未承认，仍需对方当事人举证，因此，这种附条件的承认并未起到免除对方当事人举证责任的效力，故不能以自认对待。

本案中，吴氏传媒公司在 001 号备忘录及发票中承认了两个事实：一是吴氏传媒公司欠付瓦格纳公司 9 万欧元，二是瓦格纳公司欠付吴氏传媒公司 87690.88 欧元。瓦格纳公司现主张对上述承认中的第一个事实予以认可，在双方就此欠款数额意见一致的情况下应当先行给付，至于第二个事实在所不问，不应成为吴氏传媒公司支付 9 万欧元的前提条件。而吴氏传媒公司认为这两个事实是打包处理的结果，具有不可分性，不能单独剥离开来分别认定。该争议本质上就涉及限制自认的认定问题。

综合吴氏传媒公司发出该备忘录的背景来看，根据吴氏传媒公司法定代表人吴嘉童于 2013 年 4 月 10 日向瓦格纳公司法定代表人罗伯特发出的邮件记

载："我提供给你可观的佣金，而吴氏策划本无义务如此大方。你期望的是，向罗伯特瓦格纳娱乐公司支付佣金，而这笔佣金是要与罗伯特瓦格纳娱乐公司对吴氏策划2004年至2006年的活动欠款的基础上共同计算的。"在吴氏传媒公司向瓦格纳公司发出的011号备忘录中记载："认可由吴氏策划2001至2003年期间向瓦格纳公司所承担的付款义务没有立即对账，同时也建议在折中方案保留应付瓦格纳公司的9万欧元佣金，但应注意的是，这一折中方案是本备忘录所有项目的一整套结算方案，不得在结算时单独挑出或剥离任何项目。……9万欧元佣金，是吴氏策划向瓦格纳娱乐公司所提出的，远超出最初讨论的报酬。备忘录001中，吴先生曾建议，一揽子结算所有决算款项。因此，他在方案中纳入了自愿支付9万欧元超额佣金。"根据上述情况可以认定，吴氏传媒公司在001号备忘录中提出9万欧元是以一揽子解决双方所有债权债务为前提得出的数据，并非独立于其他债务单独计算。换言之，该9万欧元债务本身的存在基础是瓦格纳公司同时承认欠付吴氏传媒公司87690.88欧元，否则，吴氏传媒公司是不认可该9万欧元债务的。因此，本案属于限制自认的第三类情形，不能剥离开87690.88欧元债权的问题，单独认定吴氏传媒公司已经对9万欧元债务予以承认。

三、诉讼外协商和解过程中对债务的承认能否适用自认规则

案件事实真伪不明时，一方在调解或和解时所作自认既可能是对客观事实的认可，也可能是一种妥协和让步，不能直接产生诉讼中自认的法律效力。因此，《民事诉讼法解释》第一百零七条对此作出规定："在诉讼中，当事人为达成调解协议或者和解协议作出妥协而认可的事实，不得在后续的诉讼中作为对其不利的根据，但法律另有规定或者当事人均同意的除外。"该条旨在保护一方当事人因调解或和解而对案件事实的认可不能对以后的诉讼产生不良影响，鼓励当事人以调解和解等方式解决纠纷。正如台湾地区学者李学灯所言："调解、和解中之让步，不足以构成不利之自认，为促成让步，在法律政策上应予双方让步以最大之自由。该项让步，如果性质在于纯粹求取息讼，达成协议之目的，纵系书面提出者亦然。否则如非为达成协议之目的，而就单纯事实明白为自认者，则又当别论。"① 因此，一般情况下调解中的自认在调解不成转审判的流程中，自认就变成了"非自认"，既不能约束法院，也不能约束自认人，不能免除对方当事人的举证责任，且不能在以后的诉讼中作为对自认人

① 参见李学灯：《证据法比较研究》，台湾地区五南图书出版公司1992年版，第150页。

不利的证据使用。而对于诉讼外协商过程中的自认，与诉讼中自认的原理一致，均降低了双方在纠纷中的对抗性，是双方自愿处分其权利、互谅互让解决矛盾的过程。如果承认和解过程中对事实的认可能够发生自认的效果，必然违反诚实信用原则。因此，在此特殊阶段的自认事实不等同于案件事实本身，不具备承认于己不利事实的证明效力。

本案中，根据上述引用的往来邮件及备忘录内容，吴氏传媒公司在 001 号备忘录中提出 9 万欧元是以一揽子解决所有纠纷为前提的，存在为达成协议而对欠付款项金额作出让步的可能，这均与对 9 万欧元的自认有本质不同。如果仅将 9 万欧元单独提出作为吴氏传媒公司对债务的承认，而不考虑双方协商解决纠纷的背景以及瓦格纳公司存在欠付款项的可能，显然不符合双方通过邮件往来对债务进行协商的本意。

此外，001 号备忘录能否对吴氏传媒公司产生合同拘束力。根据我国《合同法》的相关规定，一方发出要约后，一旦受要约人加以承诺，要约人与受要约人之间的合同订立过程即告结束，发出要约人应受到已经成立的合同约束。如一方发出要约后，另一方在合理期限内未作出承诺，应当视为要约已经失效，此后再对失效的要约作出承诺，不能再产生承诺的效力。本案中，根据 001 号备忘录的内容，吴氏传媒公司通过打包形式对双方各自欠付对方的款项进行抵扣后试图一次性解决所有争议，并将该方案提交瓦格纳公司，因此，001 号备忘录在性质上属于吴氏传媒公司在协商过程中试图达成一致而向瓦格纳公司发出的要约。如瓦格纳公司接受该方案，则双方就此订立合同，均应受到 001 号备忘录内容的约束。但根据现有书面证据及证人证言，在吴氏传媒公司发出 001 号备忘录和发票后，瓦格纳公司并未作出认可的意思表示。此后双方又多次就上述款项通过律师函、邮件、备忘录等方式反复讨论沟通，均未协商一致。因此，001 号备忘录仅是吴氏传媒公司为解决纠纷在协商初期提出的一种方案，在未得到瓦格纳公司认可的情况下，不能对吴氏传媒公司产生法律约束力。现瓦格纳公司仅依据多份备忘录的其中一份所载部分内容主张吴氏传媒公司已经承认 9 万欧元债务并应当承担给付义务，显然与《合同法》的相关规定不符，亦有悖双方和解协商过程中的诚实信用原则，不应予以支持。

综合上述分析，双方当事人在诉讼前进行和解协商的过程中作出的承诺可能带有让步妥协性质，尤其是该承诺是以协商双方债权债务相抵销为前提条件的情况下，显然有别于一般情况下单方作出的承诺，不能发生自认的法律效果，不影响协商不成后双方进入诉讼阶段时法院根据证据对案件事实作出认定。现瓦格纳公司主张吴氏传媒公司应当支付9万欧元，除上述吴氏传媒公司在协商过程中出具的001号备忘录及发票外，并无其他证据能够佐证该欠款事实的存在，亦无证据证明双方就9万欧元债务已经达成新的合意。因此，在001号备忘录及发票不能发生自认效果的情况下，瓦格纳公司的主张显然缺乏相应证据支持。原审判决仅依据现有证据即支持瓦格纳公司所主张的9万欧元债权及利息，系认定事实错误，二审法院予以纠正。

（**一审法院合议庭成员** 刘 燕 周志敏 杨占珍
二审法院合议庭成员 黄海涛 杨 夏 万丽丽
编写人 北京市第三中级人民法院 杨 夏
责任编辑 杨 奕
审稿人 曹守晔）

商 事

北京神州泰岳软件股份有限公司诉北京泛亚太信息技术研究所（普通合伙）股权转让纠纷案

——股权调整型对赌协议的认定问题

关键词：商事 股权调整型对赌协议 非典型性担保 以物抵债 资本公积金转增股本 股权回购

【裁判要旨】

对赌协议，又称估值调整机制，属于新类型的无名合同，投资者与股东之间的对赌协议，一般应认定有效。作为股权调整型的对赌协议，目前并无对赌条件成就后，股票直接过户的禁止性规定。在对赌标的股票数量因资本公积金转增股本发生变化时，应根据资本公积金转增股本的特殊性和该部分股票用于估值调整的根本属性出发，确定合理的标的股票数量。上市公司获得自身股票，涉及股权回购问题，应在执行中进行信息披露并按规定期间进行注销登记。

【相关法条】

《中华人民共和国合同法》第八条第一款 依法成立的合同，对当事人具有法律约束力。当事人应当按照约定履行自己的义务，不得擅自变更或者解除合同。依法成立的合同，受法律保护。

第一百零七条 当事人一方不履行合同义务或者履行合同义务不符合约定的，应当承担继续履行、采取补救措施或者赔偿损失等违约责任。

《中华人民共和国公司法》（2013 年修正）第一百四十二条 公司不得收购本公司股份。但是，有下列情形之一的除外：

（一）减少公司注册资本；

（二）与持有本公司股份的其他公司合并；

（三）将股份奖励给本公司职工；

（四）股东因对股东大会作出的公司合并、分立决议持异议，要求公司收购其股份的。

公司因前款第（一）项至第（三）项的原因收购本公司股份的，应当经股东大会决议。公司依照前款规定收购本公司股份后，属于第（一）项情形的，应当自收购之日起十日内注销；属于第（二）项、第（四）项情形的，应当在六个月内转让或者注销。

公司依照第一款第（三）项规定收购的本公司股份，不得超过本公司已发行股份总额的百分之五；用于收购的资金应当从公司的税后利润中支出；所收购的股份应当在一年内转让给职工。

公司不得接受本公司的股票作为质押权的标的。

【案件索引】

一审：北京市海淀区人民法院（2015）海民（商）初字第 31706 号（2017 年 5 月 5 日）。

二审：北京市第一中级人民法院（2017）京 01 民终 6090 号（2017 年 9 月 15 日）。

【基本案情】

原告北京神州泰岳软件股份有限公司（以下简称神州泰岳公司）诉称：（1）判令泛亚太研究所按《股权转让协议》第六条第三款及《〈股权转让协议〉之补充协议》第六条的约定，以购买 152100 股神州泰岳公司股票的方式恢复其应持有的担保股份数额，担保股份数额暂计至 2015 年 8 月 10 日；（2）判令泛亚太研究所将 743700 股“神州泰岳”（股票代码 300002）过户给神州泰岳公司；（3）如泛亚太研究所不能将上述 743700 股神州泰岳股票如数过户给神州泰岳公司，则神州泰岳公司请求泛亚太研究所按照每股9.52元价格（依据2017年2月24日收盘价计算）向神州泰岳公司赔偿损失，总计7080024元。

被告北京泛亚太信息技术研究所（普通合伙）（以下简称泛亚太研究所）辩称：不同意神州泰岳公司的诉讼主张。泛亚太公司不存在违约行为，系神州泰岳公司的原因导致净利润未达标，“担保股份”应为247900股，而非743700股，泛亚太公司仅同意返还247900股“担保股份”。

法院经审理查明：2013年8月14日，神州泰岳公司（甲方）与包括泛亚太研究所在内的北京广通神州网络技术有限公司（以下简称广通神州公司）的五位股东（乙方）签署了《股权转让协议》，约定：“神州泰岳公司受让以上五位股东持有的广通神州公司100%股权，股权转让款按如下方式及条件进行支付：第一笔款项及支付本协议生效后10个工作日内，甲方分别向乙方支付转让款的50%，合计支付2750万元（含税）；第二笔款项及支付……泛亚太研究所完成本协议约定的足额购买神州泰岳股票并锁定后的5个工作日，甲方支付其剩余价款的剩余部分，即人民币1100万元……六、特别约定……（二）本次股权转让完成后，五位原股东应保证广州神州核心团队与广通神州公司签订符合甲方规定条件的不短于5年期限的聘用合同，并不得在神州泰岳公司及神州泰岳控股子公司之外的公司或企业中担任执行职务（包括但不限于管理、技术、营销、采购等职务），在广通神州公司服务期间及离开广通神州公司后2年内不得从事与广通神州公司相同或竞争的业务。（三）泛亚太研究所应在甲方指定的证券营业部开立证券账户，并在收到第一笔股权转让价款后的2个月内合计使用不少于人民币700万元用于从二级市场购买神州泰岳股票。泛亚太研究所若未在二级市场足额购买股票，视为泛亚太研究所违约，甲方有权无偿收回相应的股权转让款，但不影响其他股东股权转让及股权转让款的支付。泛亚太研究所购买的此等神州泰岳股票自购买完成之日起12个月全部锁定，12个月锁定期届满后，分二个季度年度进行解锁，每个年度解锁二分之一。”

2013年12月13日，上述各方又签订《〈股权转让协议〉之补充协议》，约定：“截至2013年11月28日，甲方已支付转让价款的50%，尚余款项2750万元。泛亚太研究所已按照主协议约定，通过深圳证券交易所证券交易系统购买了神州泰岳股票247000股（下称担保股份），并办理了锁定……三、本补充协议剩余款项以及乙方之泛亚太研究所持有的担保股份，将根据广通神州公司业绩实现情况进行支付与处理。四、乙方承诺广通神州公司2014、

2015、2016年度实现的归属于广通神州母公司股东的合并净利润分别不得低于900万元、1000万元、1100万元……五、本补充协议剩余款项待全部业绩承诺期满后根据实现情况予以支付。具体如下：1. 其中任一年度低于所对应的利润承诺数，则相应扣减本协议剩余款项的三分之一，且担保股份的三分之一将归属于甲方所有并由甲方进行处理。2. 承诺期满后，若广通神州公司2014、2015及2016年度实现的归属于广通神州母公司股东的累计合并净利润不足3000万元的，则支付款项为扣减前述'五、1'后的余额，担保股份按前述'五、1'规定的方式处理。3. 承诺期满后，若广通神州公司完成'前述四'所述的2014、2015及2016年度利润承诺数，则甲方向乙方支付本补充协议剩余款项，担保股份归属于乙方之泛亚太研究所……六、乙方之泛亚太研究所依据本协议约定所购买的全部神州泰岳股票在上述业绩承诺期间不予解锁，待业绩承诺期满后根据实现情况进行处理。"

之后，泛亚太研究所通过深圳证券交易所证券交易系统购买了神州泰岳公司股票266300股，其中的247900股作为"担保股份"，并办理了锁定。

2014年4月，神州泰岳公司发布2013年年度权益分配实施公告，以资本公积金向全体股东每10股转增10股，所送（转）股于2014年4月17日直接记入股东证券账户。此时泛亚太研究所持有的247900股担保股份总额由247900股增加至495800股。

2015年5月，神州泰岳公司发布2014年年度权益分派实施公告，以资本公积金向全体股东每10股转增5股，所送（转）股于2015年6月8日直接计入股东证券账户。此时泛亚太研究所持有的247900股担保股份总额由495800股增加至743700股。

神州泰岳公司提供广通神州公司合并利润表、审计报告、年度报告及财务报表等，显示2014、2015、2016年该公司未能达到承诺的900万元、1000万元、1100万元。神州泰岳公司以此证明在业绩承诺期间，广通神州公司的业绩出现下滑，在2014、2015、2016年均未达到相应的承诺利润，按照合同约定，担保股票应归其所有，并提供2017年2月24日2016年广通神州公司审计报告及财务报表出具时神州泰岳公司股票股价截图，主张此时神州泰岳公司股票的收盘价为9.52元，如不能全额归还其所主张份额的股票，则应按照此价格计算损害赔偿数额。神州泰岳公司还提供其他上市公司公告，意图证明上市公司收购目标公司时，要求转让方作出业绩承诺是业界常见的；上市公司收购标的公司时，如标的公司达不到承诺业绩，上市公司回购转让方持有的自身股票也是业界常见的。

神州泰岳公司提供泛亚太研究所的资金合并对账单等，主张泛亚太公司违约卖出了神州泰岳相关股票，目前仅持股591600股，实际持有的担保股份低于两次转增之后的743700股，构成违约。泛亚太研究所主张其并未违约，仍然保有合同约定冻结的247900股神州泰岳股票，转增的股票数额不应包括在担保股票数额之中。

神州泰岳公司提供2014年4月16日、4月17日、2015年6月5日、6月8日神州泰岳公司股票股价截图，证明2014、2015年两次以资本公积金转增股本的方式按照10转10、10转5的比例送股后，泛亚太研究所应锁定的股份从247900股变为495800股，后变为743700股，由于转增股后股份总价值不变，股份数量与股票股价的增减比例基本相同。

【裁判结果】

北京市海淀区人民法院于2017年5月5日作出（2015）海民（商）初字第31706号民事判决：一、自判决生效之日起10日内，泛亚太研究所以购买152100股“神州泰岳”股票（股票代码300002）的方式，恢复其应持有的743700股担保股份数额；二、自判决生效之日起30日内，泛亚太研究所将上述743700股“神州泰岳”（股票代码300002）过户给神州泰岳公司；三、如泛亚太研究所不能将上述743700股神州泰岳股票全部如数过户给神州泰岳公司，则泛亚太研究所应按照每股9.52元的价格，向神州泰岳公司支付不能过户股票份额所对应的损失数额，损失计算公式为：［9.52元/股×（743700－可以办理过户的神州泰岳股票数额）］。

宣判后，泛亚太研究所不服，向北京市第一中级人民法院提起上诉。北京市第一中级人民法院于2017年9月15日作出（2017）京01民终6090号民事判决：驳回上诉，维持原判。

【裁判理由】

法院生效裁判认为：本案的争议焦点为，在《〈股权转让协议〉之补充协议》约定的条件成就后，泛亚太研究所应向神州泰岳公司过户的“神州泰岳”股票，是最初的247000股，还是转增后的743700股。根据事实与证据，本院认定泛亚太研究所应向神州泰岳公司过户的“神州泰岳”股票的数量应为743700股。

针对该争议焦点问题的分析，不能脱离资本公积金转增股本的实质及《股权转让协议》《〈股权转让协议〉之补充协议》中约定“担保股份”的本意。首先，资本公积金转增股本，是上市公司使用资本公积金向股东转送股票。与股票分红不同，资本公积金转增股本，并没有改变上市公司的股东权益，也没有影响公司的资产和负债，股东持有的股票数量虽然增加，但每股拥有的权益同比例下降，故股东所持股份占公司总股本的比例不会发生变化，股东的股东权益也没有发生变化，不会产生所谓的获得孳息的问题。从上述资本公积金转增股本的实质来看，“神州泰岳”股票转增前的247000股与两次转增后的743700股的股票权益是一致的，虽然转增导致数量增加，但股价相应下跌，应认定转增前的247000股与转增后的743700实际具有同一性。其次，从双方的合同约定内容来看，双方设立所谓的“担保股份”，实际是为了对神州泰岳公司所支付的股权转让款进行附条件的调整，将目标公司的未来业绩作为股权转让款的一种考量，此时“担保股份”以其体现的价值来对股权转让价款进行调整，而非泛亚太研究所主张的以其固定的数量对股权转让价款进行调整，故资本公积金转增股本后，743700股的“神州泰岳”股票才是最初双方约定的“担保股份”。

【案例注解】

本案涉及目前公司对外投资中常见的“对赌条款”的具体适用问题，上市公司收购目标公司时，可采用要求转让方购买上市公司股票的对赌方式，一方面保证转让方与上市公司“同呼吸共命运”，为上市公司业绩共同努力，另一方面在出现约定条件时，以“担保股份”对收购价格进行调整。上述对赌条款进入到司法实践中，引发了针对该类型对赌协议的多方面思考。

一、关于对赌协议的效力、类型及性质的认定问题

本案的“担保股份”，产生于双方当事人约定的“对赌协议”中。对赌协议，又称估值调整机制，作为一种设计性的交易模式，用以保证交易双方对交易价值无法达成一致时继续交易的可能性。在股权转让中，股权价值的核心判断因素在于目标公司的未来盈利性，但由于未来盈利具有不确定性，交易双方对此难以达成一致，此时，对赌协议将公司未来盈利情况设定为转让价格的调整因素，并针对上述情况是否实现采取股权、现金等多种方式的价格调整手段，上述交易机制目前已成为投资界的常见投资方式。

关于对赌协议的效力方面，目前主要形成法院判决对除外投资者和公司之间对赌协议的肯定性评价及仲裁裁决对所有对赌协议效力的肯定性评价两种方式。投资者与公司对赌，因涉及损害其他债权人的利益，法院在司法实践中一般认定无效，其他类型的对赌协议一般均认定有效。本案中，对赌的双方系投资公司神州泰岳公司和原股东泛亚太研究所，此两类主体签订的对赌协议应认定有效。

关于对赌条款的具体类型，根据调整标的不同，可区分为股权调整型、现金补偿型、股权稀释型、股权回购型、股权激励型、股权优先型等多种不同的调整类型。本案的对赌协议，约定若目标公司广通神州公司2014、2015、2016年度实现的归属于广通神州母公司股东的合并净利润分别低于900万元、1000万元、1100万元时，既要扣除剩余股权转让款，又要将相应比例的担保股份过户给投资人，上述约定，属于股权调整型和现金补偿型的复合模式。

关于对赌协议的性质问题，对赌协议属于何种类型的合同，在理论界，出现了附条件合同说、担保合同说、股票期权说、射幸合同说、综合说等多种学说意见，其中综合说和射幸合同说占主流地位。笔者认为，对赌协议作为金融创新产品，在司法实践中应淡化性质分类，而将其认定为一种无名合同，按照合同约定的具体内容，确定各方的权利义务关系，并据此进行司法裁量。

二、关于“担保股份”的性质及是否可以直接判决股票过户的问题

具体到本案的“担保股份”的性质问题，双方约定，将泛亚太研究所出资购买的“神州泰岳”股票，作为股权转让价格的一种调整方式，在目标公司预期利润达到约定条件时，担保股份继续为泛亚太研究所所有，若预期利润达不到约定条件，泛亚太研究所应将担保股份转让予神州泰岳公司。按照上述约定内容，“担保股份”的性质更接近于一审判决所认定的“非典型性担保”或目前常见的“以物抵债”两种法律关系。但首先，担保股份与上述两种法律关系的差别是主债务是否成立处于不确定的状态，非典型性担保与以物抵债均以已经生效的债务存在为前提。其次，上述两种法律性质下均存在对于流质的结果司法不予支持的问题，即在司法实践中，非典型性担保不可直接要求判令担保物过户，未得到实际履行的以物抵债，亦无法实现直接以物抵债的判定结论。本案针对股权调整型的对赌协议，最终直接判令“担保股权”予以过户。最后，“非典型性担保”和“以物抵债”在效力上存在分歧性认识，而对赌协议目前的司法实践一般均认定有效。综合以上情况，笔者认为，不应将“担保股份”认定为“非典型性担保”或“以物抵债”，上述认定将导致股权

直接过户缺乏法律依据，有违支持金融创新的审理思路。故本案二审中，并未就“担保股份”的法律性质作出明确认定，而是将泛亚太研究所特定条件下给付股票的义务简单认定为合同之债，并予以支持。

三、对资本公积金转增股本的认定问题

本案中，双方当事人就泛亚太研究所应过户给神州泰岳公司的股票数量产生了极大争议。2014 年 4 月，神州泰岳公司以资本公积金向全体股东每 10 股转增 10 股；2015 年 5 月，神州泰岳公司以资本公积金向全体股东每 10 股转增 5 股。泛亚太研究所最初持有的 247900 股担保股份数额在两次转增后，必然会发生变化，此时泛亚太研究所坚持认为“担保股份”就是最初购买的 247900 股，神州泰岳公司则主张股票数量应按照转增股本的结果进行相应的变化。针对该焦点问题，在明确约定担保股份的目的是对股权转让款进行估值调整的前提下，资本公积金转增股本的性质成为解决上述问题的关键。

资本公积金转增股本，即用资本公积金向股东转送股票。资本公积金，是在公司的生产经营之外，由资本、资产本身及其他原因形成的股东权益收入。资本公积金主要来源于股票发行的溢价收入、接受的赠与、资产增值、因合并而接受其他公司资产净额等。其中，股票发行溢价是上市公司最常见、也是最主要的资本公积金的来源。由于资本公积金原本即属于公司资产的一部分，故资本公积金转增股本没有改变上市公司的股东权益，也没有影响公司的资产和负债，股东持有的股票数量虽然增加，但每股拥有的权益同比例下降，股东所持股份占公司总股本的比例不会发生变化，股东的股东权益也没有发生变化。

需要注意的是，资本公积金转增股本与红股的区别，红利股票是上市公司采用股票股利形式进行的利润分配，它的来源是上市公司的留存收益；而公积金转增资本是在股东权益内部，把公积金转到“实收资本”或者“股本”账户，并按照投资者所持有公司的股份份额比例的大小分到各个投资者的账户中。资本公积金转增的股份并非一审判决所认定的原有股份的孳息，因为上述转增并不会产生股票持有者资产增加的问题，转增前后的股票实际具有同一性。

根据上述两点分析，无论是从担保股份的设立主旨出发，还是从资本公积金的性质考虑，最初的 247900 股在经过两次转增后，已经变成了 743700 股，作为双方约定的估值调整的标的股票的数量，应为转增后的 743700 股。

四、判决实际执行中涉及的股权回购问题

关于对赌协议，司法实践中已有较多判例，但对于直接以上市公司股票过户作为对赌义务的形式，目前还缺少判决先例。在经过对对赌条件是否成就、对赌标的数量及能否直接判决过户股票的思考后，本案还应注意判决执行中的特殊问题。

神州泰岳公司作为上市公司，获得股票过户意味着该公司进行了股权回购，根据《公司法》第一百四十二条的规定，股份有限公司可以进行股权回购，证监会亦颁发了《上市公司回购社会公众股份管理办法（试行）》，故应认定本案的股权回购是可行的。

股权回购后，因公司本身不能持有自身的股票，故应按照《公司法》及《上市公司回购社会公众股份管理办法（试行）》的规定，进行必要的信息披露，并在规定时间内进行该部分股权的注销登记，上述操作问题在执行中应予以重视。

（**一审法院合议庭成员**　李　颖　袁　卫　梁铭全
二审法院合议庭成员　甄洁莹　王　晴　刘海云
编写人　北京市第一中级人民法院　王　晴
责任编辑　潘　静
审稿人　曹士兵）

罗亚文诉武汉金牛经济发展有限公司股东知情权纠纷案

——股东知情权与公司利益的平衡

关键词：商事　股东知情权　拒绝提供查阅　合理依据

【裁判要旨】

股东知情权是法律赋予股东通过查阅包括公司会计账簿在内的有关公司经营、管理、决策的相关资料，实现了解公司的经营状况和监督公司高管人员活动的权利。但是为了对公司商业秘密进行保护和避免恶意干扰公司经营的行为，对于股东知情权的行使同样应当给予适当的限制。在公司有合理理由相信股东查阅公司会计账簿会对公司利益造成损害时，公司可以拒绝其进行查阅。对股东行使股东知情权是否损害公司权益的审查标准是可能性之审查而不是现实性之审查。

【相关法条】

《中华人民共和国公司法》第三十三条第二款　股东可以要求查阅公司会计账簿。股东要求查阅公司会计账簿的，应当向公司提出书面请求，说明目的。公司有合理根据认为股东查阅会计账簿有不正当目的，可能损害公司合法利益的，可以拒绝提供查阅，并应当自股东提出书面请求之日起十五日内书面答复股东并说明理由。公司拒绝提供查阅的，股东可以请求人民法院要求公司提供查阅。

【案件索引】

一审：湖北省武汉市汉阳区人民法院（2016）鄂0105民初2772号（2016年10月26日）

二审：湖北省武汉市中级人民法院（2016）鄂01民终7824号（2017年2月26日）

【基本案情】

原告（上诉人）罗亚文诉称：武汉金牛经济发展有限公司（以下简称金牛公司）系1999年9月22日经改制设立的有限责任公司，公司设立之初，罗亚文便持有金牛公司37万股份，占1.23%。金牛公司自成立以来，罗亚文多次向金牛公司及其法定代表人主张股东按《公司法》第三十三条、第三十四条应享有的权利，但金牛公司及其法定代表人置之不理，罗亚文委托律师向金牛公司发出律师函，明确告知查账的目的是“为了解公司实际经营情况，规范公司运行，使其知情权得以有效保护”。金牛公司于2016年7月13日回函，以罗亚文没有说明真实目的为由，明确表示不让罗亚文行使股东权利。罗亚文请求判令：（1）由金牛公司完整提供公司自成立至今所有的财务会计报告（包括资产负债表、损益表、现金流量表、财务情况说明书和利润分配表）、股东会会议记录、董事会会议决议、监事会会议决议给罗亚文查阅、复制，以及该期间内所有的会计账簿（包括总账、明细账、日记账和其他辅助性账簿）给罗亚文查阅。（2）由金牛公司承担全部诉讼费用。

被告（被上诉人）金牛公司辩称：罗亚文的诉讼请求不符合法律规定。根据《公司法》规定，股东要求查阅公司会计账簿的，应当向公司提出书面请求，说明目的。公司有合理根据认为股东查阅会计账簿有不正当目的，可能损害公司合法利益的，可以拒绝提供查阅，并应当自股东提出书面请求之日起15日内书面答复股东并说明理由。公司拒绝提供查阅的，股东可以请求人民法院要求公司提供查阅。而罗亚文来函只提出要求查阅相关资料，没有明确查阅的理由和目的。金牛公司在收到罗亚文的书面请求后，回函要求罗亚文说明查阅目的，而罗亚文拒绝说明理由而是提起诉讼，缺乏必要程序；罗亚文查阅金牛公司会计账簿有不正当目的，金牛公司可以拒绝提供查阅。金牛公司自成立至今，资料不少于千亿件，如一一查阅，金牛公司需花费数年时间，投入的人力物力成本将达几百万元，且会对金牛公司正常经营产生巨大影响。罗亚文作为原公司监事及高级管理人员，其离职前参与了公司所有经营活动，对金牛公司的经营相当熟悉，在其明知的情况下仍要求重复查阅，明显带有其他目的；罗亚文离职后，入职与金牛公司有竞争关系的企业山东文远建材科技股份有限公司（以下简称文远公司），文远公司一旦获悉金牛公司的市场信息、客户信息、价格信息等具有商业性质的信息，将让金牛公司在竞争中处于不利地位；罗亚文声明其查阅会计账簿的目的在于了解金牛公司经营状况，而金牛公司的会计报告已足以说明其经营状况。

法院经审理查明：金牛公司于1999年9月22日设立。罗亚文于2001年6月5日成为金牛公司股东及监事，持有金牛公司2%的股权比例。2015年7月，罗亚文从金牛公司离职，到文远公司市场部任职。诉讼中，罗亚文仍系金牛公司股东，持有金牛公司1.23%的股权比例。2016年6月27日，罗亚文委托律师向金牛公司发出律师函，以“为了解公司实际经营情况，规范公司运行，使其知情权得以有效保护”为目的，要求金牛公司向其或其委托的律师或注册会计师提供自公司成立以来的章程、股东会会议记录、董事会会议决议、监事会会议决议等经营信息和会计账簿、会计凭证等供查阅。2016年7月13日，金牛公司向罗亚文回函，要求罗亚文以书面形式向公司说明查阅、复制相关材料的真实目的。罗亚文遂向法院提起诉讼。另查明，金牛公司的经营范围为：管材系列、管件的生产、销售、安装；塑料制品、塑料型材、装饰材料、金属材料、电器机械管道工具及器材、化工原料（不含危险品）批发兼零售；货物进出口（不含国家限制或禁止的货物）；塑料膜及其配套产品的研发、生产、批发、零售（依法需经批准的项目，经相关部门批准后方可开展经营活动）。文远公司的经营范围为：塑料管材管件、塑料检查井、塑料化粪池、智能化净化槽及制品、雨水排放收集系统、卫生陶瓷洁具、橡胶管材管件及制品生产、销售；塑料原料（不含危险品）、五金建材、机械设备销售、市政安装工程施工；货物、技术进出口（依法需经批准的项目，经相关部门批准后方可开展经营活动）。

【裁判结果】

湖北省武汉市汉阳区人民法院于2016年10月26日作出（2016）鄂0105民初2772号民事判决：一、金牛公司于判决生效之日起15日内向罗亚文提供金牛公司自1999年9月22日起至判决发生法律效力之日止的股东会会议记录、董事会会议决议、监事会会议决议、财务会计报告供罗亚文查阅、复制；二、驳回罗亚文的其他诉讼请求。

宣判后，罗亚文不服原审判决，提起上诉。湖北省武汉市中级人民法院于2017年2月26日作出（2016）鄂01民终7824号民事判决：驳回上诉，维持原判。

【裁判理由】

法院生效判决认为：《公司法》第三十三条第二款规定："股东可以要求查阅公司会计账簿。股东要求查阅公司会计账簿的，应当向公司提出书面请求，说明目的。公司有合理根据认为股东查阅会计账簿有不正当目的，可能损害公司合法利益的，可以拒绝提供查阅，并应当自股东提出书面请求之日起十五日内书面答复股东并说明理由。公司拒绝提供查阅的，股东可以请求人民法院要求公司提供查阅。"本案的争议焦点在于罗亚文查阅金牛公司会计账簿的上诉请求能否得到支持。股东知情权是法律赋予股东通过查阅包括公司会计账簿在内的有关公司经营、管理、决策的相关资料，实现了解公司的经营状况和监督公司高管人员活动的权利。股东知情权是法律规定的股东享有的一项重要的、独立的权利。但是为了对公司商业秘密进行保护和避免恶意干扰公司经营的行为，对于股东知情权的行使同样应当给予适当的限制。会计账簿记载公司经营管理活动，为了平衡股东与公司之间的利益，避免股东知情权的滥用，股东在查阅公司会计账簿时，应当以正当目的为限制，亦应当遵循诚实信用原则，合理地行使查阅权。在衡量"股东可以要求查阅"与"公司有合理根据可以拒绝查阅"之权利冲突时，核心标准在于股东一旦行使上述权利是否可能损害公司的权益。法院对股东行使股东知情权是否损害公司权益的审查为可能性之审查，一旦公司向法院提交证据的证明作用占据优势地位，法院即应当支持公司的拒绝查阅之决定。在公司有合理理由相信股东查阅公司会计账簿会对公司利益造成损害时，公司可以拒绝其进行查阅。需要说明的是，在《公司法》第三十三条第二款中，并未要求公司证明股东的查阅已实际产生了损害的后果，公司只需证明股东一旦行使上述权利可能会产生损害公司利益的情形即可拒绝查阅。本案中，金牛公司举证证明罗亚文就职于文远公司，即罗亚文具有金牛公司股东及文远公司职员的双重身份，其掌握的金牛公司的经营、管理、决策资料，意味着文远公司的职员同时获取，而文远公司与金牛公司存在同一市场中竞争的可能，金牛公司的会计账簿所记载的客户信息、技术信息、产品价格、成本、生产数量等如被竞争者知悉，则可能损害金牛公司的合法权益。因此，金牛公司在本案中确有合理理由认为股东罗亚文行使知情权可能损害公司合法利益，金牛公司拒绝罗亚文查阅公司会计账簿存在合理根据。

【案例注解】

我国市场经济的快速发展，催生了无数各种规模的公司，由于公司决策层、管理层的权利滥用引起的公司股东权益纷争也日益突显，股东知情权纠纷是其中的表现形式之一。股东知情权是对处于信息劣势股东利益的保护，有利于公司治理结构中的权利制衡，促进公司治理的透明度，具有调和公司与股东权益的功能。股东权利的行使应当以获得必要的公司信息为基础，同时，为了对公司商业秘密进行保护和避免恶意干扰公司经营的行为，对于股东知情权的行使同样应当给予适当的限制。该案的争议焦点在于罗亚文要求行使股东知情权中的会计账簿查阅权是否能够支持。会计账簿记载公司经营管理活动，包括客户信息、技术信息、产品价格、成本、生产数量等。在市场经济的背景下，其上记载的信息如被披露给公司、股东以外的第三方，可能会对公司的经营产生重大不利影响。因此，如公司认为罗亚文查阅会计账簿有不正当目的，可能损害公司利益，可以拒绝其查阅要求。那么，如何确定公司拒绝股东行使知情权的合理依据，实质上成为该案审理的核心。其一，法院对股东行使股东知情权是否损害公司权益的审查标准是可能性之审查还是现实性之审查。这在实务中存在争论，该案采取的是可能性之审查标准，依据的是《公司法》并未要求公司证明股东的查阅已实际产生了损害的后果。其二，股东到具有竞争关系的企业任职是否足以构成公司拒绝股东行使会计账簿查阅权的合理依据。罗亚文已在文远公司任职，其特殊双重身份意味着其查阅到的金牛公司情况既为金牛公司股东掌握，同时也为文远公司职员所掌握，而两公司经营有同类业务。对于上类情形是否会对公司利益造成损害，实务中存在一定争议。有观点认为，有限公司股东并非法定竞业禁止的义务主体，如公司章程无竞业禁止的约定，即使其他公司与涉案公司经营范围相同，从两家公司经营业务的性质、业务的客户对象、产品的可替代性等方面考量，两家公司的经营领域并非寡头垄断市场，存在众多竞争对手，故即便股东查阅公司账簿的过程中可能获悉涉案公司的客户并产生竞争，也系涉案公司在竞争市场中所应承担的合理的商业风险，不足以构成阻却股东行使知情权的正当理由。该案并未采用这一认定标准，理由在于，市场竞争存在的客观性和合理性不容置疑，也不应对市场竞争作出不合理的限制，阻碍市场的发展、繁荣，但是企业获得竞争优势应具有正当性。股东通过会计账簿这一敏感性资料能准确查知客户信息、技术信息、产品价格、成本、生产数量等诸多经营信息，如果竞争公司通过聘用涉案公司股东这一捷径知悉涉案公司核心商业数据从而获取竞争优势，涉案公司为此承担的商业风险已超出了合理的限度，该竞争优势的获取无疑不具有正当性。其三，“公司有合理根据可以拒绝查阅”之核心标准在于股东一旦行使上述权利可能损害公司的权益，而股东获取公司信息会产生帮助公司的竞争者的后果，该情形显然符合上述认定标准，且被认为是不正当的。由此，上述情形应被认定为会对公司利益造成损害进而构成阻却股东行使会计账簿查阅权的合理依据。

（**一审法院独任审判员** 祝 玲

二审法院合议庭成员 梅 飚 胡 浩 胡铭俊

编写人 湖北省武汉市中级人民法院 梅 飚

责任编辑 潘 静

审稿人 曹士兵）

许文章诉王宁新、南安三颖建材有限公司、陈灿辉、第三人吴利民股权转让纠纷案

——为保证债权实现而创设的股权变更登记之效力认定

关键词：商事　实际出资人　名义股东　代持股东　股权转让

【裁判要旨】

为骗取股权变更登记、行代持股权之实，以及为保证债权实现、受让人非善意取得的股权转让合同均应认定为无效合同；公司股权变更后企业类型变更为外商投资企业，除了法律法规对变更股权的生效条件另有要求外，不再一律以审批为股权转让合同的生效要件；被刑事拘留羁押的涉外人员，如没有证据证明在国内有住所，其上诉期限应适用《民事诉讼法》第二百六十九条关于“在中华人民共和国领域内没有住所的当事人，不服第一审人民法院判决、裁定的，有权在判决书、裁定书送达之日起三十日内提起上诉”的规定。

【相关法条】

《中华人民共和国合同法》第五十二条　有下列情形之一的，合同无效：

（一）一方以欺诈、胁迫的手段订立合同，损害国家利益；

（二）恶意串通，损害国家、集体或者第三人利益；

（三）以合法形式掩盖非法目的；

（四）损害社会公共利益；

（五）违反法律、行政法规的强制性规定。

《最高人民法院关于适用〈中华人民共和国公司法〉若干问题的规定（三）》第二十四条第一款　有限责任公司的实际出资人与名义出资人订立合

同，约定由实际出资人出资并享有投资权益，以名义出资人为名义股东，实际出资人与名义股东对该合同效力发生争议的，如无合同法第五十二条规定的情形，人民法院应当认定该合同有效。

第二十五条第一款　名义股东将登记于其名下的股权转让、质押或者以其他方式处分，实际出资人以其对于股权享有实际权利为由，请求认定处分股权行为无效的，人民法院可以参照物权法第一百零六条的规定处理。

【案件索引】

一审：福建省南安市人民法院（2018）闽0583民初1292号（2018年4月18日）

【基本案情】

原告许文章诉称：为了骗取银行贷款须变更股东身份避免关联企业的情况出现，许文章于2013年1月5日与王宁新通过签订一份《南安三颖建材有限公司股权转让合同》至工商部门变更了许文章登记的股东身份，隐瞒了许文章作为南安三颖建材有限公司（以下简称三颖公司）的真实股东身份。三颖公司骗取的贷款到位后，王宁新代持的许文章登记价值490万元的股权却拒不返还给许文章，此举侵犯了许文章的合法权益，双方原签订的股权转让合同系用于非法目的，依法应确认无效。王宁新登记持有许文章原49%的股权应返还给许文章，三颖公司对恢复许文章49%股权负有履行工商变更登记的义务。后经调查工商登记材料时，才发现王宁新已经将其名下股权全部虚假转让给陈灿辉，故请求：（1）判令确认王宁新与陈灿辉签订的关于三颖公司的股权转让合同无效；（2）判令陈灿辉将登记在其名下49%的股权变更登记至许文章名下；（3）三颖公司向公司登记机关办理许文章持有三颖公司49%股权变更登记；（4）本案诉讼费用全部由王宁新、陈灿辉承担。

被告王宁新辩称：三颖公司的真实出资情况是由陈金吉、许文章、王宁新出资的，陈金吉占25.5%的股份，许文章占49%的股份，王宁新占25.5%的股份。王宁新的前期出资汇入陈金吉账户，陈金吉再以泉州嘉森木业有限公司（以下简称嘉森公司）名义进行工商登记。因许文章欠吴利民1000多万元，该借款由三颖公司、王宁新及王宁新经营的源福顺石业（南安）有限公司作为担保人，许文章跑路联系不上，吴利民提出把三颖公司的股权转让给其作为追加担保，待许文章还清借款之后就归还股权，吴利民安排陈灿辉代其持股。具体如何处理由法院依法裁判。

被告三颖公司辩称：其同意王宁新的答辩意见。

被告陈灿辉、第三人吴利民均未作答辩，也未提供任何证据。

法院经审理查明：许文章原为内地居民，现为香港特别行政区居民。根据南安市市场监督管理局查档资料可见，三颖公司筹建时嘉森公司认缴注册资本51万元，许文章认缴注册资本49万元，泉州名城有限责任会计师事务所于2011年5月5日出具验资报告确认嘉森公司、许文章已于2011年5月4日实际缴纳上述注册资本。三颖公司于2011年5月16日成立，登记法定代表人为王宁新，登记股东为嘉森公司（持股51%）、许文章（持股49%）。泉州市泉城联合会计师事务所于2011年6月20日出具验资报告确认变更后的累计注册资本为1000万元，嘉森公司认缴新增注册资本459万元，许文章为441万元。2011年6月21日注册资本登记变更为1000万元，嘉森公司占股51%，许文章占股49%。

2013年1月5日，嘉森公司与王宁新签订一份《南安三颖建材有限公司股权转让合同》，约定：嘉森公司将持有三颖公司51%的股权共510万元人民币的出资额，以572万元转让给王宁新，王宁新同意按此价格及金额购买上述股权，并同意在合同订立15日内以现金形式一次性支付嘉森公司所转让的股权等合同条款。同日，许文章也与王宁新签订一份《南安三颖建材有限公司股权转让合同》，约定：许文章将持有三颖公司49%的股权共490万元人民币的出资额，以548.53万元转让给王宁新，王宁新同意按此价格及金额购买上述股权，并同意在合同订立15日内以现金形式一次性支付许文章所转让的股权等合同条款。

2013年1月9日，工商登记股东由嘉森公司、许文章变更为王宁新，企业类型变更为有限责任公司（自然人独资）。

2015年8月6日，王宁新与陈灿辉签订一份《南安三颖建材有限公司股权转让合同》，约定：王宁新将持有三颖公司70%的股权共700万元出资额，以700万元转让给陈灿辉，陈灿辉同意按此价格及金额购买上述股权，并同意在合同订立15日内以现金形式一次性支付王宁新所转让的股权等合同条款。

2015年8月10日，工商登记股东由王宁新变更为王宁新、陈灿辉，企业类型变更为有限责任公司（自然人投资或控股）。

2015年12月25日，陈灿辉与王宁新又签订一份《南安三颖建材有限公司股权转让合同》，约定：陈灿辉将持有三颖公司70%的股权共700万元出资额，以700万元转让给王宁新，王宁新同意按此价格及金额购买上述股权，并同意在合同订立15日内以现金形式一次性支付陈灿辉所转让的股权等合同条款。

2015年12月25日，工商登记股东由王宁新、陈灿辉变更为王宁新，企业类型变更为有限责任公司（自然人独资）。

2016年6月14日，王宁新与陈灿辉又签订一份《南安三颖建材有限公司股权转让合同》，约定：王宁新将持有三颖公司100%的股权共1000万元出资额，以1000万元转让给陈灿辉，陈灿辉同意按此价格及金额购买上述股权，并同意在合同订立15日内以现金形式一次性支付王宁新所转让的股权等合同条款。

2016年6月14日，工商登记股东由王宁新变更为陈灿辉，企业类型仍为有限责任公司（自然人独资）。经营范围为：销售建筑材料，自营和代理各类商品进出口业务，但国家限定公司经营或禁止进出口的商品和技术除外，房地产开发。

签订上述五份股权转让合同后，合同受让方均未按登记备案的股权转让合同的约定支付股权转让款给出让方。

另查明，许文章、王宁新、陈金吉因涉嫌骗取贷款罪被公诉，该案未审结。本院另案受理了嘉森公司诉王宁新、三颖公司、陈灿辉股权转让纠纷一案，并于2017年9月23日作出（2016）闽0583民初8504号民事判决，嘉森公司不服，上诉至福建省泉州市中级人民法院。二审期间嘉森公司向福建省泉州市中级人民法院提交《协议书》一份，王宁新、三颖公司对此质证无异议，该《协议书》系许文章、嘉森公司、王宁新、陈金吉于2017年9月10日签订的，各方就各自持有三颖公司的股权予以最终确认，即许文章持有三颖公司49%股权、嘉森公司持有三颖公司25.5%的股权、王宁新持有三颖公司25.5%股权、陈金吉持有三颖公司0%股权，且各方同意按此约定比例办理工商变更登记。福建省泉州市中级人民法院于2017年12月20日作出（2017）闽05民终6775号民事判决，认为嘉森公司与王宁新于2013年1月5日签订并登记备案的《三颖公司股权转让合同》以及王宁新与陈灿辉于2016年6月14日签订并登记备案的《三颖公司股权转让合同》为无效合同，并判决三颖公司向公司登记机关办理嘉森公司持有三颖公司25.5%股权的登记。

【裁判结果】

福建省南安市人民法院于2018年4月18日作出（2018）闽0583民初1292号民事判决：一、南安三颖建材有限公司应于本判决生效后30日内向公司登记机关办理许文章持有南安三颖建材有限公司49%股权的登记；二、驳回许文章的其他诉讼请求。一审宣判后，各方当事人均未提起上诉，该判决已发生法律效力。

【裁判理由】

法院生效裁判认为：本案当事人之间因三颖公司的股权转让引起纠纷，许文章系香港特别行政区居民，故本案属涉港案件，应参照涉外案件处理。因三颖公司系在内地登记设立的公司，根据《涉外民事关系法律适用法》第十四条的规定，依法适用内地法律作为本案的准据法。意思表示真实是民事法律行为应当具备的要件。行为双方有意识的不真实行为，为无效法律行为。本案中，许文章与王宁新、王宁新与陈灿辉之间虽然签订了股权转让合同，并已备案，但根据庭审中的陈述，可知合同双方无真实股权转让的目的，而是为了达到其他目的而进行虚假转让，故该股权转让的意思表示不真实，且合同中的股权受让方亦未实际支付股权转让款，应为无效法律行为。2016年6月14日签订并登记备案的《三颖公司股权转让合同》已经生效判决认定为无效合同，现许文章再次诉请确认王宁新与陈灿辉签订的关于三颖公司的股权转让合同无效，系属重复诉讼。根据许文章提供的《协议书》及已经生效的判决，可以认定三颖公司的全体股东已经就各自的股权比例进行明确，其中，许文章持股49%。依照《公司法》第三十二条之规定，三颖公司负有义务将许文章持股49%的情况向公司登记机关进行登记。而陈灿辉并无此义务。综上，对许文章请求恢复持股49%的工商变更登记，依法予以支持。许文章与吴利民之间的借贷关系，以及为该债权的实现而以变更公司股权的形式设立的担保，与本案纠纷系属不同法律关系，吴利民可另行主张权利。

【案例注解】

一、公司股东与受其委托代持股权的受让人签订并在工商登记部门备案的股权转让协议的合同效力问题

实践中，由于工商登记部门不允许委托代持股权进行股权变更登记，公司股东与受其委托代持股权的受让人，为了骗取股权变更登记，而签订虚假的股权转让协议，由于双方签订的股权转让合同并非基于双方真实意思表示，依照《民法总则》第一百四十六条“行为人与相对人以虚假的意思表示实施的民事法律行为无效”的规定，该股权转让合同为无效合同。相关工商登记部门如依据该协议进行股权变更登记，在相关合同被宣告无效后，股权变更登记应恢复原状。

具体到本案，公司股权变更登记依据备案的《南安三颖建材有限公司股权转让合同》均不存在因购买股权而进行转让，而是以股权转让的形式，骗取股权变更登记，行代持股权之实，故法院依法认定相关备案的《南安三颖建材有限公司股权转让合同》为无效合同，合法有据。

二、关于实际出资人与名义出资人之间委托代持股权的合意的效力问题

实践中，当事人基于各种原因考量，相关公司记名的股东与真实投资人相分离的情况屡见不鲜，经常为股东资格、股权转让、投资权益发生争议，如何才能正确处理该类纠纷显得尤为重要。根据《最高人民法院关于适用〈中华人民共和国公司法〉若干问题的规定（三）》第二十四条第一款“有限责任公司的实际出资人与名义出资人订立合同，约定由实际出资人出资并享有投资权益，以名义出资人为名义股东，实际出资人与名义股东对该合同效力发生争议的，如无合同法第五十二条规定的情形，人民法院应当认定该合同有效”的规定，我国法律并未一律禁止委托代持股权的行为。相关公司的实际出资人与名义股东之间的委托代理股权协议应根据具体案情来认定是否合法有效。

本案中，虽然工商登记备案的股权转让合同均无买卖股权的真实意思表示，应认定为无效合同。合同无效后应恢复原状，但鉴于合同当事人之间存在委托代持股权的合意，是否变更股权登记恢复原状则需要考量该委托代持股权的合意是否合法有效。本案涉及两个层次的问题：一是王宁新代持嘉森公司、

许文章的股权问题，因许文章、嘉森公司与王宁新之间的相关委托代持股权的合意，系双方自愿，不存在无效的情形，应认定为合法有效。二是王宁新代持股权后再变更由陈灿辉代持，能否构成善意受让的问题。虽然双方达成委托代持股权的合意，因陈灿辉系受吴利民的指示代持王宁新持有三颖公司股权，陈灿辉、吴利民在明知王宁新持有的三颖公司部分股权实际系许文章、嘉森公司所有的情况下，为了催讨债权的需要，在未取得实际出资人同意的情况下，擅自变更股权登记进行代持，根据《最高人民法院关于适用〈中华人民共和国公司法〉若干问题的规定（三）》第二十五条的规定，名义股东处分其名下的股权，实际出资人请求认定处分股权行为无效的，可参照《物权法》第一百零六条的规定处理。而《物权法》第一百零六条规定转让是否合法有效应为善意取得且应以合理的价格转让。该委托代持股权协议系陈灿辉、吴利民在明知王宁新代持许文章、嘉森公司股份的情况下，未经许文章、嘉森公司同意又未支付合理对价，不能构成善意取得，故该协议应依法认定为无效，即王宁新与陈灿辉之间达成委托代持股权的合意应认定为无效，应予恢复原状，并变更股权登记。

三、公司股权结构变更后如涉及外商投资企业，股权转让合同的效力问题

如公司股权变更后涉及企业类型变更为外商投资企业，则是否准予变更股权登记还需考量涉及外商投资企业的相关特殊法律法规。涉及外商投资企业的股权转让，之前我国实行的是审批制，即涉及外商投资企业的股权转让协议均需报审批机构批准方生效，但自2016年10月8日商务部发布《外商投资企业设立及变更备案管理暂行办法》后，除了法律法规对外商投资企业变更股权的生效条件另有要求外，其余的股权转让仅需进行备案登记，不再一律以审批为合同生效要件。如股权变更导致企业类型变更为外商投资企业，相应的股权转让合同是否需要审批应结合企业的经营范围来认定，如果企业所从事的产业在国家发展和改革委员会、商务部联合发布《外商投资产业指导目录》中外商投资准入负面清单一栏中，因相关负面清单中的产业为国家需要采取特别管理措施，故相应股权转让的合同必须以审批为股权转让合同的生效要件，其余则不需要。

本案中，许文章原为内地居民后变更为香港特别行政区居民，三颖公司[①]从事的产业为：销售建筑材料、自营和代理各类商品进出口业务（但国家限定公司经营或禁止进出口的商品和技术除外）、房地产开发。故该公司从事的产业范围不在负面清单内，且因事后，许文章、嘉森公司、王宁新、陈金吉签订《协议书》用于最终确认各方实际持有的三颖公司股权份额，将许文章登记为三颖公司的股东不需要行政审批，故法院依据该协议确定的股权份额判决三颖公司对许文章持有的股权进行登记，合法有据。

四、被采取刑事强制措施的外国人以及港、澳、台地区居民是否应视为在我国内地有住所及其上诉期限问题

许文章系香港特别行政区居民，因为涉嫌犯罪被羁押在看守所，能否视为在我国内地有住所？这涉及其上诉期限的适用问题。审判时有两种意见：一是认为其已被关押，住所是确定的，上诉期可适用《民事诉讼法》第一百六十四条规定的期限，即按15日确定；二是认为许文章被羁押在看守所不能视为在我国内地有住所，应适用《民事诉讼法》第二百六十九条规定的期限，即按30日确定。合议庭采纳第二种意见，理由是：首先，没有证据证明许文章在内地有住所；其次，许文章被羁押在看守所系暂时居住的地方，随着刑事案件审判的进展，其有可能到监狱服刑，居住的地方会发生变化；最后，仅以羁押在看守所为由而减少上诉期限，对许文章是不公平的，因羁押在看守所其行使合法权利的能力必然受到客观的限制，如若再按内地有住所的情况予以处理，有悖《民事诉讼法》对涉外、涉港澳台人士在程序上区别对待的立法精神。

（**一审法院合议庭成员** 郑碧宗 杨炳源 王一心
编写人 福建省南安市人民法院 郑碧宗 曾海根
责任编辑 潘 静
审稿人 曹士兵）

---

① 《外资企业法实施细则》第八十条规定："香港、澳门、台湾地区的公司、企业和其他经济组织或者个人以及在国外居住的中国公民在大陆设立全部资本为其所有的企业，参照本实施细则办理。"

Bright Morning Limited[①] 与宜兴乐祺纺织集团有限公司申请承认和执行外国仲裁裁决纠纷案

——在审查外国仲裁裁决时《纽约公约》的适用

关键词：商事　纽约公约　超裁　公共政策　承认和执行

【裁判要旨】

对于仲裁庭为平衡双方利益，主动干预被申请人在合资公司的股东权利而作出的两项裁决，认定超出双方交付仲裁的争议范围，属《纽约公约》第五条第一款（丙）项规定的应当不予承认和执行的情形；对于其他认定被申请人违约及支付违约损害赔偿金的裁决事项，因裁决主文本身与超裁事项可划分，且虽然裁决正文在说理过程中对中国法律持不同理解，将违约损害赔偿与股东权利的限制联系起来，但仲裁庭对裁决理由的分析和阐述，涉及案件的实体问题，不属于《纽约公约》规定的审查内容，故予以承认和执行。

【相关法条】

《联合国承认及执行外国仲裁裁决公约》第五条第一款（丙）项、（丁）项　裁决唯有于受裁决援用之一造向声请承认及执行地之主管机关提具证据证明有下列情形之一时，始得依该造之请求，拒予承认及执行：

（丙）裁决所处理之争议非为交付仲裁之标的或不在其条款之列，或裁

① 朗晨有限公司——作者译。

决裁有关于交付仲裁范围以外事项之决定者，但交付仲裁事项之决定可与未交付仲裁之事项划分时，裁决中关于交付仲裁事项之决定部分得予承认及执行；

（丁）仲裁机关之组成或仲裁程序与各造间之协议不符，或无协议而与仲裁地所在国法律不符者；

第二款 倘声请承认及执行地所在国之主管机关认定有下列情形之一，亦得拒不承认及执行仲裁裁决：

（甲）依该国法律，争议事项系不能以仲裁解决者；

（乙）承认或执行裁决有违该国公共政策者。

【案件索引】

江苏省无锡市中级人民法院（2016）苏02协外认1号（2017年8月31日）

【基本案情】

申请人Bright Morning Limited（以下简称BM公司）申请：承认和执行新加坡国际仲裁中心2011年第130号（ARB130/11/MJL）最终裁决。

被申请人宜兴乐祺纺织集团有限公司（以下简称乐祺集团公司）辩称：（1）裁决第（1）、（2）、（3）、（4）项所裁决的事项均超出双方当事人仲裁条款的范围（以下简称超裁）；（2）仲裁庭的组成违反仲裁规则；（3）裁决事项不可仲裁解决；（4）裁决侵犯我国司法主权，违背了我国的公共政策。故涉案最终裁决存在《纽约公约》第五条第一款（丙）项、（丁）项、第二款（甲）项、（乙）项所规定的拒绝承认和执行的情形，应当不予承认执行。

法院经审理查明：2005年12月26日，乐祺集团公司与BM公司签订《斜纹布合资合同》，合资设立宜兴新乐祺纺织印染有限公司（以下简称新乐祺公司）。2011年11月14日，BM公司针对乐祺集团公司就《斜纹布合资合同》下的争议提交新加坡国际仲裁中心仲裁，请求仲裁庭裁决乐祺集团公司向BM公司支付因违约和不当行为造成的所有金钱损害赔偿、支付因非法侵占BM公司在新乐祺公司利益造成的金钱损害赔偿、偿还新乐祺公司被侵占或被转移资产中获取的全部利润以及支付所有法律费用及上述损害赔偿的利息损失并禁止乐祺集团公司采取任何违反合同的进一步行动。乐祺集团公司请求驳回 BM 公司的全部主张并提出反请求，主张 BM 公司向其支付因违约而遭受的损失，金额介于 2920 万美元至 3640 万美元，并承担所有法律费用及利息。

2015 年 8 月 26 日，新加坡国际仲裁中心作出最终裁决：（1）乐祺集团公司违反了《斜纹布合资合同》；（2）受下文第（4）分段的限制，斜纹布合资合同终止；（3）乐祺集团公司应向 BM 公司支付 3840 万美元，作为其违反《斜纹布合资合同》的损害赔偿金；（4）在本裁决作出之日起的 14 日内，乐祺集团公司应向 BM 公司支付损害赔偿金 3840 万美元。当乐祺集团公司全数支付前述金钱损害赔偿，及有书面确认该赔偿已汇入 BM 公司指定的位于中国以外的银行后，《斜纹布合资合同》应立即终止，且 BM 公司（i）应被禁止主张其在合资公司的任何权利（不论何种权利），包括其在合资合同项下的任何权利，且（ii）应作出乐祺集团公司就 BM 公司在合资公司中所剩余的股权所合理要求的任何行动（包括，如乐祺集团公司如是要求，将该等股权无偿转让给乐祺集团公司或乐祺集团公司选定的第三方）。为避免歧义，乐祺集团公司支付前述金钱款项的义务是绝对和无条件的且不取决于其他任何事件、事实或情况；（5）仲裁庭认定乐祺集团公司应负担本仲裁费用的 100%；（6）就法律和专家费用、实际支付开支和垫付费用，BM 公司有权从乐祺集团公司处获得 BM 公司上述费用的 100%，即 3214599.86 美元。

乐祺集团主张裁决第（1）项至第（4）项超裁的理由是：（1）第（1）项裁决乐祺集团公司违反了合资合同，但 BM 公司从未提出要求宣告乐祺集团公司违约；（2）第（2）项裁决 BM 公司在收到赔偿金后终止合资合同，但 BM 公司和乐祺集团公司从未提出过终止合同的仲裁请求和反请求；（3）第（3）项裁决给 BM 公司的 3840 万美元赔偿金中包含的 1100 万美元额外赔偿是其他主体在另外两份《营销协议》及《技术许可协议》项下的利益，超出了本案合资合同项下仲裁条款的范围，且不可分。仲裁庭已经将 BM 公司在合资合同项下的最大利益即 25% 股权的估值上限 2740 万美元作为违约赔偿金裁决给 BM 公司，而基于“50/50 为基础分享利益”的安排额外裁决的 1100 万美元，则完全是《营销协议》及《技术许可协议》项下 BP 公司和 Galey 集团的利益①，该两份合同也分别约定了各自的仲裁条款，非本案仲裁下的争议标的；(4) 第 (4) 项裁决禁止 BM 公司主张其在斜纹布合资公司的股东权利，并以此作为 BM 公司获得赔偿金的前提条件。仲裁庭处理了股东与公司、其他相关主体在公司法项下的法律关系，超出了《斜纹布合资合同》项下股东之间的合资争议及涉案仲裁条款的范围。

BM 公司则认为第 (1)、(2)、(3) (4) 项裁决均不存在超裁情形。理由是：(1) BM 公司提出的第 (1) 项仲裁请求是支付因违约和其他不当行为造成的所有金钱损失。显然，仲裁庭就该项仲裁请求作出裁决的前提是判断被申请人是否存在违约行为。(2) 鉴于乐祺集团公司自身反请求仲裁庭宣告合资合同终止，最终裁决第 (2) 项显然不存在超裁情形。(3) 最终裁决中关于损害赔偿金的裁决针对的仅是乐祺集团公司因违约行为而需支付的损害赔偿，没有涉及该仲裁案之外的其他当事人，也没有判断乐祺集团公司在任何其他合同项下是否存在违约行为。至于如何具体计算损害赔偿金额，属于仲裁庭的自由裁量权限范围。该等计算方法正确与否，也非《纽约公约》第五条规定的不予承认和执行的情形。事实上，仲裁庭确定的损害赔偿金额也是适当的。(4) 关于股东权利限制的法律安排仅适用于 BM 公司全数获得乐祺集团公司支付的损害赔偿金的情形，当然属于涉案仲裁条款约定的仲裁事项范围内。退一步讲，即使最终裁决的部分内容超出当事人请求的范围，其余部分包括金钱损害赔偿部分仍可被承认和执行。

【裁判结果】

江苏省无锡市中级人民法院经层报最高人民法院，于 2017 年 8 月 31 日作出 (2016) 苏 02 协外认 1 号民事裁定：承认和执行新加坡国际仲裁中心 2011 年第 130 号仲裁裁决第 (1)、(3)、(5)、(6) 项，不予承认和执行第 (2)、(4) 项。

---

① 2006 年 4 月 12 日，乐祺集团公司与 DV 公司签订《牛仔布合资合同》，设立乐威公司。BM 公司、DV 公司均由 Galey 集团控股。2006 年 6 月 10 日，新乐祺公司、乐威公司分别与 Galey 集团签订《技术协议》，由 Galey 集团向新乐祺公司、乐威公司提供技术协助和技术。2006 年 6 月 10 日，新、老乐祺公司与另一家 BP 公司、乐威公司与 BP 公司分别签订《营销协议》，由新、老乐祺公司向 BP 公司供应斜纹布等纺织品，乐威公司向 BP 公司供应牛仔布纺织品。"50/50 为基础分享利益" 规定在《营销协议》中。

【裁判理由】

法院生效裁定认为：涉案最终裁决第（1）、（3）项并未具有《纽约公约》第五条第一款（丙）项规定的超裁情形。理由是：（1）虽然BM公司未明确提出确认乐祺集团公司违约这一仲裁请求，但是其请求损害赔偿的前提条件即确认违约，故裁决第（1）项“确认违约”并未超出双方当事人交付仲裁的范围。（2）综观涉案仲裁裁决的说理过程，其处理的仍然是围绕BM公司与乐祺集团公司关于合资合同履行及违约的相关争议，虽然在确定赔偿数额时仲裁庭基于《斜纹布合资合同》及其他两份协议项下“50/50为基础分享利益”的安排额外裁决了1100万美元，不论其自由裁量的依据正确与否，其处理的仍然是BM公司与乐祺公司间关于违约及赔偿的事宜，并未涉及其他合同当事人，也未处理另外两份协议项下的争议。

最终裁决第（2）、（4）项具有《纽约公约》第五条第一款（丙）项规定的情形，而不能被承认和执行。理由是：首先，股东权利是基于公司法律制度而产生的法定权利，并非约定权利。仲裁庭解决的争议仅限于合资双方围绕合资合同发生的争议，而非能将其管辖延伸至合资公司本身。其次，BM公司与乐祺公司在仲裁中均未提出有关BM公司在合资公司的股权问题。仲裁庭为平衡双方利益，避免BM公司获取所谓“双倍赔偿”，主动干预BM公司在斜纹布合资公司的股东权利，作出裁决第（4）项既超出双方交付仲裁的争议范围，也超出了双方交付仲裁决定的事项范围。因第（2）项与第（4）项裁决内容具有关联性，应当一并不予执行。

至于超裁的第（2）、（4）项与其他裁项是否可分的问题，裁决第（1）项认定乐祺公司违约，第（3）项确定了乐祺公司应向BM公司支付违约损害赔偿金的金额，从裁决主文看，并未反映出第（2）、（4）项与第（1）、（3）项具有不可分割的关联性。第（3）项作为单独一项裁决，是对乐祺公司因违约所应承担损害赔偿金额的确定，不能因为裁决正文在说理过程中将违约损害赔偿与股东权利的限制联系起来，而认定第（3）项与第（2）、（4）项不可划分。仲裁庭对裁决理由的分析和阐述，涉及案件的实体问题，不属于《纽约公约》规定的审查内容，因此，裁决第（2）、（4）项与第（1）、（3）项具有可分性。裁决第（5）、（6）项涉及仲裁费及其他费用的分担问题，亦可与超裁的第（2）、（4）项进行划分。

至于乐祺公司主张的仲裁庭的组成违反仲裁规则、裁决事项不可仲裁解决、裁决违背我国公共政策均缺乏事实依据，不予采纳。本案中仲裁庭适用我国法律适当与否，影响的仅是赔偿金额，并不构成对我国公共政策的违反。

综上，法院裁定承认和执行新加坡国际仲裁中心2011年第130号（ARB130/11/MJL）仲裁裁决第（1）、（3）、（5）、（6）项，不予承认和执行第（2）、（4）项。

【案例注解】

本案国际仲裁庭裁决的是个典型的合资经营合同纠纷，美国母公司控股的香港BM公司指责合营方乐祺集团公司拒绝登记其委派的董事会成员，拒绝任命BM公司副总经理、审计经理等，而乐祺集团公司则指责BM公司的母公司Galey集团违反《技术协议》约定，指使人员偷走生产数据硬盘，并从两个合资公司撤走全部人员，BP公司亦不再履行两份营销协议。双方合作破裂，BM公司和DV公司分别就《斜纹布合资合同》《牛仔布合资合同》下的争议，以乐祺集团公司为被申请人向新加坡国际仲裁中心提请仲裁（案号分别为新仲仲裁2011年第130、131号）。本案系仲裁庭就《斜纹布合资合同》项下BM公司与乐祺集团公司的争议作出的裁决即新仲仲裁2011年第130号裁决。笔者以为有以下问题值得关注和探讨。

一、国际仲裁庭对中国法律的理解适用

本案中，双方当事人在《斜纹布合资合同》中约定适用中国法律处理合同争议，仲裁庭亦明确表述解决涉案争议时适用中国法律。但是，仲裁庭在适用中国法律进行涉案裁决时，对中国法律的理解却存在偏差。

首先，我国《合同法》第一百零七条规定：当事人一方不履行合同义务或者履行合同义务不符合约定的，应当承担继续履行、采取补救措施或者赔偿损失等违约责任。第一百一十三条规定：当事人一方不履行合同义务或者履行合同义务不符合约定，给对方造成损失的，损失赔偿额应当相当于因违约所造成的损失，包括合同履行后可以获得的利益，但不得超过违反合同一方订立合同时预见到或者应当预见到的因违反合同可能造成的损失。仲裁庭在确认乐祺集团公司违约后，并未在我国《合同法》规定的范畴内选择对BM公司的违约救济方式，而是将合同终止、损害赔偿及合资公司股权处理等视为一个整体进行处置。在确定损害赔偿额时，亦未按照前述第一百一十三条的规定进行酌定，而是继续行使英美法系裁判者广泛的自由裁量权——“仲裁庭本身有广

泛权利作出合适的救济以公平解决双方当事人的争议”，认为“如仅以申请人在斜纹布合资公司25%的股权为基础作出的损害赔偿救济将不能公平地补偿申请人因被申请人多次违约而遭受的损害”。其实，根据我国《合同法》，在乐祺集团公司被认定为违约的情况下，BM公司所获损害赔偿应当以其在订立合同时能够或应当预见到的因对方违约所造成的损失为限。BM公司在斜纹布合资公司的股权为25%，以斜纹布合资公司的企业价值（依仲裁庭采纳的计算方法）乘以25%已经是其预见的损失的上限。而仲裁庭却“担心仅将申请人在斜纹布合资公司的利益评估在25%不足以弥补申请人的损失”及“让一方获得了斜纹布合资公司超过50%的利润”，因此，“作为防止被申请人获得暴利的额外赔偿”，仲裁庭在斜纹布合资公司企业价值25%的上限之外额外裁定赔偿1100万美元给BM公司，也即总赔偿金额相当于企业价值的35%，介于25%～50%之间。

其次，即使是仲裁庭行使其广泛的自由裁量权，在新加坡国际仲裁中心同日作出的130号、131号这两个相关裁决（两个仲裁庭的首席仲裁员及一名边裁相同）中，对同一焦点问题适用同一法律却给予了截然不同的结论。131号裁决最终驳回了双方的请求和反请求，且其在论及如果乐祺集团公司存在违约的赔偿数额时，明确同意乐祺集团公司主张的牛仔布合资公司仅持有33.33%股权，且50∶50分配机制是《营销协议》项下，“申请人试图将Galey集团和乐祺（无锡）集团间50∶50的利润分享等同于申请人和被申请人间50∶50的合资企业，仲裁庭不支持这种主张”，并就此认为DV公司妄图获得50%赔偿是不公平的。而在130号裁决中，仲裁庭却认为《斜纹布合资合同》包括《营销协议》《技术协议》，这一套协议的运作应当使双方当事人以50/50为基础分享利润分担损失。仲裁庭在本案中所谓衡平法则的适用却未能保障当事人在同等情况下获得同一法律的平等对待。

再次，《合同法》第一百二十二条规定：因当事人一方的违约行为，侵害对方人身、财产权益的，受损害方有权选择依照本法要求其承担违约责任或者依照其他法律要求其承担侵权责任。也即，依照我国《合同法》，违约或侵权竞合时，当事人有权择其一进行仲裁或诉讼。在仲裁条款约定仅处理与合资合同有关争议的情况下，仲裁机构仅能就其违约损害赔偿部分进行处理。然而，在乐祺集团公司提出依中国法仲裁庭无权作出有关股权转让命令的情况下，仲裁庭虽然在“仔细阅读双方提供的中国法律典籍”后，认为确实无需强制股权转让，但为避免申请人获得“双倍赔偿”而在中国法律之外自行设置了一个保障如强行禁止行使股东权利或进行股权转让，并陈述“仲裁庭无需决定其在中国法下是否有权命令一个中外合资公司的双方当事人进行转让股权”。仲裁庭在裁决过程中将违约与侵权一并审查，并在认定违约损害赔偿中实际将侵权损害赔偿一并考量，才作出了高达3840万美元的远超出BM公司股权价值和实际损失的赔偿，但又为防止申请人获得“双倍赔偿”，而不顾双方当事人意愿及中国法律规定，额外裁决了禁止股东权利的相关命令，以达到其内心确认的公平。可见，国际仲裁庭对中国法律的适用，和中国法院在适用外国法时面临同样的尴尬境遇，只知其表而不知其里。

二、中国法院对“超裁”的审查标准

《纽约公约》第五条第一款（丙）项规定的“裁决所处理之争议非为交付仲裁之标的或不在其条款之列，或裁决载有关于交付仲裁范围以外事项之决定者”即为通常所说的“超裁”事项，也是申请承认及执行外国仲裁裁决纠纷中较为常见的抗辩理由。而对“超裁”的理解，也往往成为当事人争议的焦点、法官审查的难点以及学界质疑的重点。中国法院在审查外国仲裁裁决时一直秉持严格适用《纽约公约》第五条的原则。在“一带一路”建设的倡议背景下，国际仲裁又是多元化纠纷解决机制的重要力量，最高人民法院更是要求以“有利于执行”的理念履行公约义务。

就《纽约公约》的该项规定而言，其包含两层含义：一是裁决处理了双方当事人并未交付仲裁的争议；二是裁决内容本身超出了双方交付仲裁的范围。

关于仲裁协议约定的范围，实践中，绝大多数仲裁条款以及仲裁示范条款，对仲裁事项的约定近乎相同，不外乎两种：一种概括式的，一般约定为“因本合同引起的纠纷”，或是“凡因本合同引起的纠纷”，或是“与合同有关的一切纠纷”；一种概括加列举式的，如涉案仲裁条款的约定：“因本合同或本合同的履行、解释、违约、终止或效力而引起的或与之有关的任何争议、纠纷或权利主张。”有观点认为，当事人意思自治是整个国际商事仲裁制度的核心和基石，仲裁员的权利直接来源于当事人的仲裁协议。因此，在不违反法律强制性规定的前提下，这种概括式的文本表达方式使得仲裁条款约定的仲裁权具有广阔的空间，且出于权利自我扩张的天性，只要当事人对哪些争议可以提交仲裁没有进行特别具体的约定，仲裁庭一般都会将仲裁条款的外延乃至内涵解释得尽可能宽泛，以扩大自身管辖权。在这种情况下，除非当事人之间对争议管辖权进行了特别约定，法院通常会尊重仲裁管辖权，不轻易承认当事人关于仲裁裁决超越仲裁条款约定范围的抗辩。① 正如仲裁庭陈述“如果仲裁庭仅能决定斜纹布合资合同终止，而不能进一步决定该终止的后果，则无法圆满解决争议，也不符合情理”，这种持管辖扩张主义的观点，不仅是将与合同有关的争议，更是将由合同纠纷引申的其他纠纷一并纳入管辖。笔者以为这种扩张恰恰是不尊重当事人的意思自治。

对于涉案仲裁裁决的相关裁项是否符合仲裁条款约定，应当根据裁决内容予以甄别，既不能机械局限理解，也不能肆意扩张解释。乐祺集团公司主张涉案裁决第 3 项赔偿 BM 公司 3840 万美元中包含的 1100 万美元额外赔偿，是其他主体在《营销协议》和《技术协议》项下的利益，非乐祺集团公司与 BM 公司间的合资合同而产生，因此超出涉案仲裁条款。对此，法院认为，虽然在确定赔偿数额时仲裁庭基于《斜纹布合资合同》《营销协议》和《技术协议》一套协议项下“50/50 为基础分享利益”的安排额外裁决了 1100 万美元，不论其自由裁量的依据正确与否，其处理的仍然是 BM 公司与乐祺集团公司间关于违约及赔偿的事宜，并未涉及《营销协议》和《技术协议》的其他合同当事人，也未处理该两份协议项下的争议。仲裁庭在作出确认乐祺集团公司违约的判断后，即行分析了其确定赔偿数额的依据，并最终确认赔偿数额。综观涉案仲裁裁决的说理过程，其处理的仍然是围绕 BM 公司与乐祺集团公司关于《斜纹布合资合同》履行及违约的相关争议，并未超出仲裁条款的范围。然而，对于涉案裁决第（4）项，法院认为，因 BM 公司与乐祺集团公司约定提交仲裁解决的争议是与合资合同履行、违约、终止等相关的争议或由此引发的争议，也即仲裁庭解决的争议仅限于合资双方围绕合资合同发生的争议，而非能将其管辖延伸至合资公司本身。股权是法定权利，而非当事人约定的权利，当事人合意提交仲裁解决的也仅限于其可以合意解决的法律关系。仲裁庭因合资合同违约纠纷作出对股权处置的裁决显然超出了仲裁条款约定的范围。

关于超越仲裁请求的范围，按照私权自治理念和处分权主义，当事人向裁判者提出的权利请求，确定了裁判者的审理范围和裁判对象。因此，如果仲裁当事人就某种事项没有提出请求，仲裁庭则不能超出当事人请求范围作出仲裁裁决，否则也是侵害了当事人的意思自治和对自身权益的处分权。

本案 BM 公司与乐祺集团公司在仲裁请求与反请求中均未提出有关 BM 公

① 《浅析国际商事仲裁裁决“超裁”的司法认定——对申请承认及执行外国仲裁裁决纠纷案的评析》，载 http：//www. docin. com。

司在合资公司的股权问题，在仲裁过程中亦未有任何一方提及股权限制及转让。BM公司请求的是违约损害赔偿金和侵权损害赔偿金，乐祺集团公司反请求的是对方违约的损害赔偿金，双方的争议焦点均是对方是否违约及违约造成的法律后果。然而仲裁庭的逻辑推理却是由果及因，其裁决违约赔偿金，本是既符合仲裁条款约定的范围，亦符合交付仲裁决定的事项范围，但其在裁决金额过程中，认为“有权对申请人的赔偿（如果其能证明所声称的被申请人的持续违约行为，而仲裁庭决定情况正是如此）作出赔偿救济，且该赔偿救济是以永久禁止申请人行使其股东权利，并要求申请人采取被申请人就其在斜纹布合资公司的剩余股权所合理要求的任何行动为条件”。这种为平衡双方利益，避免BM公司获取所谓“双倍赔偿”，主动干预BM公司在斜纹布合资公司的股东权利的行为，显然是从对前述仲裁条款约定的范围进行扩大解释入手，混淆仲裁管辖权与当事人请求范围的界限。当事人对于合同纠纷提交仲裁管辖并无争议，仲裁庭也因此取得管辖权，但是取得管辖权并不意味着其可以超出当事人请求范围作出裁决。为了衡平其即将作出的远超股权价值的巨额赔偿，先行对仲裁条款约定的范围进行了扩张解释，进而将其权利扩张到当事人请求事项的范围，将股东权利的限制作为违反合同的后果纳入仲裁处理范围中。这种逻辑显然不能被中国法院所接受。

支持仲裁庭的观点认为，“纵然该裁决涉及BM公司与乐祺公司对合资公司的股东权利问题，严格说来可能涉及了对于第三方法人主体——合资公司的裁判，但这仍旧可以被仲裁条款所采用的广泛语言所涵盖，更何况，仲裁庭的指令仅仅围绕着申请人与被申请人双方，并未指向合资公司本身。”① 该观点还以当事人合意为考量角度，认为法院人为对裁决事项进行分割，貌似忠实解读《纽约公约》的相关规定，实际向国际商事仲裁领域传递了消极的信号。对此，笔者以为，如前所述，当事人合意提交仲裁解决的就是与合资合同相关的争议，仲裁庭只需对合同的履行、违约、赔偿等相关问题进行裁决，而不能依其自由裁量权对合资公司的股东权利进行强制转让，尤其是双方在仲裁程序中合意适用中国法律。中国法律在处理合同违约和侵权竞合的情形时，必须择其一，而非两者同时处理。仲裁庭作出此种裁决不仅未能准确地适用中国法，更是逾越了仲裁范围。如果在裁决作出后，双方当事人对涉及处置股权的裁决部分没有异议，则法院应当尊重当事人合意，不宜主动对其裁决内容是否

① 刘璐：《仲裁不可怕，超裁最尴尬——我国法院对待超裁问题的司法实践》，载《法律适用（司法案例）》2018年第12期。

“超裁”进行判断。但在一方当事人明确涉案裁决存在“超裁”情形，则中国法院具有责无旁贷的义务严格遵循《纽约公约》的规定进行审查，而不能作无原则地扩张解释，置当事人的仲裁请求于不顾，将所有仲裁庭处理的事项均纳入仲裁条款的概括描述中，使得《纽约公约》第五条第一款（丙）项流于形式。

三、对提交仲裁事项的可分性及公共政策例外原则持审慎态度

本案在确定超裁的第（2）、（4）项是否与其他裁项可划分时，曾有种意见认为不可划分，所有裁项都应当因超裁而不予承认和执行。该意见的理由是：鉴于仲裁庭在其裁决书中明确陈述：“如果仲裁庭仅能决定斜纹布合资合同终止，而不能进一步决定该终止的后果，则无法圆满解决争议，也不符合情理。因此，仲裁庭认为其有权作出赔偿救济，且该赔偿救济是以永久禁止 BM 公司行使其股东权利，并要求 BM 公司采取乐祺集团公司就其在斜纹布合资公司的剩余股权所合理要求的任何行动为条件”，也即仲裁庭的第（3）项有关损害赔偿的裁决内容是以第（2）、（4）项裁决内容为条件，彼此存在关联性，构成一个整体，不可划分。但是，最高人民法院采纳了另一种意见，认为单从裁决主文来看，并未反映出第（2）、（4）项与第（1）、（3）项具有不可分割的关联性。也即，最高人民法院对裁项是否可分的标准进行了严格限缩，即仅限于裁项表述本身的关联性，而非裁项形成的内部逻辑的关联性。从仲裁庭的说理来看，其明确表态如果不要求 BM 公司将股权转让给乐祺集团公司的情况下，裁定乐祺集团公司就其侵占合资公司权益向 BM 公司支付损害赔偿，会构成双倍赔偿。言下之意，仲裁庭在合资公司股权价值 2740 万美元之外额外判赔了 1100 万美元的前提是 BM 公司不得再行使其股东权利。但是，法院最终从有利于执行的角度，仅从裁决主文内容并未反映出两者具有不可分割的关联性，认定其他裁项与第（2）、（4）项可分，并予以承认和执行。这样的结果直接导致了仲裁庭并不想出现的 BM 公司“获得双倍赔偿”的情形，在本案中既获得了巨额赔偿又未丧失股东权利。

也正因为如此，为避免申请人获得双倍赔偿，本案在层报最高人民法院时亦有观点认为可以适用公共政策例外原则。该观点认为，仲裁庭不顾双方当事人意愿及中国法律规定，额外裁决了禁止股东权利的相关命令，与我国《合同法》的相关规定完全相背。若对涉案仲裁裁决予以承认和执行，将助长其他国家及国际仲裁机构任意适用和解释中国法律，有违中国的公共政策。但

是，截至目前，最高人民法院仅在“永宁公司案”① 和“浩普公司案”② 中适用了公共政策例外原则，且均因中国法院在裁决作出前已有生效判决或裁定，执行该两份国际商会仲裁院的裁决均将与我国法院在先的生效判决、裁定相冲突。

最高人民法院在本案中亦明确表示适用我国法律适当与否，影响的仅是赔偿金额，并不构成对我国公共政策的违反。也即，最高人民法院一直以审慎的态度适用公共政策例外原则，既防止国内法院将公共政策作为拒绝承认和执行国际仲裁裁决的“万金油”，同时，表达了中国法院支持国际仲裁的决心和态度。

（**法院合议庭成员**　张　浩　鄞　芳　包文炯

编写人　江苏省无锡市中级人民法院　张　浩

责任编辑　杨　奕

审稿人　曹守晔）

---

① 见《最高人民法院关于不予承认和执行国际商会仲裁院仲裁裁决的请示的复函》（［2008］民四他字第11号）。

② 见《最高人民法院关于不予执行国际商会仲裁院第18295/CYK号仲裁裁决一案请示的复函》（［2016］最高法民他8号）。

知识产权

捷豹路虎（中国）投资有限公司不服上海市浦东新区市场监督管理局行政处罚决定及上海市浦东新区人民政府行政复议决定案

——专业领域使用非通用术语宣传“引人误解”的认定

关键词：知识产权　非通用术语　引人误解　虚假宣传

【裁判要旨】

当专业领域的经营者使用非通用术语宣传时，虽该术语无公认的含义，但若结合该术语的相关专业背景及经营者对该术语的使用历史，相关公众对该术语的认知会导致对商品配置、性能等产生误解，则该宣传内容构成虚假宣传。在宣传内容已容易导致社会公众产生误解的情况下，仅凭宣传册尾部内容较为概括的免责提示不能消除上述误解。

【相关法条】

《中华人民共和国反不正当竞争法》（1993 年）第九条第一款　经营者不得利用广告或者其他方法，对商品的质量、制作成分、性能、用途、生产者、有效期限、产地等作引人误解的虚假宣传。

【案件索引】

一审：上海市浦东新区人民法院（2017）沪0115行初291号（2017年9

月 28 日）

【基本案情】

原告捷豹路虎（中国）投资有限公司（以下简称捷豹路虎公司）诉称：被告上海市浦东新区市场监督管理局（以下简称浦东市场监管局）于 2016 年 11 月 11 日作出《行政处罚决定书》，认定原告关于 2014 年款路虎 DISCOVERY4 系列越野乘用车（以下简称 2014 年车辆）的宣传中，就全地形反馈适应系统、中央电子差速锁及驾驶员座椅侧向支撑调节功能的宣传与车辆实际配置不符，构成引人误解的虚假宣传。原告提起复议后，被告上海市浦东新区人民政府（以下简称浦东区政府）作出维持上述《行政处罚决定书》的《行政复议决定书》。但原告并未宣传大岩石模式为标准配置。宣传册中图文介绍是为了介绍车辆可实现的最好功能，这是行业通行做法。涉案车辆具有差速器，也具有中央电子差速锁锁止功能，标注为中央电子差速锁并无不当。侧向支撑调节功能是印刷错误。消费者可以通过观察车辆外观辨识车辆是否具备涉案配置或功能，不会产生误解。为避免宣传册内容引起误解，原告在宣传册中进行了提示，尽到了提示义务。故起诉要求撤销《行政处罚决定书》和《行政复议决定书》。

被告浦东市场监管局辩称：（1）大岩石模式需选配双速分动箱后才能实现，但原告对此并未作出提示。（2）中央电子差速锁与中央电子差速锁锁止功能是两个不同概念，原告的 2013 款车辆与 2014 款涉案车辆实现该功能的部件、越野性能及仪表盘显示不同，但均作相同宣传且未作任何说明。（3）涉案专业配置问题并非通过简单观察车辆外观就能辨识，这显然加重了消费者的注意义务。（4）仅凭宣传册尾部的提示内容并不能避免上述宣传造成的误解。综上，请求驳回原告的诉请。

被告浦东区政府辩称：其具有作出行政复议的法定职权，所作复议决定事实清楚、程序合法、适用法律正确，请求驳回原告诉请。

法院经审理查明：原告捷豹路虎公司系“路虎”品牌车辆在中国的总经销商，其 2014 年车辆系列越野乘用车共四种车型，在宣传材料中，车辆配置表显示全地形反馈适应系统、中央电子差速锁、驾驶员座椅侧向支撑调节为标准装备，还介绍全地形反馈适应系统包括大岩石/圆石慢行模式（以下简称大岩石模式）等五种模式。宣传材料尾部有“……该手册既不应视为目前路虎汽车技术规格的可靠指导，也不能当成对任何一辆路虎汽车的销售报价”等声明。

2014 年车辆仅一种车型标配的座椅能实现驾驶员座椅侧向支撑调节功能，大岩石模式需加装双速分动箱后才能实现，但四种车型均标配的是单速分动箱，其中配有 T-3 型托森式中央差速器。原告的 2013 年车辆标配双速分动箱，其中配有摩擦片式自锁式中央差速器，亦在配置表中标注中央电子差速锁为标准装备。

2015 年 3 月 20 日开始，陆续有消费者举报涉案车辆虚假宣传。被告浦东市场监管局依法立案、调查并举行了听证。根据原告提交的鉴定报告及专家意见："中央电子差速锁"非汽车行业的专业用语，亦无标准定义；T-3 型托森式中央差速器是一种机械式差速器，其与车辆的电子差速系统配合，能实现中央电子差速锁锁止功能；其不能在仪表盘中显示工作状态；在正常公路行驶中表现突出。摩擦片式自锁式中央差速器是一种电子控制式的防滑差速器，具备中央电子差速锁锁止功能；能在仪表盘中显示工作状态；具备更好的极限越野能力。

原告在调查过程中两次出具公开说明，称宣传册中关于中央电子差速锁和座椅侧向调节的标准配置系印刷错误，漏印了大岩石模式无法在不配有双速分动箱的情况下实现的脚注。原告先后对上述宣传内容进行了修改。

2016 年 11 月 11 日，浦东市场监管局作出《行政处罚决定书》，认定原告关于全地形反馈适应系统、中央电子差速锁及驾驶员座椅侧向支撑调节功能的宣传与车辆实际配置不符，构成引人误解的虚假宣传。故对其作出责令停止违法行为，消除影响，并处罚款人民币 9 万元的行政处罚。捷豹路虎公司不服，向被告浦东区政府申请行政复议，浦东区政府于 2017 年 2 月 27 日作出行政复议决定，维持上述《行政处罚决定书》。

【裁判结果】

上海市浦东新区人民法院于 2017 年 9 月 28 日作出（2017）沪 0115 行初 291 号行政判决：驳回原告捷豹路虎公司的诉讼请求。

宣判后，原、被告均未提起上诉，一审判决已生效。

【裁判理由】

法院生效判决认为：虚假宣传不正当竞争行为的本质在于宣传内容使相关

公众对商品的质量、性能等容易产生误解，应根据日常生活经验、相关公众一般注意力、发生误解的事实和被宣传对象的实际情况等因素进行认定。原告宣传全地形反馈适应系统、中央电子差速锁及驾驶员座椅侧向支撑调节功能系涉案车辆的标准装备，但涉案车辆四种车型中仅一种车型标准配置有驾驶员座椅侧向支撑调节功能，显然构成引人误解的虚假宣传。就全地形反馈适应系统而言，宣传册中详细介绍其有五种模式，但并未提示消费者大岩石模式需选装双速分动箱后才可实现。消费者在阅看该宣传册后，会对涉案车辆的上述配置及性能产生误解。就中央电子差速锁而言，原告的2013年款车辆通过标配的“摩擦片式自锁式中央差速器”实现其所谓的中央电子差速锁锁止功能，并宣传标配有中央电子差速锁。2014年的涉案车辆通过标配的“T－3型托森中央差速器”配合电子差速系统共同实现该功能。虽然均可实现该功能，但所据以实现该功能的装备不同，越野性能不同，在仪表盘上的显示状态亦不同。原告更改装备后，仍在配置表中对标准装备作相同表述，对相关公众而言，极易产生涉案车辆装备了“摩擦片式自锁式中央差速器”这一具有更优越野性能的差速器的误解。在此情况下，原告仅通过在宣传册尾部做概括性的免责提示，并不能消除相关公众因整本宣传册中极为翔实和明确的宣传所产生的误解。因此，原告的上述行为构成引人误解的虚假宣传。

【案例注解】

一、虚假宣传不正当竞争的本质在于“引人误解”

根据《反不正当竞争法》第九条第一款的规定，经营者不得利用广告或者其他方法，对商品的质量、制作成分、性能、用途、生产者、有效期限、产地等作引人误解的虚假宣传。从文义上看，“引人误解”和“虚假”是“宣传”的并列性限定词，宣传内容“虚假”及造成“引人误解”的后果是构成“引人误解的虚假宣传”所需满足的必要条件。因此，按照字面解释，引人误解的真实宣传及不引人误解的虚假宣传，均不能纳入本条的调整范围。但无论在理论界还是实务界，对该条均有不同解读，倾向性观点认为，上述文义解释的观点使得本条适用的范围过窄，应扩大解释，使其包括“引人误解的宣传”和“虚假宣传”两种情况。在《最高人民法院关于审理不正当竞争民事案件应用法律若干问题的解释》（以下简称《不正当竞争解释》）的起草过程中，也曾欲对“引人误解的虚假宣传”作扩大解释，将其界定为“对商品作虚假的或其他引人误解的宣传”，但因该解释与法律规定的字面意思不符而未通过。[①] 不过，在司法实践中，事实上已经采取扩大解释的方式，将虚假宣传不正当竞争行为的本质界定为“引人误解”而并不严格要求“虚假”。该观点又被2017年修订并于2018年1月1日起实施的《反不正当竞争法》所采纳，该法第八条第一款规定，经营者不得对其商品的性能、功能、质量、销售状况、用户评价、曾获荣誉等作虚假或者引人误解的商业宣传，欺骗、误导消费者。对于看似“虚假”但并不“引人误解”的行为，如化妆品广告中“今年20，明年18”的宣传内容，《不正当竞争解释》第八条第二款则明确规定其不构成侵权。因此，认定是否构成虚假宣传不正当竞争的关键在于宣传行为是否足以产生引人误解的后果。

关于“引人误解”的具体认定，往往具有较大的自由裁量性。为统一裁判尺度，《不正当竞争解释》第八条第三款从主体、主观、客观后果及判断依据等方面规定了一般性的考量因素，即人民法院应当根据日常生活经验、相关公众一般注意力、发生误解的事实和被宣传对象的实际情况等因素，对引人误解的虚假宣传行为进行认定。本案所涉宣传内容系汽车领域关于车辆配置及性能的宣传，在认定是否容易引人误解时，从主体方面来看，不应根据汽车行业专家等专业人员，或与涉案车辆毫无接触可能性的其他普通公众的认知标准来评判，而应基于涉案汽车的消费者或潜在消费群体、汽车产业链的相应经营人员等相关公众的认知标准进行评判。从主观方面来看，不应要求相关公众对涉案车辆的配置、性能等做极为深入、全面的研究与了解，而应以相关公众施以普通注意力的情况下所做判断进行认定。从判断依据方面来看，应以相关公众的日常生活经验为基础，但还应参考汽车行业的相关背景知识，并结合被诉宣传行为的具体情形等，作出综合认定。从客观后果方面来看，被诉宣传行为应足以使相关公众对涉案车辆的配置、性能等产生错误认识，从而影响其购买选择。

涉案虚假宣传行为主要表现为对涉案车辆三项配置的宣传，即全地形反馈适应系统中的大岩石模式、中央电子差速锁及驾驶员座椅侧向支撑调节。其中，全地形反馈适应系统作为原告获得发明专利的一项创新技术，系原告在研究了五种路面状况的驾驶特点后，将一些比较成熟的驾驶习惯预设在车辆控制模式中，使得驾驶员不需要掌握复杂地形的专业驾驶知识和经验，即可通过直接选择相应模式的方式让系统自动优化控制以适应相应地形。涉案车辆的宣传

① 参见《商标与不正当竞争法原理和判例》，法律出版社2009年版，第810页。

册在配置表中将全地形反馈适应系统列为标准装备，同时介绍该系统有包括大岩石模式在内的五种模式，但并未提示消费者大岩石模式需选装双速分动箱后才可实现。原告抗辩其关于该系统具有五种模式的宣传系做最优宣传，并未宣传大岩石模式为标配。但经营者在对其商品做最优宣传时，应做全面介绍并以合理提示的方式避免消费者对商品质量、性能等产生误解。在原告未做任何提示的情况下，上述宣传内容容易使相关公众认为涉案车辆标配的全地形反馈适应系统中包括大岩石模式，这显然与实际不符。宣传册中关于驾驶员座椅侧向支撑调节功能的宣传确与实际不符，原告对此亦无异议。根据相关公众的日常生活经验，上述两项宣传内容不仅虚假，且显然容易引人误解，在认定上难度不大。双方存在较大争议的是关于中央电子差速锁的宣传内容是否构成虚假宣传。

二、使用非通用术语宣传“引人误解”的认定

原告在其推出的“路虎”第四代发现系列车辆中，2013 年款车辆标配有双速分动箱，其中装备了“摩擦片式自锁式中央差速器”，在宣传册上标注“中央电子差速锁”为标准装备。后因经营调整，将 2014 年款车辆也即涉案车辆的标配改为单速分动箱，其中装备的是“T－3 型托森中央差速器”，宣传册上亦标注“中央电子差速锁”为标准装备。原告称其标注的“中央电子差速锁”是指“中央电子差速锁锁止功能”，摩擦片式自锁式中央差速器能单独实现该功能，T－3 型托森中央差速器能与车辆的 EDS 互相配合而实现该功能，故认为其标注并无不当。鉴于原告在宣传册中使用的是“中央电子差速锁”，其关于该标注是指“中央电子差速锁锁止功能”的辩解缺乏依据。就“中央电子差速锁”而言，其并非汽车行业国家标准或行业标准中所规定的术语，亦非该行业人员所普遍接受和使用的通用术语。因此，原告在其宣传册上使用该术语进行宣传，很难谓其实施了“虚假”的商业宣传行为。该行为是否构成“引人误解”的商业宣传，应结合汽车领域与“中央电子差速锁”相关的专业术语的含义，判断相关公众对于“中央电子差速锁”的一般理解，从而对相关公众是否会对该宣传内容产生误解进行认定。

在汽车行业，与“中央电子差速锁”相关的汽车行业专业术语包括差速器、差速锁、电子差速系统（也称电子差速锁）等。其中，差速器是指能够使左右或前后驱动轮以不同转速转动的装置，包括前驱动桥轮间差速器（调整前轮轮速差）、后驱动桥轮间差速器（调整后轮轮速差）及中央差速器（调整前后轮轮速差）。差速锁是差速器上的锁止结构，其作用在于提高汽车在坏

路面（如冰雪、泥泞等）上的通过能力，即当汽车的一个驱动桥空转时锁死差速器，将大部分扭矩甚至全部扭矩传给不滑转的驱动桥，充分利用它的附着力而产生足够牵引力，从而使汽车能够继续行驶。不同差速器采用的锁止方式不同，本案所涉“T－3型托森中央差速器”及“摩擦片式自锁式中央差速器”是现在市场上比较主流的带有锁止功能的中央差速器。电子差速系统（即EDS，亦称电子差速锁）系ABS的一种扩展功能，当电子控制单元根据轮速信号判断出某一侧驱动轮打滑时，EDS就自动开始工作，通过液压控制单元对该车轮进行适当强度的制动，从而提高另一侧驱动轮的附着利用率，以此提高车辆的通过能力。

前述“摩擦片式自锁式中央差速器”与“T－3型托森式中央差速器”存在以下区别：(1）控制方式不同。前者的接通条件和扭矩分配比例由电子系统控制，无需手动控制。后者是一种机械式差速器，通过相互啮合互锁及力矩单向地从蜗杆传递到涡轮的构造实现其锁止功能，且能与车辆的EDS相互配合共同实现锁止功能。(2）越野性能不同。装配前者的车辆的低速挡能提供2.93倍驱动力矩，使得车辆在极端越野地形下脱困能力增加，具备更好的极限越野能力。装配后者的车辆在正常公路行驶中表现突出，能够很好地平衡公路驾驶和越野驾驶。(3）工作中的屏幕显示状态不同。前者与CAN总线有通信，能够在仪表盘中显示出其工作状态。后者与总线无通信，不能在仪表盘中显示其工作状态。

对相应消费者而言，原告在连续两年所推出的同一品牌、同一型号车辆（即2013年款和2014年款路虎第四代发现车辆）的宣传册上所列明的相同名称的标准装备（即“中央电子差速锁”），其含义应前后一致。鉴于“中央电子差速锁”并非该行业的通用术语，消费者在看到配置表中的该项宣传后，按照日常生活经验并结合与该名称相关的汽车行业的其他专业术语，可能将其理解为一种电子控制式的带有锁止功能的中央差速器，而这正好是原告2013年款车辆中标配的摩擦片式自锁式中央差速器的基本特征。虽然涉案车辆标配的T－3型托森中央差速器亦系带有锁止功能的中央差速器，且能与电子差速系统兼容，但二者的越野性能并不相同，而越野性能的高低是影响消费者选择越野车的重要考虑因素。原告在2014年款车辆更改装备且越野性能有所降低的情况下，仍在配置表中对该部分内容作与2013年款车辆相同的宣传，容易使相关公众产生涉案车辆标配的装备及其性能与2013年款车辆相同的误解，事实上也确有相关消费者产生此种误解。因此，原告的该项宣传内容构成引人误解的虚假宣传。

三、本案关于“引人误解”的其他争议

(一)免责声明对“引人误解”的影响

经营者在对其产品或服务进行宣传时，有时会同时在宣传册中或宣传内容附近附免责声明，如“图片仅供参考”“价格仅供参考”等。此类声明能否阻却虚假宣传的认定，主要取决于其声明内容是否足以使相关公众消除其产生的误解，应结合声明的方位、内容等进行综合判断。例如，以生活中常见的方便面（红烧牛肉面）为例，其作为宣传内容的配图中含有大块牛肉，显然与实际产品并不相符。但由于经营者在该配图旁显著标注“图片仅供参考”，并在配料表中详细注明其配料，再结合普通消费者对于方便面的一般认知，其在看到该宣传图后并不会对商品成分产生误解。故而，在此种情况下，看似“虚假”的宣传内容可因其合理的免责声明而不构成《反不正当竞争法》规定的引人误解的虚假宣传。本案中，涉案宣传册上免责声明的内容为“……该手册既不应视为目前路虎汽车技术规格的可靠指导……”从方位上看，该声明系在宣传册尾部，而非存在于需要澄清的宣传内容处。从内容上看，其仅为一句概括性的陈述，并未针对任何具体宣传内容。在涉案宣传内容已使得相关公众产生误解的情况下，仅凭宣传册尾部的一句概括性免责声明，并不能消除相关公众因整本宣传册中极为翔实和明确的宣传所产生的误解。

(二)购买时的实际认知不影响“引人误解”的认定

原告还提出，对于汽车这种大宗消费商品，尤其是涉案车辆这种豪华越野车，消费者在购买前会通过各种途径对车辆进行全方位的了解，一般分为以下四个了解阶段：第一步是初步了解阶段，消费者在购车前一般会通过广告、宣传资料、网络途径，对有意购买的车辆概况进行初步了解和比对。第二步是现场考察阶段，即在形成初步购买意向后前往销售机构如4S店考察实车，一般还会进行试乘试驾。此时，销售人员会详细介绍拟购车型的配置、价款等。第三步是签订合同阶段，此时会在合同及其附件中对车辆的型号、颜色、配置（包括标准配置和选装配置）等作出具体约定。第四步是车辆交付阶段，无论是现场提车，还是预约提车，消费者在交车过程中均会再行核实各项配置。也正因为车辆的特殊购物过程，原告认为并非所有与实际情况不符的宣传均构成虚假宣传，鉴于涉案车辆的特殊购物过程，无论宣传资料如何宣传，消费者可在购车过程中通过一系列反复介绍、核实、确认的过程了解车辆的真实、准确信息，故不会产生误解。

原告的上述观点系对《反不正当竞争法》中“引人误解的虚假宣传”的

误解。《反不正当竞争法》规定虚假宣传行为，是因为经营者在宣传中进行了误导，从而产生相对于其他经营者的竞争优势。在“引人误解”的认定中，系对相关公众看到宣传内容时的认知内容是否存在误解进行判断，而非要求消费者穷尽一切手段后的认知情况与实际不符。消费者在看到商品实物仍产生误解系虚假宣传不正当竞争中“引人误解”的情形之一，但对商品本身的认知并非认定“引人误解”的充要条件，重点在于对于宣传内容是否引人误解的认定。

在商品供应充分、消费者面临多重选择的当下，宣传在商品销售中的作用越来越大。作为一种重要的促销手段，宣传行为往往是经营者营销行为的第一步，而阅读宣传内容则成为消费者作出购买决策的第一步。经营者应确保宣传内容与实际情况相符，若在宣传中对其商品的质量、性能等进行了误导，使得相关公众产生误解，就会构成不正当竞争。即便有部分消费者未对该宣传内容产生误解，但不能因部分消费者的“火眼金睛”而认为经营者的宣传行为不构成虚假宣传。即便消费者在购买过程中因看到商品实物而知晓实物与宣传内容不符，亦并不能因此而使经营者的虚假宣传行为得到豁免，相反能够证明经营者的宣传内容确实与实际不符。

本案中，虽然消费者购置涉案车辆时，可通过进一步的了解和销售人员的介绍而知晓该车辆的实际配置，但涉案车辆的配置甚多且具有较高的专业性，而不同消费者的认知能力有所不同，部分消费者在购车过程中根据其自身的认知能力而了解到宣传册内容与车辆实际配置的区别，不代表任何消费者均能认识到该差别。根据本案查明的事实，甚至连4S店的专业销售人员对涉案宣传内容所涉技术术语亦不甚了解。因此，原告的上述抗辩亦不能成立。

（**一审法院合议庭成员**　张　斌　徐　俊　叶菊芬
编写人　上海市浦东新区人民法院　叶菊芬
责任编辑　丁文严
审稿人　林广海）

河北养元智汇饮品股份有限公司诉石家庄爱心饮品有限公司等侵犯商标权及不正当竞争纠纷案

——经营者销售与知名商品近似名称、包装商品的行为构成擅自使用

关键词：知识产权　不正当竞争　知名商品　擅自使用

【裁判要旨】

经营者销售商品所使用的名称和包装与知名商品近似，造成他人与知名商品混淆的，属于擅自使用与知名商品近似的名称、包装的行为，构成不正当竞争。

【相关法条】

《中华人民共和国反不正当竞争法》（1993 年）第五条第二项　经营者不得采用下列不正当手段从事市场交易，损害竞争对手：

（二）擅自使用知名商品特有的名称、包装、装潢，或者使用与知名商品近似的名称、包装、装潢，造成和他人的知名商品相混淆，使购买者误认为是该知名商品；

《最高人民法院关于审理不正当竞争民事案件应用法律若干问题的解释》第一条第一款　在中国境内具有一定的市场知名度，为相关公众所知悉的商品，应当认定为反不正当竞争法第五条第（二）项规定的“知名商品”。人民法院认定知名商品，应当考虑该商品的销售时间、销售区域、销售额和销售对象，进行任何宣传的持续时间、程度和地域范围，作为知名商品受保护的情况

等因素，进行综合判断。原告应当对其商品的市场知名度负举证责任。

第二条 具有区别商品来源的显著特征的商品的名称、包装、装潢，应当认定为反不正当竞争法第五条第（二）项规定的“特有的名称、包装、装潢”。有下列情形之一的，人民法院不认定为知名商品特有的名称、包装、装潢：

（一）商品的通用名称、图形、型号；

（二）仅仅直接表示商品的质量、主要原料、功能、用途、重量、数量及其他特点的商品名称；

（三）仅由商品自身的性质产生的形状，为获得技术效果而需有的商品形状以及使商品具有实质性价值的形状；

（四）其他缺乏显著特征的商品名称、包装、装潢。

前款第（一）、（二）、（四）项规定的情形经过使用取得显著特征的，可以认定为特有的名称、包装、装潢。

知名商品特有的名称、包装、装潢中含有本商品的通用名称、图形、型号，或者直接表示商品的质量、主要原料、功能、用途、重量、数量以及其他特点，或者含有地名，他人因客观叙述商品而正当使用的，不构成不正当竞争行为。

第四条 足以使相关公众对商品的来源产生误认，包括误认为与知名商品的经营者具有许可使用、关联企业关系等特定联系的，应当认定为反不正当竞争法第五条第（二）项规定的“造成和他人的知名商品相混淆，使购买者误认为是该知名商品”。

在相同商品上使用相同或者视觉上基本无差别的商品名称、包装、装潢，应当视为足以造成和他人知名商品相混淆。

认定与知名商品特有名称、包装、装潢相同或者近似，可以参照商标相同或者近似的判断原则和方法。

【案件索引】

一审：重庆市第一中级人民法院（2016）渝01民初786号（2017年1月18日）

二审：重庆市高级人民法院（2017）渝民终223号（2017年8月4日）

【基本案情】

河北养元智汇饮品股份有限公司（以下简称养元公司）诉称：养元公司依法享有第5127315号及第10833322号“六个核桃”注册商标专用权，前述商标均为文字商标（二者仅在字体上有差异），且均处于有效状态。2015年6月5日，国家工商行政管理总局商标局依法认定养元公司所有的第5127315号“六个核桃”注册商标为驰名商标。就“六个核桃”核桃乳产品，原告养元公司投入巨资进行了市场开发及宣传，使“六个核桃”核桃乳产品在饮品市场中拥有极高市场知名度。“六个核桃”核桃乳产品被工商部门认定为知名商品并予公告。养元公司发现石家庄爱心饮品有限公司（以下简称爱心公司）生产、销售的“六棵核桃”核桃乳产品中标注的“六棵核桃”构成商标意义上的使用，且与养元公司所有的“六个核桃”商标构成近似，使消费者对商品来源产生混淆，构成商标侵权。石家庄正宇饮品有限公司（以下简称正宇公司）作为爱心公司的总经销商，其销售“六棵核桃”核桃乳产品的行为构成商标侵权；帅昌文作为个体工商户销售“六棵核桃”核桃乳产品的行为亦构成商标侵权。同时，侵权产品采用了与“六个核桃”核桃乳产品极为相近的产品名称及包装、装潢，造成相关公众的混淆，并对商品来源形成误认，构成不正当竞争。请求法院判令爱心公司、正宇公司、帅昌文立即停止侵权行为并分别赔偿养元公司经济损失及为本案支出的合理费用。

正宇公司辩称：首先，其使用的“六棵”商标为经他人依法授权的注册商标，该商标宣传与使用符合《商标法》相关规定，不构成侵权；其次，正宇公司使用的“六棵”商标与养元公司所有的“六个核桃”商标中的“六个”在读音、商标含义、整体视觉方面差异巨大，二者不构成近似，未侵犯原告的商标权；再次，正宇公司生产的被控侵权产品与养元公司的产品包装、装潢区别明显，消费者能够轻易区分，不会产生混淆；最后，正宇公司的产品包装享有外观设计专利权，其宣传与使用应受法律保护。综上，正宇公司不构成商标侵权行为，也不构成不正当竞争行为，请求驳回养元公司的诉讼请求。

爱心公司辩称：首先，其仅为委托加工的受托方，被控侵权产品外包装图案由委托方正宇公司提供，且正宇公司提供了“六棵”商标的注册证、商标授权使用合同以及外观设计专利证书，爱心公司已经尽到了合理的注意义务，不应承担相关责任；其次，被控侵权产品上使用的“六棵”商标与养元公司所有的“六个核桃”商标在商标含义、读音、整体视觉方面差异巨大，二者不构成近似，不构成商标侵权；最后，被控侵权产品与养元公司产品的包装、装潢区别明显，消费者能够轻易区分，不会把两者混淆。综上，爱心公司不构成商标侵权行为，也不构成不正当竞争行为，请求驳回养元公司的诉讼请求。

帅昌文辩称：其只销售过“六个核桃”核桃乳产品，并没有销售过被控侵权产品，在其处查获的被控侵权产品系销售人员所赠送，其行为不构成不正当竞争。

法院经审理查明：养元公司系第10833322号、第5127315号“六个核桃”文字注册商标专用权人，且系第16130851号易拉罐产品立体图、第16130852号包装盒立体图注册商标专用权人，前述注册商标核定使用商品均为第32类，包括无酒精饮料、杏仁乳（饮料）、植物饮料、豆类饮料等。目前，前述注册商标均在有效期内。

养元公司生产的“六个核桃”核桃乳产品采用了与其所有的第16130851号、第16130852号注册商标相同的易拉罐与包装盒造型，且其外包装上印有该公司创作的《蓝罐奶飘带图》《奶花蓝框祥云图》美术作品图案。

经养元公司宣传，“六个核桃”核桃乳产品在饮品市场中拥有了较高市场知名度。2012年，“六个核桃”核桃乳产品被河北省工商部门认定为知名商品并予公告，公告中特附有“六个核桃”核桃乳产品的包装盒及易拉罐产品的包装装潢图片；同时，养元公司所有的第5127315号“六个核桃”注册商标于2015年6月5日被国家工商行政管理总局商标局认定为驰名商标。

养元公司为证明爱心公司、正宇公司、帅昌文具有侵权行为，向法院举示了（2016）成证内经字第42396号公证书、（2016）成证内经字第42393号公证书、（2016）成证内经字第42394号公证书。

庭审中，重庆市第一中级人民法院对上述公证书所附的实物进行了现场拆封。上述公证书项下的产品均为同一产品即被控侵权“六棵核桃”产品，封存实物包括标注有“六棵核桃”的长方体手提袋以及内装一箱“六棵核桃”核桃乳产品（二十罐），其中易拉罐产品显示制造商为爱心公司、销售商为正宇公司、生产日期为2016年2月5日，长方体手提袋只显示有正宇公司名称及其联系方式，包装盒则显示产品制造商为爱心公司、总经销商为正宇公司。经比对，养元公司认为被控侵权产品的长方体手提袋、长方体包装盒及罐体上均突出标注“六棵核桃”标识，构成商标意义上的使用，与养元公司所有的“六个核桃”商标构成相似。同时，被控侵权产品的手提袋、包装盒、罐体与养元公司产品的手提袋、包装盒、罐体近似。正宇公司及爱心公司则认为，正宇公司是“六棵”商标的合法使用人，其使用行为并未侵犯原告所有的“六个核桃”商标，且“六个核桃”和“六棵核桃”在字体、读音上完全不一样，产品包装装潢中相关图案设计、字体颜色、代言人也不一样，消费者可以一眼看出是不同的产品，且被控侵权产品是合法使用正宇公司所有的外观设计专利，故被控侵权产品与养元公司产品不构成近似，不构成混淆。

爱心公司为证明其行为不构成商标侵权及不正当竞争，向法院提交了第11917582号“六棵”文字商标注册证、《商标使用授权合同》《食品委托加工合同》、外观设计专利证书。

正宇公司为证明其行为不构成商标侵权及不正当竞争，向法院提交了第11917582号“六棵”文字商标注册证、《商标使用授权合同》、外观设计专利证书。

【裁判结果】

重庆市第一中级人民法院于2017年1月18日作出（2016）渝01民初786号民事判决：一、爱心公司、正宇公司立即停止生产、销售侵害养元公司第10833322号、第5127315号“六个核桃”注册商标的商品（即涉案“六棵核桃”产品）；二、爱心公司、正宇公司立即停止在其生产、销售的涉案“六棵核桃”核桃乳产品上使用与养元公司“六个核桃”核桃乳产品特有的名称、包装装潢相近似的名称、包装装潢的不正当竞争行为；三、爱心公司于判决生效之日起10日内赔偿养元公司经济损失及为制止侵权支付的合理费用共计50万元；四、正宇公司于判决生效之日起10日内赔偿养元公司经济损失及为制止侵权支付的合理费用共计30万元，并对爱心公司在判决第三项中的债务承担连带责任；五、帅昌文立即停止销售侵害养元公司第10833322号、第5127315号“六个核桃”注册商标的商品（即涉案“六棵核桃”产品）；六、帅昌文于判决生效之日起10日内赔偿养元公司经济损失及为制止侵权支付的合理费用共计3000元；七、驳回养元公司的其他诉讼请求。

一审判决后，正宇公司与爱心公司提起上诉，重庆市高级人民法院于2017年8月4日作出（2017）渝民终223号民事判决：驳回上诉，维持原判。

【裁判理由】

法院生效判决认为：本案争议焦点之一为正宇公司、爱心公司及帅昌文的行为是否构成不正当竞争。

首先，养元公司在一审中提交的“六个核桃”注册商标被评为驰名商标，2011 年起陆续在中央电视台及全国多地电视台投放“六个核桃”核桃乳商品的广告以及获得“河北省名牌产品”“消费者信赖的知名品牌”等荣誉的证据，已经足以证明养元公司的“六个核桃”核桃乳商品在中国境内具有一定的市场知名度，为相关公众所熟知，应当认定为知名商品。

其次，养元公司所有的“六个核桃”注册商标具有较高的知名度，其在产品上紧随“六个核桃”的标注位置以突出显著字体标注“核桃乳”，并经养元公司持续的宣传广告及在其商品包装装潢中的大量使用，使得该“六个核桃核桃乳”名称已与养元公司建立了紧密联系，相关公众关注到标注“六个核桃核桃乳”名称的商品时，必然将该商品与养元公司特有的商品口味、配方、工艺等相联系，“六个核桃核桃乳”已经确定了其区别于其他同类商品的特定含义，可以认定为涉案知名商品的特有商品名称；而被控侵权产品上标注的“六棵核桃核桃乳”字样均在其包装盒及易拉罐的中间位置以突出显著的字体标注，因此，被控侵权产品上标注的“六棵核桃核桃乳”也应认定为该产品的名称，经隔离比对，被控侵权产品的“六棵核桃核桃乳”名称与养元公司知名商品上的“六个核桃核桃乳”名称仅有一字之别。而“个”和“棵”亦具有数量上的相同含义，且两者的字体大小、排列方式及标注位置均很相似，在“六个核桃核桃乳”已构成知名商品特有的商品名称的前提下，且二者的名称均使用在同类商品的情况下，相关公众难以仅凭一字之差区分商品的来源。因此，被控侵权产品的“六棵核桃核桃乳”名称与养元公司知名商品上的“六个核桃核桃乳”特有商品名称构成近似，容易造成相关公众的混淆误认。

最后，关于商品包装装潢是否构成近似。就单独的商品包装而言，因养元公司的“六个核桃”核桃乳商品通常采用手提袋、包装盒及易拉罐体等饮料类商品普遍的包装，因此，养元公司的涉案知名商品仅就单独的商品包装不能构成其特有包装，一审法院对此的认定正确。而对于装潢，一般来讲，商品的装潢系指其包装装潢，即由商品包装的外形、图案、色彩、文字等组合要素构成一个艺术整体，起到表现商品特色，传递商品信息、宣传商品、促进消费及方便消费等作用。养元公司的知名商品的包装装潢，通过其图形设计、色彩搭配、文字内容及包装形状等独特排列组合，并经养元公司持续大量的宣传广告及实际使用，已经足以使相关公众将该包装装潢与养元公司的“六个核桃”核桃乳商品相联系，从而认为采用该包装装潢的核桃乳商品均来源于养元公司，就此，可以将养元公司在涉案知名商品上使用的包装装潢认定为养元公司知名商品的特有包装装潢。而在判断包装装潢是否构成近似时，其隔离比对的原则应当是整体视觉效果是否构成近似，本案中，被控侵权产品在手提袋、包装盒、易拉罐体上使用的包装装潢与养元公司知名商品特有的包装装潢因文字排列方式、图形设计、色彩搭配以及包装形状等方面的极为相似，导致在隔离比对时，整体视觉效果上并无明显差异，二者用于同类商品情况下，相关公众施以一般注意力，难以区分被控侵权产品的包装装潢与养元公司知名商品特有的包装装潢，必然误导普通消费者混淆被控侵权产品与养元公司的知名商品，从而影响养元公司知名商品的商誉及销量，二者已经构成近似。因此，根据《反不正当竞争法》第五条第二项的规定，爱心公司、正宇公司生产、销售被控侵权产品的行为及帅昌文销售被控侵权产品的行为已经构成擅自使用他人知名商品特有的名称、包装装潢，或者使用与知名商品近似的名称、包装装潢，造成和他人的知名商品相混淆，使购买者误认为是该知名商品的不正当竞争行为。

对于爱心公司、正宇公司主张其产品包装享有外观设计专利权故不属于不正当竞争的上诉理由，生效判决认为，养元公司在一审中提交的2013年4月17日《中国工商报》显示，河北省工商行政管理局于2012年11月30日发布的公告中养元公司已经使用了涉案的包装装潢，而正宇公司举示的外观设计专利的申请日为2014年10月30日，根据《专利法》第二十三条第三款规定，授予专利权的外观设计不得与他人在申请日以前已经取得的合法权利相冲突。以及《最高人民法院关于审理专利纠纷案件适用法律问题的若干规定》第十六条规定，《专利法》第二十三条所称的在先取得的合法权利包括：商标权、著作权、企业名称权、肖像权、知名商品特有包装或者装潢使用权等。本案中，正宇公司举示的外观设计专利权属于在后权利，而正宇公司使用的该外观设计与养元公司知名商品特有的包装装潢构成近似，并会造成普通消费者的混淆误认，已经与养元公司在先享有的知名商品特有包装或者装潢使用权产生冲突，因此，正宇公司以被控侵权产品使用享有专利权的外观设计故不构成不正当竞争的上诉理由不能成立。

【案例注解】

擅自使用与知名商品近似的名称、包装装潢等行为，不仅侵犯了从事市场交易主体的公平竞争权，也损害了消费者的合法权益。为此，《反不正当竞争法》（1993 年）第五条第二项规定，① 经营者不得擅自使用他人知名商品特有的名称、包装、装潢，或者使用与知名商品近似的名称、包装、装潢，造成和他人的知名商品相混淆，使购买者误认为是该知名商品。为扩大对知名商品名称和包装装潢的保护力度，惩戒市场经营中的混淆行为，2017 年修订的《反不正当竞争法》在原有立法的基础上进一步修改完善，将"知名商品特有的名称、包装、装潢"修改为"擅自使用与他人有一定影响的商品名称、包装、装潢等相同或者近似的标识"。但无论是修改前还是修改后的《反不正当竞争法》，条文规定并没有对"擅自使用"的方式与含义作出清晰的界定，易造成实践中的认识分歧，本案争议焦点即为正宇公司、爱心公司及帅昌文涉及的生产、销售等行为是否属于对知名商品名称和包装的擅自使用，是否构成不正当竞争。本案争议解决，关键是厘清"擅自使用"的含义。

一、关于混淆行为适用《商标法》与《反不正当竞争法》的选择

商业标识在市场交易和竞争中不仅起到区分商品的作用，还具有其独立的商业价值，对商业标识的不当使用，既可能构成对商标本身权利的侵害，同时也可能侵犯其他经营者与消费者合法权益，破坏公平竞争环境。正因如此，对于擅自在相同或类似商品上使用与注册商标相同或近似的商标且易导致混淆的行为，一直以来都是《商标法》与《反不正当竞争法》均予以禁止和重点规制的对象。但二者在保护范围和价值取向上有所区别，《商标法》侧重商标本身的保护；《反不正当竞争法》则更偏重对商标使用社会效益和经济价值的保护，以弥补《商标法》对特定独占权保护的封闭性与有限性，避免侵权救济对社会公共利益保护的不足，从而维护良好的市场竞争秩序，适应社会经济发

① 2017 年修订的《反不正当竞争法》于 2018 年 1 月 1 日起实施，本案销售与知名商品包装、装潢近似的行为发生时，新法尚未正式实施，故应适用 1993 年颁布实施的《反不正当竞争法》。2017 年修订的《反不正当竞争法》第六条将原法第五条第二项的规定改为：擅自使用与他人有一定影响的商品名称、包装、装潢等相同或者近似的标识。

展对侵权行为规制的需求变化。因此，理论和实务中一般都将《反不正当竞争法》视为《商标法》的重要补充，在《商标法》无法对相应商标侵权特别是混淆行为进行有效规制，可能导致权利救济出现真空时，往往考虑适用《反不正当竞争法》。

本案中，被控侵权产品使用的商标标识易与“六个核桃”这一知名商标产生混淆，已构成侵犯注册商标专用权，适用《商标法》予以处理并无争议。同时，还涉及经营者所销售商品与知名商品特有名称、包装装潢近似，容易产生混淆的情形，对经营者的混淆行为如何处理《商标法》未作规定，而《反不正当竞争法》（1993 年）第五条则对经营者的混淆行为予以规制。因此，为促成商标有效保护和市场公平竞争秩序维护两种法益的实现，本案应适用《反不正当竞争法》。

二、关于《反不正当竞争法》中“擅自使用”的理解

《反不正当竞争法》（1993 年）第五条列举了“擅自使用”的范围及表现形式，但前述使用行为的主体存在不同理解。一种观点认为，“使用”一般是指直接使用，也即生产商在生产、销售过程中使用，不包括仅仅作为侵权商品销售经营者的销售行为，故经营者销售侵权商品不受该条规定约束。另一种观点认为，该条所指的使用行为既包括直接使用行为，也包括经营者的销售行为，即只要经营者销售了与知名商品特有的名称、包装、装潢相同或近似的商品，也构成“擅自使用”。本案裁判结果采纳的是第二种观点。

本案争议的焦点在于正宇公司、爱心公司及帅昌文的行为是否属于擅自使用，构成不正当竞争。其中，正宇公司作为侵权产品生产者，其在生产侵权产品“六颗核桃”过程中，直接将“六颗核桃”这一与知名商品“六个核桃”近似的名称和包装，作为其侵权产品标识用于与“六个核桃”类似的饮品，该生产行为符合“使用”的含义。爱心公司作为正宇公司的总经销商，受正宇公司委托直接销售侵权产品，此种销售行为是生产行为的进一步延续，与生产行为有密切关联，也应归属于“擅自使用”。但个体工商户帅昌文销售侵权产品的行为并非受侵权产品生产者直接委托，其销售行为是否属于“擅自使用”，应否纳入《反不正当竞争法》的规制，是本案的争议所在。

本案生效判决认为，帅昌文的销售行为构成擅自使用，属于不正当竞争。将个体经营者纳入《反不正当竞争法》对擅自使用行为规制的范围，首先符合《反不正当竞争法》的立法目的。《反不正当竞争法》重在规制利用商标标识进行不正当竞争的行为，如将“使用”限定为直接使用，则现实中大量经

过层层流转的侵权商品终端销售者可以逃避法律的规制，其销售带有混淆商品标识的行为将无法受到法律约束，进而导致大量“搭便车”的侵权行为损害商标权利人以及消费者合法利益，因此，不能将“擅自使用”限定为生产或为销售而生产的行为。

其次，个体终端销售者的混淆行为本质上属于不正当竞争，根据《反不正当竞争法》规定，擅自使用包括与知名商品近似的名称和包装。此处擅自使用只是手段，目的是搭知名商品便车使消费者产生混淆，进而占有相关市场的销售份额，并对知名商品销量与名誉产生负面影响。虽然终端销售者并没有参加与知名商品名称与包装近似的商品生产，也没有在销售环节直接将与知名商品近似的名称或包装用于其销售的非知名商品。但其销售侵权商品的行为本身构成对知名商品的名称与包装的侵犯，容易造成消费者混淆，进而破坏同类商品销售的公平竞争秩序。结合本案来看，帅昌文虽未作为生产主体直接使用混淆标识，但其作为个体工商户销售的侵权产品与知名商品特有的名称、包装相同或近似，其销售行为足以导致相关消费者产生混淆，进而影响知名商品经营者的经营效益，应属《反不正当竞争法》中规定的“擅自使用”。

三、认定“擅自使用”的考量因素

修订之前与新修订的《反不正当竞争法》虽然都强调对混淆行为的规制，但对于何为“擅自使用”并没有给出清晰的界定。司法实践中，认定经营者销售与知名（或有一定影响）商品近似名称、包装商品的行为是否构成《反不正当竞争法》规定的擅自使用，需要综合考虑对此领域侵权行为法律规定的衔接与选择适用，还应融入《反不正当竞争法》对市场竞争秩序和公共利益维护的价值考量，避免对侵权行为规制范围过窄，使立法目的落空；也要防止规制范围过广而侵害个体合法权益。

具体而言，实践中认定经营者销售与知名商品近似名称、包装商品的行为是否构成擅自使用应注意两点：其一，注意《反不正当竞争法》与其他法律规范的交叉适用。如其他法律规范对擅自使用他人商标有明确规定，则应区分特殊规定与一般规定，优先适用特殊规定。在其他特殊规定无法实现权益充分有效保护，而权利救济不足将对市场秩序和公共利益造成损害时，可考虑适用《反不正当竞争法》。其二，在具体个案中认定构成《反不正当竞争法》所规定的“擅自使用”，应综合考虑以下因素作出评判：（1）他人在先的商业标识有一定影响力，对影响力的判断应当考虑该商品的销售时间、销售区域、销售额和销售对象，进行宣传的持续时间、程度和地域范围，作为知名商品受保护的情况等因素。（2）销售商品的名称、包装、装潢与知名（有一定影响的）商品近似或相同，且易造成相关消费者混淆。（3）此种混淆行为对知名商品的经营者正常经营造成不当影响，破坏公平竞争环境。（4）符合《最高人民法院关于审理不正当竞争民事案件应用法律若干问题的解释》第二条所规定的情形，不属于擅自使用，不构成不正当竞争。

（**一审法院合议庭成员** 谭　颖　刘娟娟　姜　蓓
二审法院合议庭成员 黑小兵　周　露　宋黎黎
编写人 重庆市第一中级人民法院　姜　蓓　黄　晨
责任编辑 丁文严
审稿人 林广海）

阿贝克隆比·费奇欧洲有限责任公司诉韦永换、黄作容、广州市越秀区潘李服装店侵害商标权纠纷案

——侵害商标权案件中存在刑民责任交叉时的处理与责任认定

关键词：知识产权　刑民交叉　共同侵权　帮助侵权

【裁判要旨】

涉商标犯罪案件中存在刑事责任与民事侵权责任交叉时，不影响受害人单独提起民事诉讼的权利；侵权人虽然没有被追究刑事责任，但与犯罪人构成共同侵权或者向犯罪人提供营业执照、经营场地等帮助侵权行为的，仍需承担侵权赔偿责任。

【相关法条】

《中华人民共和国侵权责任法》第四条　侵权人因同一行为应当承担行政责任或者刑事责任的，不影响依法承担侵权责任。

因同一行为应当承担侵权责任和行政责任、刑事责任，侵权人的财产不足以支付的，先承担侵权责任。

第六条　行为人因过错侵害他人民事权益，应当承担侵权责任。

根据法律规定推定行为人有过错，行为人不能证明自己没有过错的，应当承担侵权责任。

《中华人民共和国商标法》（2001 年修正）第五十二条　有下列行为之一的，均属侵犯注册商标专用权：

（一）未经商标注册人的许可，在同一种商品或者类似商品上使用与其注

册商标相同或者近似的商标的；

（二）销售侵犯注册商标专用权的商品的；

（三）伪造、擅自制造他人注册商标标识或者销售伪造、擅自制造的注册商标标识的；

（四）未经商标注册人同意，更换其注册商标并将该更换商标的商品又投入市场的；

（五）给他人的注册商标专用权造成其他损害的。

第五十六条 侵犯商标专用权的赔偿数额，为侵权人在侵权期间因侵权所获得的利益，或者被侵权人在被侵权期间因被侵权所受到的损失，包括被侵权人为制止侵权行为所支付的合理开支。

前款所称侵权人因侵权所得利益，或者被侵权人因被侵权所受损失难以确定的，由人民法院根据侵权行为的情节判决给予五十万元以下的赔偿。

销售不知道是侵犯注册商标专用权的商品，能证明该商品是自己合法取得的并说明提供者的，不承担赔偿责任。

【案件索引】

一审：广东省广州市越秀区人民法院（2015）穗越法知民初字第785号（2017年1月10日）

二审：广州知识产权法院（2017）粤73民终384号（2017年7月4日）

【基本案情】

阿贝克隆比·费奇欧洲有限责任公司（以下简称A&F欧洲公司）在第25类商品上享有第997564号“ABERCROMBIE&FITCH”、第1545317号“ABERCROMBIE”以及第1641363号“HOLLISTER”注册商标的专用权。韦永换自2012年2月14日至2013年4月21日期间租用广州市站西路金象服装批发中心2A9档作为销售档口，租用广州市西槎路西城货运场H栋2015房及2011房作为仓库，销售假冒“Abercrombie&Fitch”及“Hollister”品牌服装。经公安机关侦查，在上述仓库内缴获假冒“Abercrombie&Fitch”品牌服装14200件，假冒“Hollister”品牌服装1300件；在2A9档内缴获假冒“Abercrombie&Fitch”服装270件，假冒“Hollister”服装140件。经对有关销售单据进行司法鉴定，销售假冒注册商标服装商品的金额共计436978元。广州市越秀区人民法院以韦永换犯销售假冒注册商标的商品罪，判处有期徒刑三年，并处罚金22万元，缴获假冒服装商品由公安机关予以没收等。该判决于2013年12月10日生效。

韦永换与黄作容是夫妻关系，黄作容为韦永换销售假冒注册商标商品的行为提供了银行账户用于货款结算，且聘请庞源弟销售侵权服装。广州市越秀区潘李服装店（以下简称潘李服装店）为韦永换的违法行为提供了营业执照和经营场地，客观上帮助韦永换实施侵权行为，故A&F欧洲公司指控韦永换、黄作容、潘李服装店构成共同侵权，请求判令韦永换、黄作容、潘李服装店连带赔偿经济损失50万元及维权费用12万元，并承担案件诉讼费用。

韦永换、黄作容共同辩称：公安机关已于2013年4月24日查处了韦永换库存及销售假冒注册商标的服装，并对韦永换进行刑事拘留，A&F欧洲公司应在公安机关查处侵权服装当天就已经知道韦永换存在侵权行为，但A&F欧洲公司在2015年11月12日才提起民事诉讼，已超过诉讼时效期间，依法丧失胜诉权；此外，生效刑事判决书认定韦永换的销售金额为436978元，该销售金额还包括黄作容销售的其他品牌服装，A&F欧洲公司主张高额索赔没有依据；韦永换的侵权行为是其个人行为，产生的法律后果应由其个人承担，A&F欧洲公司要求黄作容承担连带责任没有法律依据。据此，请求驳回A&F欧洲公司的全部诉讼请求。

潘李服装店辩称：该店将涉案商铺出租给黄作容经营使用，并非出租给韦永换，生效刑事判决书也没有认定将营业执照提供给韦永换经营。作为出租人，该店没有参与涉案商铺的经营，也没有从中获利，更不知道韦永换、黄作容销售的服装属于侵权商品，潘李服装店没有为韦永换的侵权行为提供帮助，故A&F欧洲公司要求承担连带赔偿责任没有法律依据。

一审法院在诉讼过程中调阅和复制了刑事卷宗，查证韦永换在刑事案件的供述和辩解中自认每月销售侵权服装约2000件，销售价格约31元至35元不等，从中获取利益约20万元。另查明，潘李服装店系2006年4月4日成立的个体工商户，经营地址位于广州市站西路59号金象服装批发中心2A9档，个体经营者为李仲莲。李仲莲在租赁期内将上述商铺转租给黄作容经营使用。韦永换与黄作容是夫妻关系，黄作容将上述商铺交由韦永换经营使用，但黄作容开立多个银行账户用于涉案商铺的货款支出及结算，同时雇佣庞源弟参与商铺的销售经营业务。再查明，A&F欧洲公司主张其为制止侵权行为支出了律师费7万元、公证费3000元及差旅费1500元，但A&F欧洲公司没有为其意见出具委托代理合同。

二审法院确认一审法院查明的事实，同时查证了韦永换在刑事案件的庭审中自认涉案2A9档有个体工商营业执照。

【裁判结果】

广东省广州市越秀区人民法院于2017年1月10日作出（2015）穗越法知民初字第785号民事判决：一、韦永换、黄作容、潘李服装店应于判决发生法律效力之日起10日内连带赔偿经济损失20万元及合理维权费用5万元给A&F欧洲公司；二、驳回A&F欧洲公司的其他诉讼请求。

宣判后，韦永换、黄作容、潘李服装店不服一审判决，向广州知识产权法院提起上诉，请求撤销上述判决。广州知识产权法院于2017年7月4日作出（2017）粤73民终384号民事判决：驳回上诉，维持原判。

【裁判理由】

法院生效判决认为：韦永换销售假冒“ABERCROMBIE&FITCH”及“HOLLISTER”品牌服装的行为已侵犯了A&F欧洲公司对涉案注册商标的专用权。韦永换上诉称涉案注册商标连续3年以上未实际使用，不应承担赔偿责任。《商标法》（2013年8月30日修正）第六十四条第一款规定：“注册商标专用权人请求赔偿，被控侵权人以注册商标专用权人未使用注册商标提出抗辩的，人民法院可以要求注册商标专用权人提供此前三年内实际使用该注册商标的证据。注册商标专用权人不能证明此前三年内实际使用过该注册商标，也不能证明因侵权行为受到其他损失的，被控侵权人不承担赔偿责任。”但本案是适用修正前《商标法》的规定，而上述法律规定正是修改后《商标法》中新增加的条款，修正前《商标法》无此规定，故韦永换的上述主张缺乏法律依据，二审法院不予采纳。

关于黄作容的责任问题。根据《侵权责任法》第八条规定，二人以上共同实施侵权行为，造成他人损害的，应当承担连带责任。韦永换与黄作容为夫妻关系，黄作容承租涉案店铺并招聘庞源弟负责销售侵权服装，销售联系卡上有黄作容的银行账户和联系电话，该商铺虽然主要由韦永换负责经营，但该商铺的其他品牌服装是由黄作容购买布料并联系厂家加工制造的。可见，涉案商铺是黄作容与韦永换共同经营，应当认定两者构成共同侵权，黄作容与韦永换应承担连带责任。况且，韦永换因侵权行为所负之债务是其与黄作容夫妻关系存续期间产生的共同债务，理应由两者连带清偿。

关于潘李服装店的责任问题。我国《侵权责任法》第九条规定，教唆、帮助他人实施侵权行为的，应当与行为人承担连带责任。潘李服装店陈述其营业执照一直放在个体经营者李仲莲家中，但 A&F 欧洲公司提交的证据显示涉案店铺内有营业执照，潘李服装店对此无法给出合理解释。韦永换、黄作容在经营涉案店铺期间没有重新领取营业执照，但韦永换在刑事案件的庭审中陈述涉案店铺内有营业执照，若没有营业执照是不能在金象服装批发中心进行经营的。据此，二审法院采信 A&F 欧洲公司的主张，认定潘李服装店不仅将涉案商铺转租给黄作容经营使用，同时将营业执照提供给韦永换、黄作容对外经营之用。在这种情况下，对于涉案商铺的经营活动，潘李服装店应负有较一般商铺出租人更高的注意义务，且涉案商标具有一定的知名度，涉案商铺长期大量以远低于正品的价格销售假冒商标的服装，潘李服装店作为服装销售经营者，其应当知道韦永换、黄作容存在侵犯他人商标权的行为。在明知的情况下，潘李服装店仍为韦永换、黄作容的侵权行为提供经营场所、营业执照等便利条件，已构成帮助侵权，其应与韦永换、黄作容承担连带责任。

综合上述分析，二审法院驳回韦永换、黄作容、潘李服装店的全部上诉请求，维持原审判决。

【案例注解】

本案是刑事责任与民事责任发生交叉时，如何解决刑事责任与侵权责任的衔接问题以及对各责任主体的责任区分。本案没有把刑法的概念直接套用到民事诉讼中，而是围绕民法的共同侵权、夫妻共同债务，帮助侵权等理论作依据，用以评判各方的侵权责任。本案的审理思路对于裁判同类型案件具有一定的参考与借鉴意义。

一、刑事责任和侵权责任发生交叉时，不影响权利人单独提起民事诉讼的权利

根据《刑事诉讼法》（2012 年修正）第九十九条第一款、第一百零二条规定，被害人有权在刑事诉讼过程中提起附带民事诉讼，附带民事诉讼应当同刑事案件一并审判，只有为了防止刑事案件审判的过分迟延，才可以在刑事案件审判后，由同一审判组织继续审理附带民事诉讼。但在审判实践中，对于侵害商标权犯罪案件而言，很少有通过刑事附带民事诉讼解决受害人（权利人）

的经济损失赔偿的案例。究其原因，既有对刑事和民事法律理解上的认识分歧，也有知识产权审判体制的特殊性，因为知识产权在权利形态以及损害后果上具有无形性，对受害人（权利人）因侵权所受到的损失是否属于《刑事诉讼法》（2012 年修正）第九十九条第一款所指的物质损失存在不同的理解。《侵权责任法》施行后，解决了以往学术界和实务界对于受害人（权利人）在刑事诉讼之外，还能否单独提起民事诉讼的争论。该法第四条规定，侵权人因同一行为应当承担行政责任或者刑事责任的，不影响依法承担侵权责任；因同一行为应当承担侵权责任和行政责任、刑事责任，侵权人的财产不足以支付的，先承担侵权责任。这一法律规定确立了受害人（权利人）单独提起民事诉讼的权利以及民事侵权责任优先赔偿的原则。另，在诉讼时效制度上，也设立了受害人（权利人）提起民事诉讼的时效性，根据《最高人民法院关于审理民事案件适用诉讼时效制度若干问题的规定》第十五条之规定，权利人向公安机关、人民检察院、人民法院报案或者控告，请求保护其民事权利的，诉讼时效从其报案或者控告之日起中断；刑事案件进入审理阶段，诉讼时效期间从刑事裁判文书生效之日起重新计算。因此，知识产权的权利人享有单独提起民事诉讼的权利。本案中，A&F 欧洲公司就是在刑事判决书生效以后两年内提起民事诉讼。

二、刑事责任和侵权责任发生交叉时，提起民事诉讼更能全面救济权利人的合法权益

刑事责任是一种严格的个人法律责任，只能由实施犯罪行为的人来承担，不能转由其他人承担，因为刑事责任的功能在于惩罚犯罪，而民事赔偿责任的功能在于全面补偿受害人所遭受的损失。如果 A&F 欧洲公司仅起诉韦永换，那么韦永换因为服刑以及承担罚金，A&F 欧洲公司获得赔偿的金额是难以实现的。根据《侵权责任法》第八条规定，二人以上共同实施侵权行为，造成他人损害的，应当承担连带责任。《最高人民法院关于适用〈中华人民共和国民事诉讼法〉的解释》第五十九条第二款规定，营业执照上登记的经营者与实际经营者不一致的，以登记经营者和实际经营者为共同诉讼人。因此，A&F 欧洲公司在本案中一并起诉黄作容、潘李服装店具有法律依据。虽然黄作容、潘李服装店（个体经营者李仲莲）没有被追究刑事责任，但 A&F 欧洲公司为弥补其损失，基于民法上的共同侵权、夫妻共同债务、帮助侵权的法理依据一并起诉黄作容和潘李服装店，使其损失得到快速填平，所以民事诉讼更能全面救济受害人，也体现了民事责任优先承担的原则。

三、知识产权刑事和民事审判“二元分立”不利于知识产权司法保护的质量和效率，应集中在知识产权庭审理

知识产权刑事和民事案件分属刑事审判庭和知识产权审判庭办理，但两种案件的裁判思路是完全不同的，如销售假冒注册商标的商品罪与刑法中的其他罪名一样，存在预备、未遂、既遂的犯罪形态，只要行为人主观上有侵犯他人商标权的犯罪意图，客观行为上达到了法定情节或者数额标准，则构成销售假冒注册商标的商品罪，即使行为人的犯罪行为没有实施完毕，亦可成立犯罪未遂，被追究刑责；但商标侵权责任则需按照侵权责任的构成要件，遵循过错归责原则进行审查。此外，在刑民交叉并行的案件中，先刑后民是主要模式，审理周期长。本案就历经了刑事打击、刑事一审、民事一审、二审、执行程序，历时接近五年。因此，知识产权刑事和民事审判“二元分立”不符合知识产权司法保护的效益和效率。为发挥知识产权司法保护的主导作用，最高人民法院于 2016 年 7 月 5 日作出的《关于在全国法院推进知识产权民事、行政和刑事案件审判“三合一”工作的意见》，积极推行知识产权民事、行政和刑事案件审判“三合一”制度，由知识产权审判庭统一审理知识产权民事、行政和刑事案件，目的是不断提高知识产权司法保护的整体效能。

本案判决生效后，A&F 欧洲公司的获赔额马上执行到位，本案也取得了良好的法律效果和社会效果，并被中国外商投资企业协会优质品牌保护委员会评选为“2017—2018 年度品保委知识产权保护十佳案例”。

（**一审法院合议庭成员**　陈永华　廖文忠　卫瑞湘
二审法院合议庭成员　官　健　朱文彬　邓永军
编写人　广东省广州市越秀区人民法院　陈永华
责任编辑　丁文严
审稿人　林广海）

乐视网信息技术（北京）股份有限公司诉未来电视有限公司侵犯著作权纠纷案

——通过不同的终端设备分别传播同一作品的行为不属于同一侵权行为

关键词：重复诉讼

【裁判要旨】

行为人通过不同的终端设备分别传播同一作品的，即使该作品均来自同一服务器，但因作品传播途径、传播范围、损害后果等均不相同，故行为人的传播行为不是同一侵权行为，权利人针对通过不同终端设备传播作品的行为分别提起的诉讼不属于重复诉讼。

【相关法条】

《中华人民共和国著作权法》第四十九条 侵犯著作权或者与著作权有关的权利的，侵权人应当按照权利人的实际损失给予赔偿；实际损失难以计算的，可以按照侵权人的违法所得给予赔偿。赔偿数额还应当包括权利人为制止侵权行为所支付的合理开支。

权利人的实际损失或者侵权人的违法所得不能确定的，由人民法院根据侵权行为的情节，判决给予五十万元以下的赔偿。

《最高人民法院关于适用〈中华人民共和国民事诉讼法〉的解释》第二百四十七条 当事人就已经提起诉讼的事项在诉讼过程中或者裁判生效后再次起诉，同时符合下列条件的，构成重复起诉：

（一）后诉与前诉的当事人相同；

（二）后诉与前诉的诉讼标的相同；

（三）后诉与前诉的诉讼请求相同，或者后诉的诉讼请求实质上否定前诉裁判结果。

当事人重复起诉的，裁定不予受理；已经受理的，裁定驳回起诉，但法律、司法解释另有规定的除外。

【案件索引】

一审：北京市朝阳区人民法院（2016）京0105民初9567号（2016年6月29日）

【基本案情】

原告乐视网公司起诉称：我公司享有影视作品《将爱情进行到底》的独占信息网络传播权。未来电视公司未经我公司合法授权，利用“快播小方R810电视机顶盒”（以下简称快播小方机顶盒）通过互联网以电视为终端提供涉案影视作品的在线点播服务，侵害了我公司的信息网络传播权，给我公司造成极大经济损失，且我公司为维权支付了合理费用。故我公司请求法院判令未来电视公司赔偿我公司经济损失37000元及律师费3000元。

被告未来电视公司答辩称：我公司运营中国互联网电视平台上不存在涉案作品；我公司与乐视网公司签订有《互联网合作协议》，有权使用乐视网公司的作品，故我公司使用涉案作品并不构成侵权；乐视网公司已就我公司运营的中国互联网电视平台上使用涉案作品行使了诉权，无权再次起诉；如果认定侵权成立，乐视网公司主张的经济损失及合理费用过高，无法律依据。综上，我公司不同意乐视网公司的诉讼请求。

法院经审理查明：涉案电影《将爱情进行到底》的摄制及出品公司为北京小马奔腾影业有限公司（以下简称小马奔腾公司）、北京果然影视文化有限公司（以下简称果然影视公司）、北京美丽春天文化传播有限公司（以下简称美丽春天公司）、北京龙创环宇投资有限公司（以下简称龙创环宇公司）。2011年1月18日，果然影视公司、美丽春天公司、龙创环宇公司分别出具授权书，委任小马奔腾公司在全球范围内（以下简称授权区域）作为各出品公司的代表人独占性在授权区域行使该电影的信息网络传播权等，及将上述权利转授予第三方行使的权利。2011年2月10日，小马奔腾公司向乐视网公司出具授权书，将涉案电影在中国大陆范围内的信息网络传播权以专有许可的方式授权给了乐视网公司，并明确被授权人自行对侵权行为进行维权。

2014 年 3 月 20 日，乐视网公司的委托代理人从域名为 kuaibo. com 的网站上购买了快播小方机顶盒。3 月 21 日，乐视网公司委托代理人将该快播小方机顶盒连接到电视机和网络。打开机顶盒和电视后，在电视屏幕上显示有未来电视公司运营的中国互联网电视平台的标识“ICNTV”，之后进入栏目界面，在屏幕左上角仍然有标识“ICNTV”，从该界面可以搜索到涉案电影，并正常播放。上述购买快播小方机顶盒并播放涉案电影的过程，由公证处进行了公证。

未来电视公司认可涉案电影存储在其中国互联网电视平台中，并表示其与深圳市快播科技有限公司（以下简称快播公司）签订有协议，约定在快播公司生产的快播小方机顶盒中内置入未来电视公司的客户端软件，再由该软件链接未来电视公司运营的中国互联网电视平台，从该中国互联网电视平台中调取相应的视频资源。

另查，2013 年 5 月 2 日，未来电视公司与乐视网公司签订《互联网电视业务合作协议》，约定乐视网公司向未来电视公司提供其拥有合法互联网电视播出版权的视听节目内容在未来电视公司运营的中国互联网电视平台“乐视专区”内使用，为未来电视公司的互联网电视用户提供视听节目内容服务，为本协议之目的，未来电视公司享有乐视网公司提供的视听节目内容的信息网络传播权非独家使用权（限在乐视专区内使用）。此外，乐视网公司曾在广东省深圳市福田区人民法院起诉深圳市碧维视科技有限公司（以下简称碧维视公司）、深圳市百丽芳实业有限公司（以下简称百丽芳公司）、未来电视公司，认为碧维视公司、百丽芳公司与未来电视公司合作通过其生产的“碧维视机顶盒”播放未来电视公司中国互联网电视平台中的涉案电影《将爱情进行到底》，侵害了其对该电影享有的信息网络传播权。2015 年 10 月 22 日，深圳市福田区人民法院作出一审判决，认定未来电视公司构成侵权，并判决未来电视公司承担相应的赔偿责任。

乐视网公司未向法庭提供律师费发票。

【裁判结果】

北京市朝阳区人民法院于 2016 年 6 月 29 日作出（2016）京 0105 民初 9567 号民事判决：一、被告未来电视有限公司于本判决生效之日起 10 日内赔偿原告乐视网信息技术（北京）股份有限公司经济损失 3 万元；二、驳回原告乐视网信息技术（北京）股份有限公司的其他诉讼请求。

宣判后，双方当事人均未提起上诉，一审判决已经生效。

【裁判理由】

法院生效裁判认为：根据涉案电影公映许可证及片尾的署名，在无相反证据的情况下，可以认定小马奔腾公司、果然影视公司、美丽春天公司、龙创环宇公司为涉案电影的著作权人。根据果然影视公司、美丽春天公司、龙创环宇公司及小马奔腾公司的授权，乐视网公司在授权地域和期限内取得了涉案电影的专有信息网络传播权及维权的权利。

未来电视公司通过其内置于快播小方机顶盒中的客户端软件向网络用户提供了涉案电影的在线播放，实施了在线提供作品的行为。虽然未来电视公司与乐视网公司签订有《互联网电视业务合作协议》，但该协议约定乐视网公司提供的视听节目仅限于在未来电视公司运营的中国互联网电视平台“乐视专区”内使用，而涉案电影并不在该“乐视专区”内，故未来电视公司不能据此协议主张其传播涉案电影得到了乐视网公司的授权。另外，乐视网公司在深圳市福田区人民法院提起的诉讼是针对未来电视公司与碧维视公司、百丽芳公司合作通过“碧维视机顶盒”播放电影《将爱情进行到底》的行为，而本案乐视网公司起诉的是未来电视公司通过快播小方机顶盒播放涉案电影的行为，尽管通过“碧维视机顶盒”与快播小方机顶盒所播放的涉案电影均来自中国互联网电视平台，但该平台上的资源并非任何终端均可链接，而是由未来电视公司主动选择与终端厂商进行合作，未来电视公司每选择一家不同的终端厂商，即会产生通过新的传播途径传播作品的行为，未来电视公司会因此而获得新的商业利益，也会因此给权利人造成新的损失。故，未来电视公司在本案中通过快播小方机顶盒传播涉案电影的行为与深圳市福田区人民法院已经处理的行为不是同一行为，本案不存在重复起诉的问题。未来电视公司在线提供涉案电影并未经过权利人许可，侵害了乐视网公司对涉案电影享有的信息网络传播权，应当承担停止侵权、赔偿经济损失的法律责任。

对于赔偿经济损失的具体数额，双方均未提交足够证据证明乐视网公司的实际损失及未来电视公司的违法所得，故本院将综合考虑到涉案作品的知名度、未来电视公司涉案侵权行为的性质和情节、未来电视公司的主观过错程度等因素酌情确定。乐视网公司未提供律师费发票，本院无法确定其律师费具体数额，故对乐视网公司主张的律师费不予支持。

【案例注解】

一、案件争议焦点及双方当事人的不同理由

本案一个重要的争议焦点是本案诉讼是否重复诉讼，即本案诉讼与乐视网公司曾在广东省深圳市福田区人民法院起诉碧维视公司、百丽芳公司、未来电视公司通过“碧维视机顶盒”播放涉案电影《将爱情进行到底》的诉讼（简称福田区法院的诉讼）是否属于重复诉讼。

乐视网公司认为该诉讼与福田区法院的诉讼不是重复诉讼的主要理由是本案被诉的行为是未来电视公司通过快播小方机顶盒传播涉案作品，而福田区法院的诉讼是未来电视公司通过碧维视机顶盒传播涉案作品，传播途径不同，且两案的被告并不完全相同。未来电视公司认为本案属于重复诉讼的理由是两案中被诉传播的涉案电影均来自其运营的中国互联网电视平台，其仅在中国互联网电视平台上上传了一次涉案电影，只不过是通过不同的终端设备传播了来自同一平台上的同一作品。因此，其行为是同一的，在福田区法院的诉讼中其已经因在中国互联网电视平台上传播涉案作品被判侵权并承担了法律责任，故乐视网公司再提起本案诉讼，即属于重复起诉。

二、产生上述争议焦点问题的原因分析

通过本案的上述争议焦点问题及双方的理由可以看出，双方当事人之所以有上述分歧意见，是与信息网络传播行为的判断标准或者说侵犯信息网络传播权的判断标准有关系的。

根据目前司法实践中的主要观点，信息网络传播行为或者侵犯信息网络传播权的判断标准是“服务器标准”，即将作品以上传或其他方式置于向公众开放的网络服务器中，使得作品处于一种可为公众获得的状态，未经许可实施了该种行为就是侵犯信息网络传播权的直接侵权行为。因此，根据该判断标准，行为人是否构成直接侵犯信息网络传播权，主要是看其是否实施了将作品置于向公众开放的网络服务器中的行为，实施了该行为就构成直接侵犯信息网络传播权的行为，未实施该行为而仅是为他人实施该行为提供搜索、链接、信息存储空间、缓存、文件传输等技术服务的，不属于直接侵犯信息网络传播权的行为。根据该种理解，在侵权行为数量的判断上，自然也需要看行为人实施了几

次将作品置于向公众开放的网络服务器中的行为。如果行为人将作品在其服务器上上传了两次，那么显然其实施了两次独立的侵权行为，其就应当对此承担两次侵权责任，权利人针对每次上传行为提起的诉讼显然不属于重复诉讼。相反，如果行为人仅仅在其服务器上上传了一次，那么其也就仅仅实施了一次侵权行为，即使上传到服务器上的作品通过不同的终端设备进行传播，鉴于只有一次上传行为，故其侵权行为也仅有一次，权利人针对通过不同终端传播提起的多起诉讼就应当属于重复起诉。

持上述理解的观点就认为，只要行为人仅仅实施了一次上传行为，那么通过不同的终端进行传播应当属于同一个行为，权利人只能针对行为人提起一个案件的诉讼，如果权利人针对某一终端提起了诉讼，那么权利人就应当在该诉讼中一次性获得足够的赔偿，而不能针对其他终端再提起其他诉讼，否则即属于重复诉讼，应当裁定驳回起诉。

另外一种观点认为，虽然行为人仅实施了一次上传作品的行为，但鉴于传播的终端不同，给权利人造成的损害是不同的，权利人有权针对不同终端的传播行为进行起诉，因此，不能简单地根据“服务器标准”确定侵权行为的数量，并据此判定是否属于重复诉讼。

三、解决路径的选择

不可否认，互联网环境下涉及的侵权行为比传统侵权行为要复杂得多，尤其是互联网环境下的侵权行为都是一种以信息为载体的侵权行为，而信息都是流动的，同一个服务器上的信息会在整个互联网上传播，且接收互联网上信息的终端设备又多种多样，这更加加剧了侵权行为的复杂性，容易导致人们对到底发生了几个侵权行为、针对同一个侵权行为是否重复起诉等问题发生争议。

既然问题的核心是是否存在重复诉讼，那么我们思考该问题必须回到法律规定上来，即应当根据现行法律的规定判断这种针对多终端传播行为的诉讼是否属于法律规定的重复诉讼。《最高人民法院关于适用〈中华人民共和国民事诉讼法〉的解释》第二百四十七条规定了重复诉讼的问题。根据该条规定，构成重复起诉，需要同时满足下列条件：（1）后诉与前诉的当事人相同；（2）后诉与前诉的诉讼标的相同；（3）后诉与前诉的诉讼请求相同，或者后诉的诉讼请求实质上否定前诉裁判结果。在这些条件中，最为核心和本质的内容是第二个条件，即后诉与前诉的诉讼标的相同，即“一事不再理”的“一事”问题。[①] 何为这里的诉讼标的，应当理解为“当事人在实体法上权利义务或者法律关系”[②]。可见，是否构成重复诉讼的关键不是侵权行为是否同一个，而是权利义务关系是否同一个。换句话说，如果同一个侵权行为给当事人造成了两个损害结果，当事人就该两个损害结果都享有实体法上的请求权，不能因为只有一个侵权行为，就只能允许权利人行使一次诉权。举例说明，甲对乙实施一次加害行为，给乙造成了皮肤外伤及身体内伤，但该身体内伤暂时没有发现，加害时甚至是起诉时，还只是知道有皮肤外伤而未发现身体内伤，乙起诉甲请求赔偿治疗皮肤外伤的医疗费，法院予以支持。之后，乙发现了有身体内伤，且经鉴定确实属于甲加害行为所致，那么乙是否有权就甲的上次加害行为导致的治疗身体内伤所花费用进行起诉主张呢？答案显然是肯定的。可见，决定是否构成重复诉讼的关键因素不是侵权行为有几个，而是该侵权行为所造成的损害，或者说产生的实体法上的请求权有几个，从而决定了权利人提出的诉讼请求必然不同于前诉的诉讼请求。在网络环境中判断是否属于重复诉讼，也是同样的道理。针对通过不同终端传播作品的诉讼是否构成重复诉讼，关键的问题不是看行为人实施了几次上传作品至网络服务器的行为，而是看上传作品至网络服务器，并通过不同终端使作品被社会公众获得，给权利人造成了什么样的损害，这种损害是否可以分别起诉，是否可以成立实体法上的多个请求权。

《著作权法》规定了多种著作权权利，并且每种著作权权利都控制某种使用作品的行为，但该种使用作品的行为是以类别划分的，而不是精确到某一个行为。例如，复制权控制的是复制作品这类行为，但复制作品的行为包括了印刷、复印、拓印、录音、录像等非常具体的单个的行为。作者可以将某些著作权权利许可或者转让给他人，从而实现作者的经济利益。甚至，作者可以将以某种特定的使用作品的方式行使某项著作权的权利许可给他人，例如，将以印刷的方式复制作品的权利许可给他人，这时许可的不是整个的复制权，而是单以印刷的方式使用作品的权利。可见，著作权权利以及所控制的使用作品行为的这种复合性能够为权利人带来诸多的经济利益，权利人可以凭借某项权利获取经济利益，也可以凭借许可他人具体使用作品的特定行为获取经济利益，但

---

① 参见沈德咏主编：《民事诉讼法司法解释的理解与适用》（上），人民法院出版社 2015 年版，第 634 页。

② 参见沈德咏主编：《民事诉讼法司法解释的理解与适用》（上），人民法院出版社 2015 年版，第 635 页。

未经许可使用作品，给权利人的经济利益造成损害时，权利人即产生了实体法上的请求权，当然是可以寻求司法救济的，是有诉权的。在互联网环境下，随着三网融合的发展、移动互联网的普及以及网络技术的进步，权利人的权利行使方式更趋复杂，在权利许可市场上已经出现了诸多分终端授权的交易，即权利人以作品的不同传播终端为权利许可的划分依据，如将权利授权被许可人仅以“PC 端”设备传播，或仅以“移动端设备”传播，或仅以“电视端”传播，甚至将“移动端”细致地分为“手机端”或“PAD 端”，更甚至按照操作系统的不同划分为“安卓端”“IOS 端”等等。这种以终端为依据的权利许可并不违反法律规定，而且也符合上述著作权权利及使用作品方式复杂、多样性特点。既然如此，在权利许可市场上就应当对此予以认可。那么，既然对如此细化的权利许可都予以认可，如果行为人通过不同终端传播同一服务器中的同一作品，给权利人造成的损害显然不是同一的，因此权利人就可以成立不同的请求权。故，权利人针对不同终端的传播行为进行起诉，都具有实体法上的权利基础，多个诉讼的诉讼标的是不同的，应当分别成立不同的诉讼，不存在重复起诉的情况。当然，在多个案件的裁判文书中，应当注意叙述清楚本案所起诉的具体传播终端以及所造成的损害范围，并将裁判结果限定在该具体传播终端及所造成的损害范围以内，防止多个案件因侵权损害范围不清楚相互重复裁判的情况发生。

从现实操作来看，认定针对不同终端传播的诉讼不属于重复诉讼，有利于维护权利人的利益，也有利于权利救济的清晰化，防止出现司法实践中的混乱。被告通过了什么终端传播同一作品，权利人不一定同时都了解，如果权利人先知道了被告通过某一终端传播了作品，并就此提起了诉讼。在判决之后，权利人又发现了被告还同时通过另外的终端传播同一作品，那么如果认为权利人只能起诉一次，显然该新发现的传播行为是无法起诉的，那么前一个案件的判决又显然未考虑到该另外的终端传播给权利人所造成的损害，而权利人又无权起诉了，这显然是不利于对权利人保护的。而且，由于知识产权案件司法管辖权范围较大，权利人往往可以选择多个法院针对同一个被告提起诉讼，如果权利人发现被告通过两种终端传播同一作品，那么其在不同的两家法院分别提起诉讼，假设被告也未就此提出抗辩意见，不同的两家法院有可能对此情况不甚了解。如果认为该两个诉讼是重复诉讼，那么必定只能出现一个判决结果，但两家不同的法院对此都不甚了解的情况下，完全可能均作出裁判。

综上，无论从“一事不再理”的法律原理，还是从司法实践的实际操作中，均应当认定针对不同终端的传播行为提起的多起诉讼不属于重复诉讼，不应当以所谓的服务器标准为依据并以侵权行为的数量作为判断是否存重复诉讼的理由。

基于上述理由，本案裁判理由强调了未来电视公司分别通过快播小方机顶盒和碧维视机顶盒传播涉案电影均给其带来了经济利益，同时也分别给乐视网公司造成了不同的经济损失，故乐视网公司均具有请求权基础，该两个案件的诉讼不属于重复诉讼。

（**一审法院独任审判员**　李自柱

编写人　北京市朝阳区人民法院　李自柱

责任编辑　宋建宝

审稿人　林广海）

行政及国家赔偿

济南海满航商贸有限公司诉济南市市中区食品药品监督管理局行政处罚案

——销售不合格食品免予行政处罚的条件认定与执法机关裁量权把握

关键词：不合格食品　鲜活食品　行政处罚　自由裁量权

【裁判要旨】

1.《食品安全法》第一百三十六条规定，食品经营者履行了本法规定的进货查验等义务，有充分证据证明其不知道所采购的食品不符合食品安全标准，并能如实说明其进货来源的，可以免予处罚。其中，“如实说明进货来源”表述不够完整，根据立法目的，应当对其补充解释为“提供真实、正确的进货来源信息并经查证属实”。

2.“可以免予处罚”属于授权性规范而非义务性规范。这意味着，即使属于可以免予处罚的情形，执法机关亦可根据案件具体情节、食品销售商既往表现等因素，在免予和给予处罚之间作出裁量，而非必须作出免予处罚决定。

【相关法条】

《中华人民共和国食品安全法》第一百三十六条　食品经营者履行了本法规定的进货查验等义务，有充分证据证明其不知道所采购的食品不符合食品安全标准，并能如实说明其进货来源的，可以免予处罚，但应当依法没收其不符合食品安全标准的食品；造成人身、财产或者其他损害的，依法承担赔偿责任。

【案件索引】

一审：山东省济南市市中区人民法院（2018）鲁0103行初242号（2018年11月19日）

二审：山东省济南市中级人民法院（2019）鲁01行终48号（2019年3月26日）

【基本案情】

原告（被上诉人）济南海满航商贸有限公司（以下简称海满航公司）诉称：被告济南市市中区食品药品监督管理局（以下简称市中食药监局）对原告在兖州大润发超市销售的鲤鱼进行食品安全抽样检查，检查结果显示地西泮项目不符合农业部公告第235号《动物性食品中兽药最高残留限量》要求，检验结论为不合格，被告对原告作出（济市中）食药稽食罚［2018］54号行政处罚决定书（以下简称54号处罚决定），决定对原告处以没收违法所得42元以及处5万元罚款的处罚。原告认为，被告作为处罚主体资格错误，对本案无管辖权；被告作出的处罚决定事实不清楚，处罚决定证据不充分，适用法律错误。诉讼请求：撤销被告市中食药监局作出的54号处罚决定。

被告（上诉人）市中食药监局辩称：我局对原告经营兽药残留含量超过食品安全标准限量食品的行为，根据《行政处罚法》第二十条及《食品安全抽样检验管理办法》第二十九条、第四十条的规定，依法具有管辖权。54号处罚决定认定事实清楚，法律依据充分。《食品安全法》第五十三条规定了食品经营者的进货查验义务，原告在供货时未亲自查看所供之鱼，直接由供货商送至超市，执法人员认定其未切实履行进货查验义务，认定其提供的进货来源并未得到济宁市兖州区食品药品监督管理局（以下简称兖州食药监局）的证实，故原告的违法情形不适合《食品安全法》第一百三十六条规定的免予处罚情形，54号处罚决定适用法律正确。

法院经审理查明：2018年5月11日，被告市中食药监局收到国家食药监总局内网下发的检验报告一份，样品为原告海满航公司在兖州大润发超市销售的鲤鱼，其中地西泮项目不符合农业部公告第235号《动物性食品中兽药最高残留限量》要求，检验结论为不合格。2018年5月11日，被告对原告进行现场检查，未发现2018年4月17日国家食品安全抽检不合格的鲤鱼，原告公司经理裴洪令称该批鲤鱼共购进60斤，已售完。原告称涉案鲤鱼系于2018年4月17日从济宁市兖州区宁路水产商行（以下简称宁路水产商行）购进，并提供该商行的《营业执照》复印件、购买凭据及进货查验台账记录。

被告于2018年5月24日向兖州食药监局要求协助调查：（1）宁路水产商行是否为贵局辖区内合法经营企业，请提供其相关资质复印件；（2）原告提供的宁路水产商行向其销售鲤鱼的凭据是否真实有效。兖州食药监局复函并附《营业执照》、现场拍摄照片，复函主要内容为：经营场所为济宁市兖州区息马地农贸市场一楼鱼市区23、24号为空摊位，现无人经营；1号摊位墙壁上悬挂经营者为徐宁路的个体工商户营业执照，徐宁路已经离开鱼市一个多月，摊位转让给他人。因无法找到徐宁路本人，无法确定销售鲤鱼的单据是否真实。2018年8月1日，被告作出54号处罚决定，对原告作出如下处罚：（1）没收违法所得42元，其使用的工具、设备等物品不予没收；（2）处5万元罚款，罚没款合计50042元，同时责令立即改正违法行为。

【裁判结果】

山东省济南市市中区人民法院于2018年11月19日作出（2018）鲁0103行初242号行政判决：撤销被告济南市市中区食品药品监督管理局作出的（济市中）食药稽食罚［2018］54号行政处罚决定书。

宣判后，市中食药监局不服原审判决，提起上诉。济南市中级人民法院于2019年3月26日作出（2019）鲁01行终48号行政判决：一、撤销济南市市中区人民法院（2018）鲁0103行初242号行政判决；二、驳回济南海满航商贸有限公司的诉讼请求。

【裁判理由】

法院生效判决认为：民以食为天，食以安为先。食品安全关涉千家万户人民群众的身体健康和生命安全，事关社会安全稳定和重大公共利益。加强食品领域执法力度，惩处食品安全方面的违法行为，对于提升食品安全保障水平，保护群众生命健康有着重要的意义。这要求食品安全执法机关严格履行法定职责，加大对于不合格食品生产经营行为的查处力度，从严把握免予行政处罚的认定标准。

《食品安全法》第一百三十六条规定："食品经营者履行了本法规定的进货查验等义务，有充分证据证明其不知道所采购的食品不符合食品安全标准，并能如实说明其进货来源的，可以免予处罚……"《山东省食品药品监管系统执法办案指导意见（一）》（鲁食药监发［2017］50号）第五条"关于食品经营者免予处罚的认定问题"对《食品安全法》第一百三十六条规定进行了进一步明确，即不合格食品经营者请求免予处罚应当同时满足以下三个条件：（1）履行了《食品安全法》规定的进货查验等义务；农产品应当提供产地证明或者购货凭证，如实记录进货查验情况。（2）有充分证据证实其不知道所采购的食品不符合安全标准。（3）如实说明进货来源，提供供货方名称、地址、联系方式且经查证属实。海满航公司是否符合上述三个条件应逐一认定。

关于第一个条件，《食品安全法》第五十三条规定："食品经营者采购食品，应当查验供货者的许可证和食品出厂检验合格证或者其他合格证明（以下称合格证明文件）。食品经营企业应当建立食品进货查验记录制度，如实记录食品的名称、规格、数量、生产日期或者生产批号、保质期、进货日期以及供货者名称、地址、联系方式等内容，并保存相关凭证。记录和凭证保存期限应当符合本法第五十条第二款的规定。实行统一配送经营方式的食品经营企业，可以由企业总部统一查验供货者的许可证和食品合格证明文件，进行食品进货查验记录。从事食品批发业务的经营企业应当建立食品销售记录制度，如实记录批发食品的名称、规格、数量、生产日期或者生产批号、保质期、销售日期以及购货者名称、地址、联系方式等内容，并保存相关凭证。记录和凭证保存期限应当符合本法第五十条第二款的规定。"海满航公司对其查验义务履行情况仅提供了《食品进货检查验收台账》一份予以证实，经核对，该台账仅记录了鲤鱼的查验情况，这与其提供的手写进货清单（收据）上所记载的进货情况（每次除鲤鱼外，另有草鱼等其他鱼种）并不一致，该证据的真实性和可信度较低。除此以外，海满航公司并未提供任何其他证据证实其履行了进货查验义务。而相关法律法规并未规定，对于生鲜产品，可以降低食品经营者的进货查验标准。因此，海满航公司对其已经依法适当履行进货查验义务的主张举证不足，对该主张不予支持。

关于第二个条件，海满航公司抗辩称其不知道所采购的鲤鱼不符合食品安全标准，虽未提供证据，但市中食药监局对此不持异议，可视为该条件成就。

关于第三个条件，海满航公司提供了供货商的营业执照、地址，但未提供联系方式。市中食药监局依照食品药品监督管理总局关于《印发食品药品案件协查管理规定的通知》（食药监稽［2015］264 号）相关规定，委托违法行为发生地兖州食药监局进行协助调查，发现宁路水产商行已不在登记地经营。海满航公司并未继续提供其他线索以供查明该水产商行或经营者徐宁路的下落。《食品安全法》第一百三十六条之所以要求不合格食品的经营者提供上游食品经销商或者生产商，其目的在于追查上游不合格食品生产经营者并对其进行制裁，以惩治违法行为人、规范整顿食品经营市场。提供可以查证属实的供货商系不合格食品经营者请求免予处罚的重要条件之一，当然由其承担举证责任。执法机关在职责范围内，对不合格食品经营者提供的信息进行查证。市中食药监局已通过合法方式调查取证仍无法查证属实，不利后果应当由海满航公司承担。同时，海满航公司作为食品经营企业，应依法规范经营，其仅提供手写进货清单（收据）一份，而未提供据以证实交易真实发生的购销合同、发票、支付凭证等证据，反映其在经营管理方面的不规范和选择供货经销商方面的不慎重。依据现有证据，本院认为海满航公司未完成“如实说明进货来源并经查证属实”的举证责任，对其主张不予采信。

综合以上分析，海满航公司称其符合免予处罚三个条件的主张，证据不足，不能成立。市中食药监局对海满航公司作出的处罚决定，认定事实清楚，适用法律正确，罚当其过，并无不当。一审法院举证责任分配不当，对法律理解有误，判决结果不当，本院予以纠正。

【案例注解】

党的十八大以来，习近平总书记高度重视食品安全工作，多次强调食品安全的重要性，对食品安全工作提出“四个最严”要求，即最严谨的标准、最严格的监管、最严厉的处罚、最严肃的问责，要求加强食品安全工作，确保人民群众食品安全。这种指导思想与《食品安全法》的立法精神是高度一致的。执法机关与司法机关正确理解、解释并适用食品安全相关法律，是贯彻落实食品安全思想的重要保障。

《食品安全法》第一百三十六条规定：“食品经营者履行了本法规定的进货查验等义务，有充分证据证明其不知道所采购的食品不符合食品安全标准，并能如实说明其进货来源的，可以免予处罚……”双方当事人对条文中“如实说明进货来源”“可以免予处罚”的含义存在不同理解，法官需要运用法律解释方法进行明确，方可准确适用法律并作出公正裁判。法律解释是指一定的解释主体根据法定权限和程序，按照一定的标准和原则，运用解释方法对法律所使用的概念、术语等含义进行探究的活动。之所以需要对法律进行解释，是因为制定法以文字为法律规范的载体，立法者采用文字表达法律规范内容并进行文字负载信息的传递，而文字大多具有多义性与不确定性的特点，这使得传递过程中难免对法律文本产生不同理解，不同理解往往会指向不同的法律后果。此时，必须由法官对法律规范的文字内涵进行妥帖的阐释与推敲，方能确切地理解规范内容，领悟立法意旨，[①] 明晰法律的意义并弥补其不足。[②] 立法是人类有意识的行为，任何立法活动均有其目的，立法目的最终体现和隐含在具体的法律条文中。在运用不同解释方法获得不同的解释结论时，应当探寻立法者的本意，选择能够实现立法目的的解释方法和结论。

关于如何解释“如实说明进货来源”的含义。海满航公司认为，其已经提供了供货商的营业执照和经营地址，市中食药监局委托当地行政机关进行的现场调查可以证实该供货商确实曾在该地进行经营，应当认定海满航公司已经“如实说明进货来源”。现供货商下落不明，无法进一步调查落实，但责任不在海满航公司。市中食药监局则认为，仅提供供货商相关信息不属于“如实说明进货来源”，必须经查证属实，《山东省食品药品监管系统执法办案指导意见（一）》对此有明确的规定。对两种不同理解，需要运用法律解释方法进行选择。按照文义解释方法优先的规则，进行法律解释首先应当从法律文本的文字含义出发，只有在文义解释无法获取正确解释结论的情况下，方可求助其他解释方法。双方当事人对“如实说明进货来源”理解不同的焦点在于“如实”一词的含义。“真实、正确”是“如实”一词的当然之义，但是否包含“查证属实”的含义难以从词语表面直接获取，需要进一步解释和论证。该条款立法目的在于，如果不合格食品销售商提供了供货商信息，执法机关可以追查供货商并对其进行处罚，以惩治违法行为。此时，违法者受到了法律的追究和制裁，国家法律得以有效实施。销售商被免予处罚属于“将功补过”。如果不合格食品销售商提供的供货商信息无法查证属实，则不能印证其提供的信息是否“真实、正确”。此时，如果认为不合格食品销售商完成了“如实说明进货来源”的义务，并对其免予处罚，则无异于纵容了违法者，因为供货商和销售商两个违法主体均未受到制裁。

---

① 参见刘凯湘：《论民法解释之依据与解释方法之运用》，载《山东警察学院学报》2006年第2期。

② 魏治勋：《为什么法治必然要求法律解释》，载《求是学刊》2016年第11期。

这显然与该条款的立法目的不符。因此，将“如实说明进货来源”补充解释为“提供真实、正确的进货来源信息并经查证属实”符合立法本意，是对该条文的准确解释。

关于如何解释“可以免予处罚”的含义。“可以免予处罚”属于授权性规范而非义务性规范，是法律赋予行政机关根据案件具体情况自由裁量的权力。行政自由裁量权指，在法律、法规和规章规定的原则性条件和方法范围之内，由行政执法机关自主确定对违法行为人是否作出处罚、作出何种处罚及幅度的权力。赋予行政机关执法自由裁量权旨在提高行政效率，发挥行政执法机关的能动作用，以不断适应社会管理的需要，维护正常的社会秩序，维护法律规范的稳定性和权威性。从定义可知，行政处罚自由裁量权有三种类型：一是对行政违法行为是否给予行政处罚的裁量；二是确定采用何种行政处罚形式的裁量；三是确定行政处罚幅度的裁量。① 免予行政处罚指的是某一行为满足了行政违法行为的构成要件，属于行政违法行为，本应给予行政处罚，但基于法定事由或者立法的特殊考虑，而放弃追究其法律责任。② 需要强调的是，免予行政处罚的基础是：行政相对人存有违法行为，本应给予行政处罚。是否免予行政处罚的自由裁量权在上述三种裁量权中裁量幅度最大，运用时应当非常慎重。对违法行为人免予处罚，必须是针对社会危害性较小的违法行为，且免予处罚不会出现放纵违法的不正义。这就要求行政处罚自由裁量权的行使，应当体现法律对自由裁量权授权的目的，必须符合一定的裁量标准，即一般的常识、常理、常情。③ 食品经营面向的是不特定的社会公众，不合格食品的社会危害范围相当大。普通商品出现质量问题一般会造成消费者的经济损失，经济损失可以通过赔偿金的方式获得全面的填补；食品出现质量问题，则不仅仅是造成消费者的经济损失，很多时候会损害消费者的身体健康甚至威胁生命安全，人身损害造成的损失远比经济损失的后果要严重，也无法通过经济赔偿或其他方式获得全面填补。因此，食品销售执法领域赋予行政机关较大的裁量权，由行政机关根据案件具体情况慎重作出决定，更能够以裁量权的灵活性调和法律规定的僵化性。该条款对于符合免予处罚的不合格食品销售者授予行政机关自由裁量权，正是立法权对

---

① 参见李国光：《行政处罚法及配套规定新释新解》，人民法院出版社2006年版，第36页。

② 肖金明：《行政处罚制度研究》，山东大学出版社2004年版，第166～167页。

③ 参见理牧：《行政处罚中的自由裁量控制》，载罗豪才主编：《行政法论丛》（第十卷），法律出版社2007年版，第511页。

执法权尊重的体现。因此，“可以免予处罚”应当解释为：如果不合格食品销售者符合免予处罚的三个条件，行政机关可根据案件具体情节、不合格食品销售者既往表现等因素，在给予和免予处罚之间进行裁量；而不能理解为：如果不合格食品经营者符合免予处罚的三个条件，行政机关就必须对其免予处罚。

（一审法院合议庭成员 俞春晖 周庆华 谢似波
二审法院合议庭成员 张振明 张启胜 曹 磊
编写人 山东省济南市中级人民法院 曹 磊
责任编辑 韩德强
审稿人 王振宇）

孙兰凤诉天津市河西区规划局、天津市规划局、第三人中国人民解放军海军研究院海洋环境研究所建设工程规划验收案

——授益性行政行为因涉及公共利益存在轻微违法情形不宜撤销

关键词：行政授益性行政行为　公共利益　轻微违法　确认违法　撤销

【裁判要旨】

内部规范性文件对于规划主管部门在进行规划验收时应当适用，法院在审查其与上位法不冲突后，应承认其效力并应作为合法性审查的依据。具有信赖保护利益的授益性行政行为存在轻微违法之处，在适用裁判方式撤销或确认违法时，应慎重适用撤销判决方式，在衡量公共利益的情况下，确认违法较为妥当。涉及公共利益的授益性行政行为，被告不积极举证，法院应责令其提交或补充证据。

【相关法条】

《中华人民共和国行政诉讼法》第七十四条第一款第一项　行政行为有下列情形之一的，人民法院判决确认违法，但不撤销行政行为：

（一）行政行为依法应当撤销，但撤销会给国家利益、社会公共利益造成重大损害的；

《中华人民共和国行政复议法》第十二条第一款　对县级以上地方各级人民政府工作部门的具体行政行为不服的，由申请人选择，可以向该部门的本级人民政府申请行政复议，也可以向上一级主管部门申请行政复议。

【案件索引】

一审：天津市河西区人民法院（2017）津0103行初104号（2017年12月7日）

二审：天津市第二中级人民法院（2018）津02行终43号（2018年6月1日）

【基本案情】

原告（被上诉人）孙兰凤诉称：2002年12月，海军批准了第三人中国人民解放军海军研究院海洋环境研究所的退休经适住房建设的定点和建设规模，2003年总后勤部将该住房工程列入全军年度建设计划并抄送至天津市建委、计委。2006年9月，被告天津市河西区规划局（以下简称规划河西分局）向第三人核发该退休经适住房工程的《建设工程规划许可证》（许可证编号：2006河西建证0013）。之后，该住房建设工程获得海军建设工程施工许可证，并于2007年4月施工建设。2010年3月，第三人把该退休经适住房交付住户居住使用。2015年6月至7月间，第三人向被告规划河西分局提出该退休经适住房项目的规划验收申请，并报送了材料。2015年10月至11月间，原告向被告规划河西分局了解、询问该住房工程规划验收事宜，被告规划河西分局向原告详细介绍了该住房工程不符合《建设工程规划许可证》批准要求的几点违规建设问题，原告在被告规划河西分局指导下，于2016年3月13日以书面形式向被告规划河西分局反映第三人建设的退休干部经济适用房项目存在不符合《建设工程规划许可证》有关规定的问题，主要存在如下问题：第三人没有按照《建设工程规划许可证》的要求建设城市绿化带和三层机械停车位；第三人没有按照《建设工程规划许可证》的要求拆除原有建筑；第三人建设的该项目不符合《建设工程规划许可证》批准的2.98的容积率。2016年7月，被告规划河西分局通知原告：根据天津市规划局相关会议要求，对原告提出的有关问题作出说明，到目前为止，第三人退休干部经济适用住房工程仍然不符合规划验收的条件。后被告规划河西分局与第三人多次接触，对不符合《建设工程规划许可证》批准要求的建设事项，应被告规划河西分局的要求，第三人出具了书面（保证）承诺书，在对不符合规划许可审批要求的违规建设事项没作出任何整改的情况下，于2016年11月4日再次向被告规划河西分局提出规划验收申请，被告规划河西分局于2016年11月8日向第三人核发了编号2016河西建验证0022《建设工程规划验收合格证》。被告规划河西分局作为城乡规划行政管理主体，并具有实施规划行政管理职责。但其在该退休经适住房项目工程规划验收工作中，没有遵照规划许可证后管理的法规和规范性文件的规定和要求，其核发《建设工程规划验收合格证》存在诸多违法行政行为。被告天津市规划局作为被告规划河西分局的上级管理机关，具有监督、检查职能，应当依据《行政复议法》，遵照规划许可证后管理的法规和规范性文件的规定和要求，对被告规划河西分局核发《建设工程规划验收合格证》行政行为进行审查。事实证明，被告天津市规划局没有认真履行行政复议职责，对《建设工程规划许可证》及附图、附件与《建设工程规划验收合格证》及附图、附件之间存在的诸多不相符合的客观事实，没有履行审查职责。原告认为，被告天津市规划局作出的行政复议决定，事实不清，缺乏充足的合法证据，适用法律、法规依据错误。综上，请求判令：（1）确认被告规划河西分局对第三人核发2016河西建验证0022《建设工程规划验收合格证》的行为违法；（2）撤销被告规划河西分局对第三人核发的2016河西建验证0022《建设工程规划验收合格证》；（3）撤销被告天津市规划局作出的规复决字［2017］11号《行政复议决定书》；（4）本案诉讼费由二被告承担。

被告（上诉人）规划河西分局辩称：（1）根据《天津市城乡规划条例》第六条之规定，答辩人具备在本行政管辖区实施规划管理的主体资格和法定权限。（2）答辩人作出的具体行政行为符合法定程序。中国人民解放军海军海洋测绘研究所于2016年11月4日向答辩人申请办理《建设工程规划验收合格证》，答辩人于2016年11月8日向其核发2016河西建验证0022《建设工程规划验收合格证》。（3）答辩人作出的具体行政行为符合相关法规的规定。答辩人严格按照《天津市城乡规划条例》第六十六条规定的程序履职，答辩人据此核发的《建设工程规划验收合格证》符合法定程序。综上，答辩人具有实施规划管理的主体资格和职权，程序合法，不存在超越和滥用职权的行为，请求驳回原告的诉讼请求。

法院经审理查明：2006年9月29日，被告规划河西分局向第三人核发了其建设的退休干部经济适用住房项目《建设工程规划许可证》。原告于2012年7月18日与第三人签订经济适用住房预售购房合同及补充协议书，约定第三人将坐落于天津市河西区西园道4号经济适用住房1单元12层1201号房屋出售给原告。原告认为第三人建设项目与被告规划河西分局核发的《建设工程规划许可证》存在多处不符，于2015年10月至11月间与王志敏等人向被告规划河西分局了解、询问该建设项目规划验收事宜，被告规划河西分局向原告介绍了该建设项目不符合《建设工程规划许可证》批准要求之处。原告于2016年3月13日以书面形式向被告规划河西分局反映第三人建设项目不符合《建设工程规划许可证》有关规定和要求，并影响社会公共环境安全问题。2016年7月6日，被告规划河西分局告知原告，到目前为止，第三人建设项目工程仍然不符合规划验收的条件。2016年11月4日，第三人向被告规划河西分局申请该建设项目规划验收，同时提交了建设工程规划验收申请表、竣工实测报告、建设工程档案预验收证明。被告规划河西分局收到第三人提交的上述申请材料后，受理了第三人的建设工程规划验收申请。被告规划河西分局未按照《天津市建设工程规划许可证后管理规定》第十九条和《天津市建筑工程规划许可证后管理工作规程》第十九条、第二十条、第二十一条、第二十五条、第二十七条规定的规划验收内容和规划验收操作规程对第三人建设工程进行规划验收，在第三人未按规划许可拆除原有建筑、未按规划许可建设机械停车楼等情况下，于2016年11月8日向第三人核发了涉案《建设工程规划验收合格证》。原告不服，于2017年3月27日向被告市规划局申请行政复议，被告市规划局于2017年5月19日作出规复决字［2017］11号《行政复议决定书》，维持了被告规划河西分局向第三人核发退休干部经济适用住房项目《建设工程规划验收合格证》的行政行为。

【裁判结果】

天津市河西区人民法院于2017年12月7日作出（2017）津0103行初104号行政判决：撤销被告天津市规划局河西区规划分局2016年11月8日作出的合格证编号2016河西建验证0022《建设工程规划验收合格证》及被告天津市规划局2017年5月19日作出的规复决字［2017］11号《行政复议决定书》。

宣判后，规划河西分局、市规划局、海军研究院海洋环境研究所不服原审判决，均提起上诉。天津市第二中级人民法院于2018年6月1日作出（2018）津02行终43号行政判决：一、撤销天津市河西区人民法院（2017）津0103行初104号行政判决；二、确认上诉人天津市规划局河西区规划分局于2016年11月8日作出的合格证编号2016河西建验证0022《建设工程规划验收合格证》违法；三、确认上诉人天津市规划局作出的规复决字［2017］11号《行政复议决定书》违法；四、责令上诉人天津市规划局河西区规划分局采取补救措施。

【裁判理由】

法院生效裁判认为：依据《天津市城乡规划条例》第六条的规定，上诉人规划河西分局具有作出被诉行政行为的主体资格和法定职权。《天津市城乡规划条例》第六十六条规定：“建设单位或者个人应当在建设项目投入使用前，向城乡规划主管部门申请规划验收，并提供下列材料：（一）竣工实测成果；（二）建设工程档案预验收证明；（三）其他需要提供的材料。城乡规划主管部门应当在二十个工作日内进行规划验收。对验收合格的，核发建设工程规划验收合格证。未取得建设工程规划验收合格证的，有关部门不予办理质量备案、准许使用手续和相关权属登记。”《天津市建设工程规划许可证后管理规定》第十四条规定：“城乡规划主管部门进行建设工程规划验收，应当查验下列内容：（一）建筑工程 1. 规划总平面：包括用地范围、建筑间距、道路、绿化、停车场（库）、出入口位置、配套设施，建筑物、构筑物满外尺寸，退让距离等；2. 技术指标：包括总建筑面积、建筑层数、建筑密度、容积率、绿地率、停车泊位等；3. 建筑单体：建筑物或者构筑物的高度、层高、外檐装饰、内部平面布置、建筑面积等；4. 应拆除或者保留的建筑物情况；5. 建设用地范围内（含界外处理范围）临时建筑情况；6. 建设用地范围内（含界外处理范围）违法建设情况；7. 设置和使用标准地名情况……”第十五条规定：“……建设单位未按照《建设工程规划许可证》及附图要求全面完成各项建设内容的，由城乡规划主管部门核发《建设工程规划验收整改通知书》。建设单位整改后，重新按照本规定提出规划验收申请。建设工程不符合规划许可证及附图要求的，按照违法建设查处程序进行查处。建设单位履行行政处理决定后，重新按照本规定提出规划验收申请，城乡规划主管部门应当在《建设工程规划验收合格证》上标注违法建设处理情况。”规划河西分局提交的证据不能证明其按照上述规定对海军研究院海洋环境研究所就案涉建设项目对照《建设工程规划许可证》及附图的要求全面完成各项建设内容实施规划验收，且在海军研究院海洋环境研究所未按规划许可拆除原有建筑的情况下，即发放《建设工程规划验收合格证》，存在违法之处。规划河西分局关于海军研究院海洋环境研究所对案涉建设项目中不符合规划许可的事项出具了书面承诺、并已经过业务会审，故其作出被诉行政行为符合法律规定的主张，由于其未提供相关证据及法律依据证明规划河西分局具有相应的自由裁量权，故原审法院判决确认被诉行政行为不具有合法性并无不妥。规划河西分局的该上诉主张，本院不予支持。

根据《行政诉讼法》第七十四条第一款第一项关于“行政行为有下列情形之一的，人民法院判决确认违法，但不撤销行政行为：（一）行政行为依法应当撤销，但撤销会给国家利益、社会公共利益造成重大损害的”规定，对于案涉建设项目在规划验收中存在未按规划许可建设机械停车楼的情形，停车泊位是规划验收查验过程中的技术指标之一，涉案建筑虽然没有按照规划许可建设机械停车楼，海军研究院海洋环境研究所已经提交承诺对不足车位同意在该单位大院地界内自行安排解决，停车泊位数量已经满足规划许可要求。且由于案涉建设项目系为海军研究院海洋环境研究所包括孙兰凤在内的离退休干部及其家属兴建的经济适用房，建设机械停车楼须由居住在此的各业主共同出资，对于是否继续建设机械停车楼，居住在此的离退休老干部中的绝大多数人同意不再兴建，并且提交了具有签名的材料加以证明。对于门卫及消防室，现作为案涉小区的门卫房使用，并用于存放小区的消防警报系统，该房屋与天津市电力公司城南供电分公司使用的电力开闭站的墙体相连，作为为周边居民及机关事业单位提供用电的电力枢纽，与周边机关事业单位及人民群众的生产、生活息息相关，验收前没有拆除并不能完全归责于规划河西分局。海军研究院海洋环境研究所亦出具书面承诺，保证在城市规划需要时无条件拆除。基于此，规划河西分局综合考虑上述客观因素的存在及海军研究院海洋环境研究所为此所作的承诺，为海军研究院海洋环境研究所核准了本案被诉《建设工程规划验收合格证》，既具有其合理性又对包括孙兰凤在内的军队离退休老干部及其家属具有授益性。又由于《天津市城乡规划条例》第六十六条第三款规定，未取得建设工程规划验收合格证的，有关部门不予办理质量备案、准许使用手续和相关权属登记。意味着包括孙兰凤在内的案涉居住在此多年的军队离退休老干部因此不能取得房地产权证，涉及业主的落户、子女入幼儿园、入学等多项生活需求迫切需要解决，被诉《建设工程规划验收合格证》一旦撤销，将会损害包括孙兰凤在内的案涉居住在此多年的军队离退休老干部及其家属的公共利益，给包括孙兰凤在内的案涉居住在此多年的军队离退休老干部及其家属的合法权益造成重大损害，也给海军研究院海洋环境研究所军队的内部建设、单位的稳定及工作开展带来极大的压力。此外，根据《天津市城乡规划条例》第六十六条之规定，规划验收应当在建设项目投入使用前进行。现涉案建筑已经投入使用，出于对社会交易秩序的稳定性和可期待性的保护，若判决撤销规划验收合格证会给整个小区已经入住业主的合法权益造成重大影响，且上述问题规划河西分局可以通过采取其他补救措施加以解决。综上，考虑到本案被诉《建设工程规划验收合格证》涉及的社会公共利益，原审法院判决撤销本案被诉《建设工程规划验收合格证》欠妥，本院变更为确认违法。同时，考虑到被诉行政行为存在违法之处，规划河西分局应依职权采取补救措施。

《行政复议法》第十二条第一款规定："对县级以上地方各级人民政府工作部门的具体行政行为不服的，由申请人选择，可以向该部门的本级人民政府申请行政复议，也可以向上一级主管部门申请行政复议。"天津市规划局作为规划河西分局的上一级主管部门，受理了孙兰凤提出的行政复议申请后，在法定期限内受理、向规划河西分局送达了《行政复议答复通知书》及《行政复议申请书》，在规划河西分局提交了《行政复议答复书》和证据材料后，依据《行政复议法》第十七条、第二十三条、第二十八条、第三十一条之规定，履行了相关的复议程序，其程序合法。由于天津市规划局未对规划河西分局作出的本案被诉《建设工程规划验收合格证》的合法性进行实质审查，从而维持了本案被诉《建设工程规划验收合格证》，同样存在违法之处，故其作出的复议决定书亦应确认违法。

【案例注解】

一、规范性文件可以作为审查行政行为合法性的依据

本案中规划河西分局主张《天津市建设工程规划许可证后管理规定》和《天津市建筑工程规划许可证后管理工作规程》系部门规范性文件，不应作为法院进行合法性审查的依据。对此，法院认为，规范性文件虽然不是正式的法律渊源，对人民法院不具有法律规范意义上的约束力，但对于行政机关而言，规范性文件是作出行政行为的依据，行政机关应当遵从。本案被诉行政行为系建设工程规划验收，天津市的地方性法规对申报验收只作了以下规定，即：《天津市城乡规划条例》第六十六条的规定："建设单位或者个人应当在建设项目投入使用前，向城乡规划主管部门申请规划验收，并提供下列材料：（一）竣工实测成果；（二）建设工程档案预验收证明；（三）其他需要提供的材料。城乡规划主管部门应当在二十个工作日内进行规划验收。对验收合格的，核发建设工程规划验收合格证。未取得建设工程规划验收合格证的，有关部门不予办理质量备案、准许使用手续和相关权属登记。"具体在申报规划验收时应当提供哪些材料，市规划局的内部规范性文件：《天津市建设工程规划

许可证后管理规定》和《天津市建筑工程规划许可证后管理工作规程》均作了明确的补充规定，天津市规划部门在受理、审查规划验收时，均按照上述规定执行，那么上述两个规范性文件，经合议庭审查后，与上位法并不冲突，并且具体细化了具体规定，人民法院在进行合法性审查时，应当作为规划验收合法性审查的依据。

二、公共利益的界定

公共利益是一定社会条件下或特定范围内不特定多数主体利益相一致的方面，不同于国家利益和集团利益，也不同于社会利益和共同利益。具有主体数量的不确定性和实体上的共享性等特征。公共利益不属于任何一个具体的人，而是对社会上不特定人的利益有直接影响。权利的行使要求权利人在个人利益和社会利益之间协调。如果权利人以加害于第三人和社会公共利益的目的而行使权利即构成权利的滥用。公共利益中的“利益”，可以理解为一定范围内由多数人的评价而产生的价值判断。

本案所涉及的小区已经投入使用多年，包括孙兰凤在内居住在此多年的居民们都有一个尽早办理产权证的愿望，对于这个愿望，在此居住的居民和离退休老干部绝大多数人都认可，并向法院提交了具有签名的意见书。该案的公共利益即为居住在此的全体居民（包括孙兰凤在内亦有）因生活需求要求办理产权证的愿望。与孙兰凤起诉要求撤销本案被诉规划验收行为所获得的诉的利益相比较而言，该小区广大居民希望能够尽快办理产权证的愿望即为本案涉及的公共利益。

三、准确把握根本性违法和轻微违法的差别

本案被诉规划验收行为存在以下三个方面的违法之处：没有按照规划许可建设机械停车楼；门卫及消防室系违法建设，在核发许可证之前未拆除；绿地位置与规划不符但绿地率超过规划许可的标准。

对于规划验收行为存在上述违法之处，海军研究院海洋环境研究所亦作出相应承诺。对于案涉建设项目在规划验收中存在未按规划许可建设机械停车楼的情形，停车泊位是规划验收查验过程中的技术指标之一，涉案建筑虽然没有按照规划许可建设机械停车楼，海军研究院海洋环境研究所已经提交承诺对不足车位同意在该单位大院地界内自行安排解决，停车泊位数量已经满足规划许可要求。且由于案涉建设项目系为海军研究院海洋环境研究所的包括孙兰凤在内的离退休干部及其家属兴建的经济适用房，建设机械停车楼须由居住在此的

各业主共同出资，对于是否继续建设机械停车楼，居住在此的离退休老干部中的绝大多数人同意不再兴建，并且提交了具有签名的材料加以证明。对于门卫及消防室，现作为案涉小区的门卫房使用，并用于存放小区的消防警报系统，该房屋与天津市电力公司城南供电分公司使用的电力开闭站的墙体相连，作为为周边居民及机关事业单位提供用电的电力枢纽，与周边机关事业单位及人民群众的生产、生活息息相关，海军研究院海洋环境研究所亦出具书面承诺，保证在城市规划需要时无条件拆除。基于此，规划河西分局综合考虑上述客观因素的存在及海军研究院海洋环境研究所为此所作的承诺，为海军研究院海洋环境研究所核准了本案被诉《建设工程规划验收合格证》，既具有其合理性又对包括孙兰凤在内的军队离退休老干部及其家属具有授益性。

分析规划河西分局在核发《建设工程规划验收合格证》存在的三种违法情形，如果属于重大或根本性违法情形，应当侧重于撤销。如果属于一般性违法并且不属于相对人的过错造成的，应判决确认违法。本案被诉规划验收行为经合法性审查，在主体资格和法定职权、履行的程序、法律适用等方面均符合相应的法律规定。规划验收行政行为包括的几个重大的技术指标诸如：用地范围、建筑间距、道路、配套设施、退让距离、总建筑面积、建筑层数、建筑密度、容积率等均符合建设工程规划许可的要求。而上述三项违法之处不符合规划许可的要求但并不属于根本性违法，经合议庭评议认为，属于一般性违法或瑕疵。故对被诉规划验收行为不应判决撤销，应确认违法为妥。

四、如何把握授益性行政行为的信赖利益

《德国行政程序法》规定对授益性行政行为的撤销恒受两项原则的支配：依法行政原则和信赖保护原则。我国学者对信赖利益的理解是："行政法信赖保护原则指政府对自己作出的行为或承诺应守信用，不得随意变更，不得反复无常。信赖保护原则要求行政行为具有确定力。行为一经作出，未有法定事由和法定程序不得随意撤销、废止或改变。行政相对人的授益行政行为作出后，事发后即使有轻微违法或对政府不利，只要行为不是因相对人的过错所造成，亦不得撤销、废止或改变。行政行为作出后，如事发后发现存在严重违法情形或可能给国家、社会公共利益造成重大损失，必须撤销或改变这种行为时，行

政机关对撤销或改变此种行为给无过错的相对人造成损失的应给与补偿。”①这是我国行政法学界的通说。《行政诉讼法》第七十四条、第七十六条是对信赖利益保护的具体规定。第七十四条第一款规定：“行政行为有下列情形之一的，人民法院判决确认违法，但不撤销行政行为：（一）行政行为依法应当撤销，但撤销会给国家利益、社会公共利益造成重大损害的；（二）行政行为程序轻微违法，但对原告权利不产生实际影响的。”第七十六条规定：“人民法院判决确认违法或者无效的，可以同时判决责令被告采取补救措施；给原告造成损失的，依法判决被告承担赔偿责任。”可见，2015 年 5 月 1 日起实施的修改后的《行政诉讼法》将信赖利益保护的原则和思想从原来的最高人民法院的司法解释上升为法律。在人民法院对授益性行政行为合法性审查时，应当充分考虑信赖利益保护原则，在遵从上述行政法原理的基础上，正确适用判决方式。

本案被诉《建设工程规划验收合格证》已经颁发，该行为属于授益性行政行为，对相对人即本案海军研究院海洋环境研究所及在此居住的小区全体居民具有授益性，对该行政行为所产生的信赖利益保护就是对该案适用撤销判决或适用确认违法判决的根本所在。

五、授益性行政行为慎用撤销判决

（一）授益性行政行为的特点

授益性行政行为是指为相对人设定或确认权利或法律上重大利益的行政行为。授益性行政行为突出了行政行为给公众带来的利益，包括物质的和精神的、现实的和潜在的。具有以下特点：以权利或者法律上利益作为授益行政行为内容；包括设定和确认两种方式；必须直接由行政行为创设；必须是外部行政行为，能够直接产生外部法律效果。基于相对人对授益性行政行为存在的信赖利益，要根据授益性行政行为存在瑕疵的内容、程度作出判断。当授益性行政行为存在轻微违法之处，一般应多考虑相对人、海军研究院海洋环境研究所涉及的公共利益的保护。当瑕疵重大或属于根本性违法，就应多考虑撤销的必要性。虽然《行政诉讼法》第七十条规定行政行为存在违法之处原则上是可以判决撤销的，但出于对相对人和公共利益保护的考虑，对撤销权的行使有必要加以限制。

---

① 吴坤城：《公法上信赖利益保护原则初探——行政法之一般原则》，台湾地区三民书局 1997 年版，第 249 页。

根据《天津市城乡规划条例》第六十六条之规定，规划验收应当在建设项目投入使用前进行。现涉案建筑已经投入使用，出于对社会交易秩序的稳定性和可期待性的保护，若判决撤销规划验收合格证会给整个小区已经入住业主的合法权益造成重大影响，且上述问题规划河西分局可以通过采取其他补救措施予以解决。综上，考虑到本案被诉《建设工程规划验收合格证》涉及的社会公共利益，原审法院判决撤销本案被诉《建设工程规划验收合格证》欠妥，二审法院变更为确认违法。同时，考虑到被诉行政行为存在违法之处，规划河西分局应依职权采取补救措施。

（二）判决撤销与判决确认违法的法律效力不同

行政行为被撤销后，不但失去往后的效力，撤销的效力被追溯到行政行为作出之日。作出确认违法的判决意味着被诉行政行为违法但不撤销，该行为依然存在、仍然有效。

本案涉及的规划验收行政行为已经作出，并且《天津市城乡规划条例》第六十六条第三款规定，未取得建设工程规划验收合格证的，有关部门不予办理质量备案、准许使用手续和相关权属登记。本案被诉《建设工程规划验收合格证》一旦撤销，其撤销的效力追溯到作出之日，则意味着包括孙兰凤在内的案涉居住在此多年的军队离退休老干部因此不能取得房地产权证，涉及业主的落户、子女入幼儿园、入学等多项生活需求迫切需要解决，被诉《建设工程规划验收合格证》一旦撤销，将会损害包括孙兰凤在内的案涉居住在此多年的军队离退休老干部及其家属的公共利益，给包括孙兰凤在内的案涉居住在此多年的军队离退休老干部及其家属的合法权益造成重大损害，也给海军研究院海洋环境研究所军队的内部建设、单位的稳定及工作开展带来极大的压力。

（三）本案适用确认违法判决方式的社会效果明显

本案因为涉及的房屋已经居住使用多年，案涉建设项目系中国人民解放军海军研究院海洋环境研究所为包括孙兰凤在内的离退休干部及其家属兴建的经济适用房，涉及军队离退休老干部的公共利益，广大离退休老干部因不能办理产权证书而困惑多年，原审法院判决撤销过当，拉回到确认违法这个点上，保留规划验收的效力较妥，居住在此的广大居民可以就此继续申办产权证书，维护了社会公共利益。

此外，责令规划河西分局采取补救措施有利于行政机关完善其行政行为，依法行政，达到提醒其及时纠正违法行政行为的目的。

六、涉及公共利益的授益性行政行为，被告不积极举证，法院应责令其提交或补充证据

《行政诉讼法》第三十四条第二款规定："被告不提供或者无正当理由逾期提供证据，视为没有相应证据。但是，被诉行政行为涉及第三人合法权益，第三人提供证据的除外。"《最高人民法院关于行政诉讼证据若干问题的规定》第九条规定："根据行政诉讼法第三十四条第一款的规定，人民法院有权要求当事人提供或者补充证据。对当事人无争议，但涉及国家利益、公共利益或者他人合法权益的事实，人民法院可以责令当事人提供或者补充有关证据。"由于本案事关公共利益，规划河西分局拒绝或没有提供作出行政行为的全部证据，人民法院在进行合法性审查时如果直接判决其承担不利或败诉的后果，会对社会公共利益造成损害。在就本案所保护的法益与涉及的公共利益进行利益衡量后，应当加以释明，责令其进一步提交证据或补充证据。如果其仍拒绝提交证据，则判令被告承担不举证的败诉责任。本案规划河西分局的抗辩思路为规范性文件不能作为法院合法性审查的依据，其依据《天津市城乡规划条例》的相关规定在举证期限内举证，原审法院应当依据上述法律规定对其进一步释明，告知其如不进一步举证会对社会公共利益造成损害的后果，而原审法院没有进一步释明，程序上存在瑕疵。

（**一审法院合议庭成员**　詹易军　王　欣　范　懿
二审法院合议庭成员　乜　红　吕本文　兰　芳
编写人　天津市第二中级人民法院　乜　红
责任编辑　韩德强
审稿人　王振宇）

赵爱香诉济南市历城区人民政府继续履行行政协议案

——诉请行政机关履行行政协议案件的审查标准

关键词：行政　协议安定性　协议效力　有利解释　合约性审查

【裁判要旨】

对诉请行政机关继续履行协议的案件的审查，应当从行政协议的行政性和协议性出发，准确把握价值取向和裁判尺度，即重视协议的安定性和稳定性，审慎认定协议效力，对协议内容作正当解释，把握合约性审查规则。（1）行政协议具有安定性，行政协议的安定性和稳定性是审理行政协议案件过程中应予重点考量的价值。行政协议一经签订，对协议双方均有拘束力，非因法定事由、非经法定程序不得随意变更协议。某种意义上，契约安定性优于形式上的合法性。（2）诉请履行行政协议案件，不能仅因行政机关未提供签订协议的依据，即认定协议无效。行政协议是双方协商一致的体现，诚信守约是协议双方应当遵守的基本要求。在行政机关未能提供证据或依据证明行政协议依法无效或撤销，或者存在其他不应当履行的正当事由时，应认定协议合法有效。（3）在行政协议履行过程中，行政机关对约定内容事先没有作出明确界定，协议签订后又不能作出合法有据的解释，此种情形下应作出对行政相对人一方有利的解释，以防止行政机关借此反悔侵害相对人的合法权益。（4）行政机关应当按照协议约定全面履行义务。但在行政相对人确实存在欺诈、胁迫等主要归责于相对人的事由，或者协议内容可能显失公平而损害国家和社会公共利益等情形下，行政机关应当享有一定的单方变更或解除权。

【相关法条】

《中华人民共和国行政诉讼法》第十二条第一款第十一项 人民法院受理公民、法人或者其他组织提起的下列诉讼：

（十一）认为行政机关不依法履行、未按照约定履行或者违法变更、解除政府特许经营协议、土地房屋征收补偿协议等协议的；

《最高法人民法院关于适用〈中华人民共和国行政诉讼法〉若干问题的解释》第十一条第一款 行政机关为实现公共利益或者行政管理目标，在法定职责范围内，与公民、法人或者其他组织协商订立的具有行政法上权利义务内容的协议，属于行政诉讼法第十二条第一款第十一项规定的行政协议。

第十四条 人民法院审查行政机关是否依法履行、按照约定履行或者单方变更、解除协议是否合法，在适用行政法律规范的同时，可以适用不违反行政法和行政诉讼法强制性规定的民事法律规范。

《中华人民共和国合同法》第五十二条 有下列情形之一的，合同无效：

（一）一方以欺诈、胁迫的手段订立合同，损害国家利益；

（二）恶意串通，损害国家、集体或者第三人利益；

（三）以合法形式掩盖非法目的；

（四）损害社会公共利益；

（五）违反法律、行政法规的强制性规定。

第五十四条第一、二款 下列合同，当事人一方有权请求人民法院或者仲裁机构变更或者撤销：

（一）因重大误解订立的；

（二）在订立合同时显失公平的。

一方以欺诈、胁迫的手段或者乘人之危，使对方在违背真实意思的情况下订立的合同，受损害方有权请求人民法院或者仲裁机构变更或者撤销。

【案件索引】

一审：山东省济南市中级人民法院（2017）鲁01行初1016号（2018年4月17日）

二审：山东省高级人民法院（2018）鲁行终1145号（2019年1月31日）

【基本案情】

原告（上诉人）赵爱香诉称：原告与济南市历城区雪山片区建设指挥部（下称雪山指挥部）于2015年10月9日签订《济南市历城区雪山片区整合村民住宅拆迁安置补偿协议》（下称拆迁安置补偿协议），目前该项目已经具备分配安置房的条件，但是雪山指挥部拒绝为原告分配安置房。基于此，诉请确认拆迁安置补偿协议有效，并判令历城区政府继续履行拆迁安置补偿协议，向其交付94平方米的安置房。

被告（被上诉人）历城区政府辩称：原告在签订拆迁安置补偿协议时，隐瞒了其已经在其他地方参与过安置的事实，被告经复核发现原告存在重复安置的情况，故向原告发出书面告知，要求其前来办理拆迁安置补偿协议的变更手续。因此，请求依法驳回原告的诉讼请求。

法院经审理查明：2013年1月28日，历城区政府出具授权书，载明："历城区政府委托雪山指挥部负责雪山片区四村整合安置房项目，配合济南城市建设投资集团有限公司做好土地征收工作，代表历城区政府与济南城市建设投资集团有限公司签订本项目的相关合同、协议等，处理与本项目有关的一切事务。"2015年10月9日，雪山指挥部与赵爱香签订了拆迁安置补偿协议，协议载明赵爱香家庭共有2口人，除购买部分外合计选房面积94平方米。拆迁安置补偿协议系依据《济南市土地征收管理办法》《济南市人民政府关于加快中心城城中村改造的意见》等有关规定并结合《雪山片区拆迁安置办法》达成。协议签订后，涉案房屋被拆除。2017年7月31日，雪山指挥部通知赵爱香更改协议。历城区政府称，其之所以不按照协议约定对赵爱香进行补偿安置，是因为签订协议时赵爱香隐瞒了在济钢周边片区村庄整合中已经享受过拆迁安置房的事实，该安置房具有福利分房的性质，符合《雪山片区拆迁安置办法》第九条第（六）项关于被拆迁人已享受过福利分房不再予以安置的规定。赵爱香对此反驳称，其在其他地方没有福利分房，拆迁安置房并非福利分房的范畴；另外，其享有的权利源于对其父母房屋的继承，《雪山片区拆迁安置办法》并未涉及类似情况，不能作为历城区政府作出行政行为的依据。赵爱香对历城区政府不履行拆迁安置补偿协议的行为不服，提起本案行政诉讼。另查明，赵爱香在韩仓二村享有拆迁安置房，其在章灵三村所享有涉案房屋的权属来源系其对父母房屋的继承。《雪山片区拆迁安置办法》系雪山指挥部于2012年9月15日制定，该办法第九条列举了相关人员不予安置的六种情形，其中第（六）项规定：“原户口及现户口在被征地拆迁村的非农村集体经济组织成员在外有房改房和福利分房，不予安置，不能购买。”该办法第十二条第（二）项规定：“非农村集体经济组织成员选房时应如实提交：……5. 市房管部门无房改房证明；6. 单位无房证明……”

【裁判结果】

山东省济南市中级人民法院于2018年4月17日作出（2017）鲁01行初1016号行政判决：一、确认历城区政府与赵爱香签订拆迁安置补偿协议的行为无效；二、驳回赵爱香请求判令历城区政府继续履行拆迁安置补偿协议的诉讼请求；三、责令历城区政府采取补救措施。

宣判后，赵爱香不服原审判决，提起上诉。山东省高级人民法院于2019年1月31日作出（2018）鲁行终1145号行政判决：一、撤销济南市中级人民法院（2017）鲁01行初1016号行政判决；二、判令历城区政府继续履行与赵爱香签订的拆迁安置补偿协议。

【裁判理由】

法院生效裁判认为：本案争议焦点为被诉拆迁安置补偿协议是否合法有效，历城区政府是否应当继续履行协议，集中表现在历城区政府以重复安置为由不履行与赵爱香达成的拆迁安置补偿协议是否正确。

1. 关于被诉拆迁安置补偿协议的性质和权责归属问题。本案中，赵爱香基于对其父母房屋的继承，对涉案房屋享有拆迁安置补偿利益。雪山指挥部作为历城区政府成立的临时机构，其与赵爱香签订的拆迁安置补偿协议，目的是社会公共利益之需要，属于行政协议，其行为的法律后果由历城区政府承担。

2. 关于历城区政府不履行拆迁安置补偿协议的理由是否成立的问题。历城区政府不履行拆迁安置补偿协议，其理由为赵爱香在签订协议时隐瞒了在其他地方享受过拆迁安置房的事实，且该安置房的性质为福利分房，本案安置属于重复安置。但是，赵爱香享受到的拆迁安置房与涉案房屋安置的权源基础并不相同，且对于拆迁安置房是否可以归为福利分房，历城区政府并未提供相应证据或依据予以证明。因此，历城区政府在履行协议时将拆迁安置房视为福利分房并以重复安置为由不履行拆迁安置补偿协议，证据不足，理由不当。

3. 关于拆迁安置补偿协议的效力及是否应当继续履行的问题。人民法院审查行政机关是否依法履行、按照约定履行或者单方变更、解除协议是否合法，在适用行政法律规范的同时，可以适用不违反行政法和行政诉讼法强制性规定的民事法律规范。具体到本案，历城区政府于2015年10月9日签订拆迁安置补偿协议时势必对赵爱香的基本情况和安置资格进行了相应审查，协议签订后涉案房屋被拆除，其至2017年7月31日又反悔要求变更协议。因拆迁安置补偿协议一经签订，具有公信力和既定力，在历城区政府无证据证明拆迁安置补偿协议存在《合同法》第五十四条所规定的重大误解或者违背一方真实意思表示等合同可撤销的情形，或者存在《合同法》第五十二条所规定的损害国家利益、社会公共利益等可构成合同无效的情形，抑或存在其他不应当履行的正当事由，应当认定该协议真实有效，历城区政府应当按照协议约定继续履行安置补偿义务。遂判决撤销原审法院判决并责令历城区政府继续履行拆迁安置补偿协议。

【案例注解】

人民法院对诉请行政机关继续履行行政协议的案件进行司法审查，可以从行政协议的安定性、行政协议的有效性、协议内容的正当性、协议履行的合约性审查四个方面分析评价。

一、关于行政协议的安定性考量

行政协议的安定性和稳定性是审理行政协议案件过程中应予重点考量的价值之一。现代行政管理活动具有多元性、多样性和复杂性，而行政机关基于行政优益权可以单方变更、解除协议，可能给协议效力和履行带来不稳定因素和一定风险，因此，必须强调行政协议的安定性和稳定性。

行政协议既有行政性又有协议性，其中协议性是行政协议区别于一般行政行为的属性。协议是一种双方行为，是行政机关和行政相对人通过平等协商，以协议方式设立、变更或者消灭某种行政法上的权利义务的行为，故其与其他行政行为的区别不是其行政性，而恰恰是其协议性。行政协议因协商一致而与民事合同接近，但又因其为实现行政管理和公共服务的一种方式而具有行政性而有别于一般民事合同。这就要求，行政机关在订立、履行、变更行政协议时既要遵循行政程序规则和行政法律规范，又要遵循平等自愿、诚实信用、依约履责等一般的合同原则。因此，行政协议案件的审理，也要充分考虑其与一般行政行为的区别，既立足行政性又兼顾协议性，因特别是在进入实体审查后，注意行政协议的契约属性，采用与传统单方行政行为不同的审理规则。某种意义上，契约安定性优于形式上的合法性。如果行政协议内容违反某些形式规定，但从实质正义角度衡量，保留协议更容易树立政府诚信和确保社会关系稳定，那么此时契约安定性就应当优于形式合法性。因此，行政协议诉讼案件的利益和价值保护位阶应为：重大公共利益 > 契约安定性 > 形式上的依法行政。① 也就是说，行政协议的安定性和稳定性，在价值选择上应当优先于行政协议形式上的合法性。

本案拆迁安置补偿协议属于行政协议。鉴于行政机关在拆迁安置补偿活动中经常根据不同情况对安置补偿内容作出不同的调整安排，安置补偿协议的约定反映出较强的自主性和灵活性。换言之，协议签订需要双方协商一致，协商过程体现了各方利益的衡量与博弈，历城区政府承诺给予赵爱香相应的安置补偿条件，直至赵爱香同意签订协议并自愿交出房屋。行政机关与缔约相对人将协商一致的结果以合同形式固定下来，就是为了让本来不稳定的行政法律关系稳定下来，从而实现社会公共利益和行政管理目标。拆迁安置补偿协议订立并生效后具有公信力和既定力，体现了行政相对人对行政机关的信赖，在协议内容不违反法律、行政法规的强制性规定的情况下，非因法定事由、非经法定程序不得随意变更，双方均应按照协议约定全面履行义务。如果在协议履行过程中，历城区政府仅仅以协议订立过程中存在不符合行政管理需要之情形，即认定已签订的协议尚未生效并反悔要求变更，其又拿不出令人信服的证据或依据，不仅不利于维护政府的公信力，还有悖于行政协议制度设立的初衷和诚实信用原则。

二、关于行政协议的效力性判断

行政协议合法有效，是双方全面履行协议的前提和基础。审查行政机关不依约履行协议义务的理由是否成立，首先需要对行政协议的效力进行审查判断。如果行政协议存在依法无效、可撤销以及其他不应当履行的正当事由，行政机关就无继续履行协议之必要。

所谓行政协议无效，是指协议虽然成立，但因其违反法律、行政法规、社会公共利益等，被确认为无效。行政协议是否无效，是行政协议案件中争议最多的问题之一。有种观点认为，行政协议既然具有行政性，那么对行政协议效

---

① 杨科雄：《行政协议司法实践中的热点难点问题》。由四川省高级人民法院李旭法官、西南政法大学硕士研究生张德瑞根据五巡辖区相关法院培训内容整理而成，微信“行政法”公号 2018 年 12 月 2 日发布。

力的审查应当完全适用行政行为无效的标准，即存在缔约机关没有法定职权等重大明显违法情形，就应认定为无效协议。但是，虽然行政协议是一种行政行为，但同时具有协议性，与一般行政行为仍应有所区别，关注这种区别，在对诉请履行协议案件的审查中尤为重要。《合同法》第五十二条对合同无效的情形作出具体规定，民事合同违反强制性规定则无效，据相关司法解释，强制性规定特指强制性效力规定。一般认为行政协议准用民法中合同无效的规定，即违反法律法规的强制性效力规定，则当属无效。如违反法律法规对行政协议的形式合法方面所作的一般强制性规定，不属于法律法规的强制性效力规定。如果草率地认为所有的管理性强制性规定，只要违反就无效，那么就会有大量的行政协议无效，严重影响社会稳定性。① 因此，只要协议时双方当事人的意思表示真实，除非确有实质的重大明显违法情形，原则上就应认定其效力，此既为遵循当事人意思自治的要求，也可以防止行政机关无视或违背自己的承诺，影响协议关系的安定性。

另外，在诉请履行协议案件的审查中，不应机械遵循由行政机关证明行政行为合法性的举证责任分配标准。如本案中，原审法院以行政机关举证不能为由认定行政行为没有依据。虽然行政机关未提供证据证实其签订拆迁安置补偿协议具有合法依据，但人民法院不应当仅据此认定行政行为没有依据，继而确认协议无效。审查履行之诉时，亦应充分考虑当事人的诉讼请求，重视行政协议的主观性和主观诉讼特征。从本案背景情况来看，签订协议时土地征收决定尚未作出，但依据《山东省土地征收管理办法》规定，土地征收补偿安置协议签订后，市、县人民政府国土资源行政主管部门方才组织编制土地征收方案，连同有关材料，报有批准权的人民政府批准。本案中虽然征收决定是在协议签订后才作出，行政机关签订协议的当时无明确职权依据，却并没有违反法律法规的强制性效力规定。从判决效果考虑，原审法院判决确认赵爱香协议无效，也可能将会给整个片区的征收拆迁工作稳定带来严重不利影响。因此，在当事人诉讼请求为请求确认拆迁安置补偿协议有效，并判令历城区政府履行拆迁安置补偿协议，而非确认协议无效的情况下，原审法院仅以行政机关未提供证据证实签订涉案的拆迁安置补偿协议具有合法依据为由，贸然确认协议无效，有违维护行政协议安定性和稳定性价值取向。

关于历城区政府主张赵爱香在签订拆迁安置补偿协议时存在欺诈行为，隐瞒了其已经享受到拆迁安置房的事实，是否能够构成协议无效。显然，历城区

① 杨科雄：《行政协议的制度逻辑与实践选择》，微信“行政法”公号2018年12月9日发布。

政府应当对赵爱香存在欺诈行为导致协议无效承担相应的举证责任，在没有证据证明拆迁安置补偿协议存在重大误解或者违背一方真实意思表示等合同可撤销的情形，或者存在损害国家利益、社会公共利益等可构成合同无效的情形，抑或存在其他不应当履行的正当事由，应当认定该协议真实有效。并且，历城区政府作为行政协议的审查主体，在签订协议时应当对可能影响到协议效力的相关事项作出必要的告知说明。如果历城区政府签约时没有告知赵爱香享受到拆迁安置房的不能再行安置，则难以构成意思表示不真实。

三、关于协议内容的正当性解释

行政协议是协议双方协商一致的体现，行政协议约定的内容应当充分体现当事人之间的意思自治，协议有约定的按约定处理。但是，在行政协议订立和履行过程中，行政机关对约定内容事先没有作出明确界定，协议签订后又不能作出合法有据的解释，此种情形下应在法律框架允许的范围内作出对行政相对人一方有利的解释，以防止行政机关借签订协议之名侵害相对人的合法权益。这是因为，一方面与行政机关相比，协议中的相对人在签订协议时较多地处于弱势地位；另一方面充分保护相对人的合法权益，不仅有利于维护社会公共利益，反过来也有利于监督和促进行政机关依法行政。

本案中，《雪山片区拆迁安置办法》第九条第（六）项规定，在外有福利分房的人员，不予安置。历城区政府认为拆迁安置房应当归为福利分房，赵爱香因在其他村已经享受到拆迁安置房，故本次安置属于重复安置，不符合上述办法规定。历城区政府的认识是否正确恰当，需要对拆迁安置房是否属于福利分房、本次安置是否违反安置政策进行分析认定。《雪山片区拆迁安置办法》第九条列举了不予安置的情形，但并未明确拆迁安置房属于不予安置的情形。并且，该办法第十二条第（二）项规定了本次安置的选房者在选房时所应提交的材料，有市房管部门无房改房证明、单位无房证明等，并未要求其提交没有享受拆迁安置房的证明。对此，历城区政府也没有提供相应的证据或依据证明拆迁安置房属于福利分房。作为安置政策制定者、补偿协议缔结者，历城区政府在制定拆迁安置方案及签订协议时未对拆迁安置房作出明确界定，在履行协议时将拆迁安置房视为福利分房，此种认识限缩了相对人的权利范围，对相对人显属不利。针对此种情形，人民法院应当结合当事人各方证据、涉案片区安置补偿情况等综合考量，作出对赵爱香一方有利解释的判断，这也是对协议内容作正当性解释的要求。

四、关于协议履行的合约性审查

行政协议的审查规则包括合法性、有效性及合约性审查。其中，对合约性事项的审查应当实行“谁主张、谁举证”的原则，各方当事人就对方是否适当、如实、如期地履行了合同义务各自负有举证责任。在合约性审查中，应当充分考虑协议订立时双方的真实意思表示，在行政协议履行过程中各方是否严格履约，并审查一方变更或解除协议是否具备正当的理由。历城区政府以赵爱香隐瞒已经享受安置房情况，存在欺诈行为为由主张协议应无效，并要求变更与赵爱香之间签订的协议。如前所述，因《雪山片区拆迁安置办法》对福利分房的概念和范围规定不明，行政机关在协议履行阶段对其进行限缩解释，以期达到减损相对人权益的目的，即属于未严格依照协议履行，其变更协议的主张无正当理由，人民法院不予支持。

由本案延伸思考，假设原告确实存在欺诈、隐瞒行为，行政机关除了不履行协议并在诉讼中主张不应履行之外，如何对协议行使变更权问题。一般在行政协议履行过程中，行政机关可以根据实现公共利益或者行政管理目标的需要，基于行政优益权单方变更、解除协议。通常这种行政优益权的行使，须受到严格限制。首先，必须是为了防止或除去对于公共利益的重大危害；其次，当作出单方调整或者单方解除时，应当对公共利益的具体情形作出释明；再次，单方调整须符合比例原则，将由此带来的副作用降到最低；最后，应当对相对人由此造成的损失依法或者依约给予相应补偿。① 而考虑到行政相对人可以通过行政诉讼进行救济，而行政机关不能通过提起行政诉讼或者民事诉讼进行救济，又面临行政协议因故需要变更、解除时，应当对行政优益权作广义理解。即在行政协议存在欺诈、胁迫而又主要归责于相对人的情形，或者协议内容显失公平而可能损害国家和社会公共利益，则行政机关应当享有一定的单方变更或解除权。当行政相对人主张变更后的协议无效时，行政机关因改变原行政行为，为此要承担相应的举证责任。

（**一审法院合议庭成员** 魏吉锋 李咏梅 王 敏
二审法院合议庭成员 山 莹 孙晓峰 李莉军
编写人 山东省高级人民法院 山 莹 温贵能
责任编辑 韩德强
审稿人 王振宇）

---

① 参见最高人民法院（2017）最高法行申3564号行政裁定书。

《人民法院案例选》通讯编辑

北京市高级人民法院　刘书星　刘晓虹　赵　彤
天津市高级人民法院　王　婧　孙　伟
河北省高级人民法院　王　佳
山西省高级人民法院　马云跃
内蒙古自治区高级人民法院　梁　宏　焦日清
辽宁省高级人民法院　周文政
吉林省高级人民法院　刘国春　刘洪颖
黑龙江省高级人民法院　刘芳百
上海市高级人民法院　牛晨光
江苏省高级人民法院　吕　娜　孙烁犇
浙江省高级人民法院　杨　治
安徽省高级人民法院　吴　婧
福建省高级人民法院　刘　光
江西省高级人民法院　郭　嘉
山东省高级人民法院　徐清霜　芦　强
河南省高级人民法院　郭宇凌
湖北省高级人民法院　宋森军
湖南省高级人民法院　童飞霜
广东省高级人民法院　文靖之
广西壮族自治区高级人民法院　赵元松
海南省高级人民法院　李周伟
重庆市高级人民法院　游中川　吴雨亭
四川省高级人民法院　杜玉兰　金　晶

贵州省高级人民法院　尤　媛
云南省高级人民法院　郑天柱
西藏自治区高级人民法院　杨庭轶
陕西省高级人民法院　常媛媛　杨新斌
甘肃省高级人民法院　刘吉旭
青海省高级人民法院　孙启英
宁夏回族自治区高级人民法院　吴培渊　杨　莹
新疆维吾尔自治区高级人民法院　马小菊
解放军军事法院　徐占峰
新疆维吾尔自治区高级人民法院生产建设兵团分院　王　琼
石家庄市中级人民法院　王红岩
太原市中级人民法院　张玉森
沈阳市中级人民法院　田　震
大连市中级人民法院　侯德强
长春市中级人民法院　赵　璐
哈尔滨市中级人民法院　周　磊
南京市中级人民法院　王　静
南通市中级人民法院　沈　扬
无锡市中级人民法院　周耀明
徐州市中级人民法院　葛　文
杭州市中级人民法院　邓兴广
宁波市中级人民法院　袁玮玮
合肥市中级人民法院　张小春
福州市中级人民法院　陈学凯
厦门市中级人民法院　陈荣炜
南昌市中级人民法院　陈　健
济南市中级人民法院　赵　雯
青岛市中级人民法院　傅庆涛
东营市中级人民法院　延　颜
郑州市中级人民法院　朱世鹏
武汉市中级人民法院　柯昌洁
宜昌市中级人民法院　黄金波
长沙市中级人民法院　胡冬华

广州市中级人民法院　王龙飞　林健涛

深圳市中级人民法院　丁业强

南宁市中级人民法院　周传明

海口市中级人民法院　崔玉坤

成都市中级人民法院　郝廷婷

泸州市中级人民法院　胡　艳

贵阳市中级人民法院　施辉法

昆明市中级人民法院　冯丽萍

拉萨市中级人民法院　王　静

西安市中级人民法院　高　伟

兰州市中级人民法院　鲁千晓

西宁市中级人民法院　潘　伟

银川市中级人民法院　周志胜

天津海事法院　董丽娟

上海海事法院　英振坤

广州海事法院　付俊洋

宁波海事法院　史红萍

青岛海事法院　张　静

厦门海事法院　吴海燕

武汉海事法院　王建新

大连海事法院　刘铁男

北海海事法院　邱德平

海口海事法院　刘本荣

（各法院通讯编辑若有变动，请及时告知中国应用法学研究所，电话：010－67555922　龙菲　邮箱：rmfyalx@126.com）